华东政法大学 70周年校庆丛书

李伟芳 主编

国际法前沿问题研究

知识产权出版社
全国百佳图书出版单位
——北京——

图书在版编目（CIP）数据

国际法前沿问题研究 / 李伟芳主编 . —北京：知识产权出版社，2022.3
ISBN 978－7－5130－8072－9

Ⅰ.①国… Ⅱ.①李… Ⅲ.①国际法—研究 Ⅳ.①D99

中国版本图书馆 CIP 数据核字（2022）第 029959 号

责任编辑：彭小华　　　　　　　责任校对：谷　洋
　　　　　　　　　　　　　　　　责任印制：孙婷婷

国际法前沿问题研究
李伟芳　主编

出版发行：	知识产权出版社有限责任公司	网　　址：	http://www.ipph.cn
社　　址：	北京市海淀区气象路 50 号院	邮　　编：	100081
责编电话：	010－82000860 转 8115	责编邮箱：	huapxh@sina.com
发行电话：	010－82000860 转 8101/8102	发行传真：	010－82000893/82005070/82000270
印　　刷：	北京九州迅驰传媒文化有限公司	经　　销：	新华书店、各大网上书店及相关专业书店
开　　本：	880mm×1230mm　1/32	印　　张：	9.75
版　　次：	2022 年 3 月第 1 版	印　　次：	2022 年 3 月第 1 次印刷
字　　数：	240 千字	定　　价：	58.00 元
ISBN 978－7－5130－8072－9			

出版权专有　侵权必究
如有印装质量问题，本社负责调换。

受上海市高水平地方高校（学科）建设项目资助

目录
CONTENTS

我国领事保护制度的不足与完善
　　／祝超男／ 001

新冠肺炎疫情持续影响下东南亚海盗治理的挑战与
　　应对　／张春岳／ 019

论国际刑事法院管辖权的现实、矛盾与对策
　　／孙心依／ 047

论条约演进解释中的"演进意图"／周勍卿／ 069

美欧自由贸易协定中的劳工与环境条款研究
　　／王雅儒／ 097

论国家管辖豁免中的商业活动例外／张建栋／ 118

论我国领事保护的重要国际法制度及其完善
　　／潘　鑫／ 142

美国次级制裁在 WTO 体制下的合法性研究 / 潘　晓 / 166
　　——基于国家安全例外条款的思考

论美国联邦法院反域外适用推定原则 / 王　伟 / 187

涉外法定继承法律适用同一制的可行性和必要性 / 王思敏 / 207

涉外案件中董事损害公司利益之过错认定及"商业判断原则"
　的适用 / 何　云　及小同 / 229
　　——上海泰琪房地产有限公司与迈克·默里·皮尔斯
　　（MICHAEL MURRAY PIERCE）、兴业银行股份
　　有限公司上海市西支行损害公司利益责任纠纷案

国际商事格式仲裁条款的司法审查路径 / 何　云　及小同 / 248
　　——上海埃斯埃医疗技术有限公司诉莱茵技术（上海）
　　有限公司服务合同纠纷案

互联网平台国际反垄断规则构建研究 / 王振谦 / 260

论国际移民与我国迁徙自由权的实现问题 / 张　葆 / 283

我国领事保护制度的不足与完善

祝超男 *

【摘要】新冠肺炎疫情的出现，再次检验了我国政府对突发公共事件的反应能力，自我国实行"走出去"战略以来，我国公民在海外的数量和参与度愈加广泛，一方面给我国的对外发展注入了新活力，但另一方面也给我国的领事保护带来了新挑战。我国领事保护制度尚未形成一套成熟的体系，迄今未有一部专门的领事保护立法，以及在此次新冠肺炎疫情中出现的费用承担、出入境以及重点人群的安全保障等问题都值得我们反思。出台一部专门的领事保护法已迫在眉睫，但《中华人民共和国领事工作条例（征求意见稿）》中的一些条款还值得斟酌，未来随着领事保护专门立法的出台，再配合当下"大领事""大领保"的理念，我国必将为海外公民提供强有力的支撑，从而彰显一个开放大国的

---

* 祝超男，华东政法大学国际法学院博士研究生。本文系华东政法大学 2021 年度校级研究生创新能力培养专项资金项目"人类卫生健康共同体的国际法构建"的阶段性研究成果。

责任担当。

【关键词】 领事保护　领事保护法　不足

一、问题的提出

随着我国对外开放的持续深化,近些年来涌现出大批与领事保护相关的案件,在 2019 年度领事工作国内媒体吹风会上,领事司司长按照惯例就这一年的情况作了通告。回顾这些年的领保案件,大致呈现出以下的态势:(1)领保案件数量随着出境人数的增加而增长。2013 年,我国出境人数达 0.98 亿人次,外交部和驻外使领馆会同各有关部门妥善处置领事保护与协助案件 4.17 万余起❶,到了 2019 年,我国出境人数已上升至 1.69 亿人次❷,处置领保案件约 7.9 万起❸。(2)相较于以往的传统安全带来的威胁,不确定性的非传统安全愈加成为海外公民出境的阻碍,传统安全威胁主要是由国家之间的政治、经济、外交纠纷引发的,而除此以外,自然灾害、大流行病、跨境经济和劳务纠纷都成为公民在外旅游期间不容忽视的问题。(3)个别国家对我国的敌视态度致使双方的矛盾升级,甚至影响到使领馆的正常工作,2020 年 7 月 21 日,美国单方面挑起事端,突然要求中方关闭中国驻休斯敦总领事馆,我国在随后的 7 月 24 日,作出对等回应,关闭美国驻成都总领事馆。自此看出,领事保护工作正面临着诸多压力,在我

---

❶ "2013 年度外交部领事司领事工作媒体吹风会",https://www.fmprc.gov.cn/ce/cgmb/chn/wjbxw/t1124042.htm,访问日期:2021 年 7 月 8 日。

❷ "统计局:2019 年国内居民出境 16921 万人次增长 4.5%",http://finance.sina.com.cn/china/2020－02－28/doc－iimxyqvz6426987.shtml,访问日期:2021 年 7 月 8 日。

❸ "2019 年度外交部领事司领事工作媒体吹风会",http://cs.mfa.gov.cn/gyls/lsgz/lqbb/t1733452.shtml,访问日期:2021 年 7 月 8 日。

国"走出去"战略和"一带一路"的建设中,亟须领事保护制度的完善从而赋予海外公民更强有力的保护。

二、领事保护的概述

(一)领事保护概念界定

关于领事保护,我们暂不能从国内立法、双边条约、全球或区域性公约中找到统一的定义,国内外也存在不一样的见解。有国外学者在论著中指出:"领事的责任是尊重其公民在国外的权利,并采取他认为必要和有效的一切措施以实现这一目的。"❶ 文中并未给领事保护下定义,也只是针对领事提出意思相近的看法。我国外交部领事司工作人员许育红在领事保护制度上有较深入的研究,她对领事保护曾下过定义:"领事保护是指一国驻外国的外交或领事机构、外交或领事官员、外交或领事代表,在国际法许可的限度内,应接受国主管当局通知或有关方面请求且当事人未明示不同意,根据派遣国法律规章及对外政策,在领事辖区内或接受国同意的范围内,保护派遣国及其国民(个人、法人或其他组织)的权利和利益的行为。"❷ 除去学者的看法,我国外交部领事司在 2007 年版的《中国境外领事保护和服务指南》中一个相对官方的领事保护定义为:"领事保护,是指派遣国的外交、领事机关或领事官员,在国际法允许的范围内,在接受国保护派遣国的国家利益、本国公民和法人的合法权益的行为。"❸

综上,笔者将领事保护的定义归纳如下:领事保护是指一国

---

❶ [美] L. T. 李:《领事法和领事实践》,傅铸译,商务印书馆 1975 年版。
❷ 许育红:"领事保护华侨海外权益若干问题的实证研究",载《武大国际法评论》第 17 卷第 2 期。
❸ https://international.bit.edu.cn/ygcg/cyxx/30996.htm.

的驻外使领馆,在相关法律赋予的职权范围内,为了派遣国和本国公民的合法权益,实施的保护性行为。

(二)新时期我国领事保护的特点

1. 我国领事保护的历程

我国的领事保护经历了一个相对漫长和坎坷的时期。鸦片战争之前,清政府对海外华侨以"叛民""罪民""弃民""逃民"相称,采取镇压态势,华侨得不到根本保障,身份不被清政府和百姓认可。这种镇压直至鸦片战争后才稍许放松,后期清政府对华侨身份的认可只是迫于巩固岌岌可危的王朝统治的需要,当时象征性地开展了"立约保护""领事机关的调查与交涉"等形式(甚至还包括军舰巡航等军事方式)的保护。[1] 该阶段对侨民的保护仅涉及在对人口贩运、华工出国等方面,另外,这阶段的侨民称谓也有所更改,不再是"罪民""叛民",而给予了"华民""华工"等不带侮辱性的称谓,虽然说这时候的领事保护没有发挥该有的功能,但对侨民态度的改变还是具有进步意义的。

到了中华民国时期,几任政府都颁布过一系列保护华侨的法律,诸如孙中山时期的《大总统令外交部妥筹禁绝贩卖"猪仔"及保护华侨办法文》《大总统令内务部禁止买卖人口文》及1918年由北洋政府颁布的《侨工出洋条例》等。但再良善的法律都需要健康的土壤去孕育,当时的中国尚未取得完全的主权,政府更迭频繁,统治时期短,这些立法也只能是纸上谈兵。

对华侨真正意义上的保护应当自中华人民共和国成立后算起。我国1954年颁布的第一部宪法《中华人民共和国宪法》(以下简称《宪法》)在第98条中规定了:"中华人民共和国保护国外华侨

---

[1] 黎海波:"晚清领事保护的发展及其局限",载《八桂侨刊》2014年第2期。

的正当的权利和利益。"这才在真正意义上将对侨民的保护纳入了宪法性文件,给予了应有的重视。与此同时,外交部也制定了我国第一个同领事工作相关的规定《关于领事工作任务的初步规定》,该规定第一次明确了领事职务涵盖"对华侨的正当权益,采取积极保护措施。"更重要的领事保护里程碑事件是1979年7月3日中国向联合国秘书长交存未附保留的《维也纳领事关系公约》(Vienna Convention on Consular Relations)加入书,该公约于同年8月1日对我国生效,这意味着我国在普遍认可的程序上与国际社会正式接轨。

2. 我国领事保护的特点

(1)"以人民为中心"的指导理念赋予我国领事保护制度更具人道主义精神。"坚持以人民为中心"是习近平新时代中国特色社会主义思想的重要内容。[1] 在"以人为本"的指导理念下,我国的领事保护制度更具国际人本主义和人道主义情怀。领事保护在国际法上采取属人原则,国籍原则限定着我国的领事保护对象是具有中华人民共和国国籍的公民,但是伴随着国际人权保护的发展和我国"以人民为中心"指导理念的深入,领事保护的对象范围在实践中不断扩大,除华侨、港澳台同胞、合法移民,也包括非法移民和一些在国外犯罪的中国公民,甚至还包括了华人和外籍人士,以2015年也门撤侨为例,中国海军临沂舰搭载巴基斯坦等10个国家在也门的225名侨民自也门亚丁港平安驶抵吉布提。据初步统计,撤离人员中有巴基斯坦人176名、埃塞俄比亚人29名、新加坡人5名、意大利人3名、德国人3名、波兰人4名、爱尔兰人1名、英国人2名、加拿大人1名、也门人1名。此

---

[1] 夏莉萍、许志渝:"新冠疫情下的海外中国公民合法权益保护",载《国际论坛》2021年第1期。

前,中国政府在自也门撤离中国公民的行动中,还协助罗马尼亚、印度、埃及等国的 8 名侨民平安撤离。❶ 这是我国政府首次为撤离处于危险地区的外国公民采取的专门行动,充分展示了我国"以人为本"的理念和国际主义、人道主义精神。

(2)体制优势赋予了我国领事保护制度在面临突发重大事件时有强大的决策力和反应力。中国特色外交体制的最大特点是"集中力量办大事",即通过调动中央与地方、政府与企业、内部与外部各种资源,与时俱进地创新领事保护机制。❷ "内外联动,集中力量办大事"的制度优势是海外中国公民合法权益保护的有力保障。❸ 近年来,利比亚撤侨案、波士顿马拉松爆炸案、我国渔船在几内亚被撞沉案、我国工人在苏丹遭反政府武装绑架案、我登山队员在巴基斯坦遇袭身亡等事件时刻牵动着国人的敏感神经,这些领事保护案件属于波及面广、影响范围大的大案要案。针对此类重大、突发性的海外华人遇袭事件,党和政府高度重视,可以说是采取了国家行动,适时启动中央、地方、驻外使领馆、企业和公民个人"五位一体"的应急联动处置机制,各部门密切配合,举国家之力来救援在海外身处险境的中国公民❹。制度优势体现在当我国公民在海外遭遇危难之际,国家以果断的决策力集中力量迅速出动航空、军舰、大巴,第一时间将我国公民转移至安全地带,让身处异国的海外同胞感受到国家的强大后盾。

---

❶ "外交部:中方协助 10 国也门撤侨系首次专门行动",https://www.chinanews.com/m/gn/2015/04-03/7184111.shtml,访问日期:2021 年 7 月 21 日。
❷ 孙德刚:"合而治之:论新时代中国的整体外交",载《世界经济与政治》2020 年第 4 期。
❸ 夏莉萍、许志渝:"新冠疫情下的海外中国公民合法权益保护",载《国际论坛》2021 年第 1 期。
❹ 陈小沁:"新时期中国领事保护的特点与趋势",载《聊城大学学报》(社会科学版)2015 年第 4 期。

(3) 21 世纪以来我国不断加强预防性领事保护与应急性领事保护的协调作用。目前中国外交部一直秉持着"预防为主,防范和处置并重"的原则,以建立并发展"领事保护预防和应急处置"部际联席会议机制为依托、设立并完善"领事保护预防和应急处置"专门机构为常态,加强预防性领事保护与应急性领事保护的相互作用。

预防才是最好的保护,在 2003 年 9 月 5 日,新西兰现代语言学校因资金困难面临倒闭,该校在奥克兰、惠灵顿、克赖斯特彻奇都设有分校,共有学生 600 多名,其中 80% 为中国留学生。为了保障我国留学生的权益,我国驻新西兰使馆就此事件多次向新西兰政府提出交涉,因此在事发当月,我国 500 多名留学生都得到了较为稳妥的安置,学业也得以继续❶。外交部的此种行为,就是将"用尽当地救济"前移至预防性领事保护阶段,为此后的应急性保护制度的展开提供了便利。

三、以新冠肺炎疫情事件为例剖析我国领事保护制度存在的不足及成因

(一) 目前我国领事保护制度存在的问题

1. 公民出入境受阻

当下,全世界正经受着新冠肺炎疫情的考验。新冠肺炎是近百年来人类遭遇的影响范围最广的全球性大流行病,对全世界是一次严重危机和严峻考验。人类生命安全和健康面临重大威胁。❷ 在面对

---

❶ 《中国领事工作》编写组:《中国领事工作(上册)》,世界知识出版社 2014 年版,第 361—362 页。

❷ "(受权发布)《抗击新冠肺炎疫情的中国行动》白皮书",http://m.xinhuanet.com/2020 - 06/07/c_1126083364.htm,访问日期:2021 年 6 月 5 日。

这样一场大灾难时，大致可将我国处置新冠肺炎疫情分为两个阶段，第一阶段为 2019 年 12 月份初至 2020 年 2 月底，这阶段新冠肺炎的确诊病例集中在我国国内，主要工作在于集中力量防控疫情在国内传播。第二阶段为 2020 年 3 月初至今❶，国内疫情得到了初步的控制，工作重点转向严防国外输入病例。在这两个阶段中，我国公民所面临的主要问题是出入境受阻，第一阶段的问题是"入境难"，部分国家对我国公民采取了不同种类的入境管控措施，主要分为以下四类，一是对中国公民的签证采取收紧措施，如俄罗斯、蒙古、越南等；二是对中国公民采取限制入境的措施，如朝鲜、萨摩亚、马绍尔群岛等；三是对湖北籍及具有湖北旅行史的入境人员实施管控措施，如新加坡、菲律宾、马来西亚等；四是对入境人员采取体温监测及健康申报等检疫措施，如韩国、德国、法国等。大多数国家采取的是第四类措施。❷"入境难"伴随的是大量航班的取消，一方面致使我国公民难以自由出入其他国家，另一方面是出现大量中国公民滞留海外。第二阶段的问题是"回国难"，部分国家对新冠肺炎疫情的处置过于宽松懈怠和听之任之，再加上政府和国民的不重视，致使新冠肺炎的传播达到了空前肆虐的程度，如英国在疫情暴发之初就提出"全民免疫"的说法，英国的意思是不对新冠肺炎疫情进行防控，当新冠肺炎的传染人数达到 60% 时，大部分人都会康复，拥有抗体的他们自然而然就能够形成有效的"社区免疫"墙，这种情况对经济的影响几乎是 0。按照英国专家的预测，需要有 4000 万英国国民感染

---

❶ "湖北武汉新冠病毒肺炎疫情核心事件一览"，http：//www.bjnews.com.cn/feature/2020/02/17/690610.html，访问日期：2021 年 5 月 25 日。

❷ 陈奕平、许彤辉："新冠疫情下海外中国公民安全与领事保护"，载《东南亚研究》2020 年第 4 期。

新冠肺炎才可以。❶ 可现实情况却是，大量免疫力相对低下的老年人死亡，其感染和死亡的人数早已远远超过预期。该论断的提出完全是给行政不作为找理由，从而减少公民对国家行为的声讨。美国印第安纳州共和党议员特雷·霍林斯沃思说，与社会疏离措施导致的经济崩溃相比，让更多美国人死于新冠肺炎是"两害相权取其轻"。也正是在海外公民认识到这点以后，越来越多的人员选择归国。

2. 国家非慈善机构，费用承担应该有度

不可否认，我国在这场新冠肺炎抗疫中取得胜利的关键就是人力、物力、财力的竭力付出，正是出于对生命的珍惜，对每个个体的尊重，秉持不放弃每一人的信念，国家才不计成本的抗疫，为此在财政上的投入是难以计量的天文数字。仅在疫情初期的2020年1月22号的时候，我国就宣布对新冠肺炎确诊患者和疑似患者实施免费治疗，数据显示，截止到2020年3月15日，我国新冠肺炎确诊患者和疑似患者的医保总费用就超出10.39亿元，确诊患者涉及的总费用超过7.5亿元，人均费用大概在1.7万元。根据国家财政部的数据，截止到2020年3月21日，全国各地财政用于"抗疫"的总投入达到了1218亿元，和2003年"非典"时期的财政拨款相比，提高了十多倍。❷ 而这仅仅是前期的费用，尚不包括后续的疫苗研发、困难补助等费用。与国内的免费医疗相比，在海外公民归国根据政策需要自行购买飞机票，也需自行承担隔离

---

❶ "为什么那些要推动全民免疫的国家也在进行防控？不要经济了吗？"，http://baijiahao.baidu.com/s? id =1664176024667783539&wfr = spider&for = pc，访问日期：2021年6月21日。

❷ "中国抗疫总费用 新冠疫情期间竟花费了这么多钱"，http://news.dqtimes.com/china/202005/168263.html，访问日期：2021年6月21日。

期间的食宿费用,这些看似合情合理的要求却在实践中遭遇了众多的不理解。很多归国人员吐槽抱怨因为限航,他们需要花费高出以往正常价格几倍甚至几十倍的费用购买一张回国机票,他们更理直气状地认为国家应包机接送海外公民的归来,更有甚者在隔离期间因为居住饮食条件未能达到他们的期待而公然叫嚣"没有人权"。在我国,由于没有一项清晰的费用承担、责任归属的规定,以至于大部分民众尚未形成一个长期固定被普遍接受的领事保护费用承担意识。比如在 2011 年的利比亚撤侨行动中,我国调动了大量陆海空以及军事力量,"参与此次撤离行动的外交官透露,仅租用飞机的钱就是一个天文数字"❶,而事后我国使领馆也未向被撤离人员收取任何费用,又比如在"2017 年巴厘岛事件"中,很多滞留游客向工作人员质疑为何国家不能承担自己的食宿和交通费用。由此可见,我国领事保护制度上的费用承担问题还存在较大的缺陷,而政府亦不能长期充当一个慈善机构。

3. 我国被污名化透露了海外舆论对我国不利

当今的国际社会,舆论战已成为一只看不见的手影响着一个国家在海外的政治口碑。国际涉华舆论基本上掌握在西方国家的几个主流媒体手上,西方的涉华舆论对我国存在很大的偏见,而这种偏见在对外的长期报道中又影响了下一代的受众,长此以往,使得对华舆论没有发生根本性的改变,只会带来恶性循环。在这次的新冠肺炎疫情中,某些国家的政府首脑、高层公开发表污名化中国的言辞。据 CNN 报道,美国前总统特朗普 2020 年 3 月 19 日在白宫新闻发布会上的讲稿被记者拍下,照片显示,稿件中的

---

❶ 夏莉萍:"海外撤离与大国外交",载《人民论坛》2011 年第 10 期。

"新冠病毒"被划掉,用手写改为"中国病毒"。❶ 又比如,特朗普在接受福克斯商业频道主持人玛丽亚的采访中,继续使用"中国瘟疫""中国病毒"来描述疫情,故意污名化中国。他还宣称,新冠肺炎有"20种不同的名字,随便你怎么称呼它""没人会因此责怪我"。❷ 尚且不论在2020年2月11日,世卫组织就正式给予此次病毒命名为"2019新型冠状病毒(COVID-19)",一个国家领导人在公众场合如此污名化另一个国家是欠妥当的行为。

4. 海外留学生的"内忧外患"

众所周知,我国拥有数量庞大的海外留学生,在这次新冠肺炎疫情中,海外留学生的权益保障是一项不容忽视的挑战。中国海外留学人员总数约160万人,目前尚在国外的海外留学人员约142万人。❸ 这142万留学生一方面面临着学校停课、线下教学转变线上教学、学历认证受阻等一系列学业问题,另一方面还面临着出入境、被污名化、人身侵害等其他问题。在我国国内实现全民戴口罩的自觉下,由于中外抗疫时间长短、文化差异和重视程度的不同,留学生就曾因戴口罩问题被污名、谩骂甚至被人身攻击。英国时间2020年3月17日,南安普顿大学的中国留学生汉娜(化名)爆料称自己与同伴因戴口罩,在街头遭遇当地青少年歧视性攻击与言论骚扰。为避免激化矛盾,汉娜和朋友准备回到学生

---

❶ "特朗普讲话稿'新冠病毒'被改为'中国病毒'",https://baijiahao.baidu.com/s?id=1661641502694867588&wfr=spider&for=pc,访问日期:2021年7月1日。

❷ "看不下去了!特朗普再用'中国病毒'描述疫情,CNN反驳:绝对不是,错得离谱",https://t.qianzhan.com/caijing/detail/200815-c9851ccc.html,访问日期:2021年7月1日。

❸ "教育部:中国海外留学人员约160万人,目前35人确诊新冠肺炎",https://www.chinanews.com/gn/2020/03-31/9143371.shtml,访问日期:2021年7月1日。

公寓，这些青少年尾随其后持续骚扰，汉娜回到公寓角落躲避时，之前与其产生口角的青少年又追至公寓内，对汉娜进行威胁与施暴。❶虽然长期以来，部分国外人员对中国留学生的歧视和侵犯情况一直存在，但在疫情期间，由于我国成为首个新冠肺炎疫情的聚集性爆发地，致使不明真相、为国外不良媒体所误导的民众将不满宣泄在了中国留学生身上，中国留学生的处境较之前更为艰难。再者，一些国外高校彻底停课使得中国留学生的学业受到了严重冲击，甚至面临无法正常毕业的问题。中国留学生群体是我国"走出去"战略中一个特殊的主体，因此，对中国留学生这个主体的维护格外重要。

（二）领事保护制度的不足及其成因

1. 缺乏一部与领事保护相关的立法

我国在长期的实践中已经积累了相对多的领事保护经验，但是我国法律却没有相应地跟上实践的步伐。我国迄今未出台一部完整独立的领事保护法，只有一些涉及领事保护单一领域的相关条例，如《中华人民共和国国籍法》（以下简称《国籍法》）、《中华人民共和国出境入境管理法》（以下简称《出境入境管理法》），这些条款只是为领保工作的开展提供了辅助性的参考价值，并未规定领事保护制度实施的操作规则，这必然会造就领事工作人员和海外公民有不同的见解，如果没有标准，那么海外公民在遇到困难时，就把希望全寄托在国家身上，让国家成为海外出行的私人管家，那么这将极大地阻碍我国国外领事保护工作的展开。

2. 海外公民人数的增长加剧了领事保护的不足

"走出去"战略让越来越多的国人去往世界各地，"一带一

---

❶ "留学生海外疫情防控提示"，https://xw.qq.com/cmsid/20200412A041QE00，访问日期：2021年7月1日。

路"倡议更是让国人在海外的发展蒸蒸日上。但当前的世界格局仍存在诸多不安定的因素,政治、宗教冲突,自然灾害、意外事件以及恐怖主义的不定期作乱。我国海外公民每增加一名,就会增加一分危机。除去公民,越来越多的企业也选择在国外开设公司,那么,频繁的商务活动,经贸往来必然会增加经济、劳务纠纷,这就需要领事保护机制为海外营商提供一个良好的外部环境。

3. 西方国家与我国在文化、意识形态上的差异

我国在这次新冠肺炎疫情中,遭受的污名化使我们认识到东西方之间仍旧存在不可逾越的意识形态之间的差异。西方国家长期以来对中国的偏见和对社会主义制度的敌视,使他们不相信中国举全国之力抗疫和一系列的预防措施,比如口罩能有效地预防新冠肺炎的传播。西方主流媒体屏蔽中国抗疫积极的一面,大肆报道中国是引发这场灾难的源头,使国外民众将不满情绪宣泄到中国头上,但也从侧面反映了我国在海外舆论战中仍处于较薄弱的地位,舆论的宣传不够广泛和深入,正如宁南山在《为什么我们总是打不赢舆论战》中指出的:"总的来说,在国际舆论战场上,只有少数官媒,外交部发言人,中国驻外大使馆等官方力量在勉励进行反击。我们民间的力量呢?那些在国内有众多粉丝的大 V 呢?在国内很有战斗力的媒体,在国内有很多战斗力的知识分子,一涉及对外的舆论战,在对外反击西方抹黑的舆论斗争中,他们就缺位了。"❶

---

❶ 宁南山:"为什么我们总是打不赢舆论战",http//bbs1.people.com.cn/post/2/1/2/175457252.html,访问日期:2021 年 7 月 10 日。

四、出路与完善建议

（一）树立"大领保"的立法指导思想

"大领事""大领保"理念的构建是"我们有中国特色的制胜法宝，发动人民战争，构建大领事格局，调动一切可以调动的资源和力量，用人民战争的这种办法来打赢海外安全战役。"❶ 所谓"大领事"工作格局就是要实现体制机制创新，在现有的境外中国公民和机构安全保护工作部际联席会议的基础上，形成以"国家安全委员会"为领导机构，以外交部为依托、各相关部门密切配合的内外联动机制，通过制定与完善相关法规和政策措施，明确各方的分工和责任，增强对领事工作的统筹协调能力❷。

当然，"大领事""大领保"理念的构建离不开各级部门机关的协调，更离不开领事人员合理的结构性配比。目前我国驻外领事人员配比严重失调，已成为我国在海外开展领事保护工作的困境之一。领事官员工作繁杂，一方面要处理日常的留学登记、劳务纠纷、人身意外等一般性事项，另一方面还要在发生突发事件时第一时间作出反应，随时到岗。随着我国海外人员的不断增加，领事官员的数量远远跟不上服务所需的人员配比。现在中国驻外领事保护官仅几百人，平均下来，我国每一位驻外领事官员要服务超过 19 万海外华人，这个数字是美国的三十余倍，是俄罗斯、日本的十几倍，驻外使馆专司领事保护的编制一般只有 1—2 人，

---

❶ "黄屏：发动'人民战争'构建'大领事'格局"，http：//cen.ce.cn/more/201504/30/t20150430_5251636.shtml，访问日期：2021 年 7 月 10 日。
❷ 陈小沁："新时期中国领事保护的特点与趋势"，载《聊城大学学报》（社会科学版）2015 年第 4 期。

超负荷运转已成为领保人员的工作常态。❶ 解决领事人员配比问题不能单单从人员数量上去满足，中国目前最大的优势就是强大的互联网科技，我们可以把一般性的签证、劳务纠纷问题通过移动客户端等新形式解决，可以参考浙江政府推出的"浙里办"形式，将领事工作分门别类，运用互联网技术将程序性的工作转移到线上解决，线上解决将成为领事工作的重点，这样，线上的客服可以是国内的工作人员，也可以是当地的使领馆工作人员。然后将一些线上不能解决的问题通过预约的方式交由当地使领馆人员办理。如果使领馆人员的配比依旧不能达标，也可以雇佣一些兼职海外留学生、华人、华侨人员，以弥补领事人员配比失衡的状况。

（二）完善我国领事保护法律制度

我国领事立法的推进在当下拥有深厚的土壤，同时又迫在眉睫。我国《宪法》第 50 条规定："中华人民共和国保护华侨的正当的权利和利益，保护归侨和侨眷的合法的权利和利益。"这是从国家根本法层面上规定海外公民的责任条款。与《宪法》相配套的，是零散于各专门法中与领事制度相关的条款，比如《国籍法》中关于领事保护国籍的认定，《出境入境管理法》中关于领事办理出入境手续的规定等。针对我国迄今未出台领事保护专门法律这一情况，2006 年在多方代表的呼吁下，领事保护立法终于提上了日程。但直至 2018 年 3 月 26 日，我国外交部网站才公布了《〈中华人民共和国领事保护与协助工作条例（草案）〉（征求意见稿）》（以下简称《征求意见稿》），公开征求社会各方面的意见和建

---

❶ 陈小沁："新时期中国领事保护的特点与趋势"，载《聊城大学学报》（社会科学版）2015 年第 4 期。

议。❶ 这是外交部首次在网站上公开征求与领事保护相关立法的意见和建议。《征求意见稿》分为五个章节，共 34 条。第一章为总则；第二章为领事保护与协助案件处置；第三章为预防性措施与机制；第四章为法律责任；第五章为附则。可以看出，《征求意见稿》还是相对完善地回答了我国目前领事保护中存在的譬如政府责任界限不清、领事人员配比不合理和预防机制缺失等问题。但《征求意见稿》也只是粗略地作了规定，具体展开上还存在不少问题。比如，《征求意见稿》第 14 条对于重大突发事件的处置，就未能解释何为"确有必要"，何为"相关条件"以及公民具体能得到哪个程度上的救助，这虽然是一个标准的认定，但是没有一定的标准，自由裁量权就会被无限的放大或者无限的缩小，同时也不于利海外公民在遭遇危险时去向领事机关阐述自己想要获得什么程度的救助。

再比如第三章关于"预防性措施与机制"章节中的第 26 条，其规定了在发布安全提醒后，公民仍坚持前往有关高风险地区的协助费用问题，而未规定公民是否要承担相应的民事责任甚至刑事责任问题。按属人管辖原则，这些公民依旧受到国内法的拘束，在当下世界存在大流行病及一些未知高风险的疾病面前，仅依靠费用追责绝无可能对抗高风险疾病带来在国内大肆传播的严重后果。因此，笔者认为《征求意见稿》尚欠缺具有强制力的法律规定。

最后，值得一提的是第 21 条的费用承担，该条款规定："中国公民、法人和非法人组织获得领事保护与协助的，应当自行承担其食宿、交通、通讯、医疗、诉讼费用及其他应由个人承担的

---

❶ 王勇："我国领事探视法律制度的构建———兼评《〈领事保护与协助工作条例（草案）〉征求意见稿》的相关规定"，载《法商研究》2018 年第 4 期。

费用。"我国在之前的几次突发性公共事件中,如2011年的利比亚撤侨和2015年的也门撤侨事件,基本上都由政府承担费用,由政府出钱租赁飞机、轮船等,帮助在困人员撤离。再加上我国热映的电影《战狼2》的渲染,不少海外公民已形成在费用承担方面个人不用负担费用的思想。如果延续国家之前的做法,那么巨大的费用开支将会拖垮领事保护的专项资金。但如果按照法律规定的那样全由个人买单,这样就会使一些人面临大额的领事协助费用,产生的结果就是出现一些人在知晓自己承受不了该笔费用时选择放弃协助的情况,也有些人可能会在迟疑中丧失协助的黄金时间段,毕竟海外公民只有在遭遇个人不能解决的事情时才会考虑到领事救助问题。因此,笔者认为,相比于将费用承担在个人与国家之间作选择,不如构建国家、社会、个人三位一体的模式,由三者共同负担,并作出具体标准,规定哪些情况由国家承担,哪些情况由个人买单。这样才不至于让海外公民在遭遇危险时不会因为考虑费用的问题而失去寻求更重要的人身安全保护的机会。

(三)海外舆论宣传的应对

要想从根源上扭转海外舆论的走向非一朝一夕能够完成,这是中国领事保护机制目前值得重视的一部分。西方社会对近些年中国不断增强的国力感到惧怕。因此,我国在海外舆论中就要保持好一个度,既能对外宣传好国家的主流思想,又能保持住谦逊的态度。具体途径如下。

(1)发挥官媒作用。外交部在面对不利于本国的舆论时,要第一时间召开发布会给予回应与辩驳。近些年来,我国几位外交部官员在国外互联网上展开积极的回应与分享,收获了不少粉丝,让国外民众不再片面地看待中国,展示了一个比较良好全面的国家形象。

(2）发挥留学生、华人、华侨群体的自身宣传作用。留学生在各大学校有较广的人群渲染力，尤其是高校留学生，能在一群接受过高等教育的学生群体中展示每个鲜活的个体形象。譬如在这次抗疫过程中，各大使领馆给海外留学生准备了贴心的抗疫包，以及海外留学生积极佩戴口罩，并在能力范围内分发口罩，就在此次抗疫活动中发挥了积极的作用。除去留学生，庞大的华人、华侨群体在疫情刚开始时的"一方有难，八方支援"的爱国救援行动也体现了全世界中华儿女的爱国热情。

（3）深入构建海外舆论的发声平台。运用资本控制一国的舆论走向是一些发达国家惯用的伎俩，其目的就是放大目标国的一些负面新闻让其发酵成为普通民众对本国不满的情绪，从而达到在思想上割裂个体与国家之间情感的目的。我国当下一方面要积极肃清海外分子在我国互联网上的不利言论，另一方面更要打开我国在海外主流媒体上的参与度，构建属于我国官方的发声平台，不可让西方主流媒体长期占领发声高地。因此，选择有责任、有担当、有能力的大企业通过资本操作进驻到西方主流媒体的平台中去显得十分重要。

（4）"一带一路"的推进带领沿线国家共同发展，让沿线国家成为我国舆论发声的宣传样板。"一带一路"沿线国有很多发展中国家，这些发展中国家在"一带一路"中受益，对中国的认可程度会更高，因此领事保护机制在沿线国不仅要保障公民的权利，还要发挥沿线国的舆论样板作用。

新冠肺炎疫情持续影响下东南亚海盗治理的挑战与应对

张春岳*

【摘要】 东南亚水域频发的海盗和武装劫船事件不仅是对周边国家的主要安全威胁,也对运输安全、贸易往来和能源开发造成了巨大负面影响,国际社会对此颇为关注。多年来,东南亚海域沿岸国和区域间组织共同致力于减少和抑制该地区的海盗事件。然而,新冠肺炎疫情带来的冲击正在海事安全领域带来诸多冲击,治理该地区正在与日俱增的海盗威胁需要沿岸国和使用国通力合作,从完善多边合作机制、升级反海盗措施、规范区域间海盗规则、统一罪行惩罚标准、打破执法行动壁垒、提高海洋执法水平和瓦解海盗产业等多方面提高维护海上安全的综合能力。中国参与东南亚海域的海事安全建设,不仅有助于促进国际重要海运航道的稳定和繁荣,而且可以汲取经验为全球提供海洋公共产品,展现

---

* 张春岳,华东政法大学国际法学院博士研究生,墨尔本大学国际公法专业研究生。

中国日益成为一个新兴、强大和有影响力的全球参与者。

【关键词】 海盗　武装劫船　东南亚海域　新冠肺炎疫情　区域合作

一、问题的提出

新冠肺炎疫情的爆发无疑是人类的悲剧，到 2021 年 7 月确诊病例数已超过 1.8 亿，死亡人数超过 400 万。❶ 虽然此次大流行首先是一个全球性的公共卫生问题，但是其影响已经远远扩散到社会的方方面面。经济学家、社会学家和心理学家等专家已经开始分析此次突如其来的疫情会给他们所研究领域带来的影响。海上非法行为者正在利用这一特殊时期扰乱和破坏海洋的和平与稳定，然而，法学界尚未有对新冠肺炎疫情给东南亚海上安全治理带来的冲击和挑战的分析。联合国发布的《联合国可持续发展：2021 年可持续发展目标报告》指出，受新冠肺炎疫情的持续影响，全球极端贫困率自 1988 年来首次上升，2020 年将有 1.19 亿至 1.24 亿人重新陷入极端贫困，大流行导致全球损失约 2.55 亿个全职工作。❷ 因为新冠肺炎疫情的蔓延、反复的封锁措施和严格的旅行限制，东亚和东南亚地区的许多发展中国家经济上遭受了重大打击，根据国际货币基金组织《世界经济展望》（2021 年 1 月）公布的数据，2020 年东盟经济体的经济收缩了 3.47%。2020 年印度尼西亚（以下简称印尼）经济萎缩了 1.9%，马来西亚、菲律宾和泰国

---

❶ "世卫称德尔塔变异毒株将成全球主导新冠病毒 泰国发现 7 人混合感染两种变异毒株"，https：//www.chinanews.com/gj/2021/07-13/9518649.shtml，访问日期：2021 年 7 月 13 日。

❷ SDGs Report 2021：COVID-19 Led to First Rise in Extreme Poverty in a Generation，http：//sdg.iisd.org/news/sdgs-report-2021-covid-19-lead-to-first-rise-in-extreme-poverty-in-a-generation/，访问日期：2021 年 7 月 13 日。

在2020年也经历非常严重的经济收缩,各自的经济活动分别下降5.8%,9.6%和6.6%。❶ 世界银行2020年10月发布的报告指出,整个亚洲地区2020年经济增长仅为0.9%,是1967年以来的最低增速。❷ 此次新冠肺炎疫情对东南亚地区经济的影响比2007年的全球金融危机和1997年的亚洲金融危机还要严重,该地区作为一个整体过去十年间一直保持的增长态势也被迫中断。

东南亚航道是现代贸易发展史上重要的海运航道之一,来自欧洲和阿拉伯海湾的海上贸易经此驶往东南亚、东亚等广袤的市场。马六甲海峡和新加坡海峡(SOMS)从马来西亚的最西端一直延伸到印尼民丹岛的末端,长达800公里的狭窄海峡连接了太平洋与印度洋,沟通了欧洲与东亚地区。马六甲海峡的宽度从南部的仅10海里(18.5 km)到北部的125海里(231 km)不等,狭长的海峡是全球航运的高速公路,每年有超过10万艘船经过该水域,包括散货船、集装箱船、渡轮、油轮、超大型原油船、拖船和渔船。在这片拥挤的水域中缓慢进入的船舶携带的货物占全球海洋贸易额的1/4,中国85%的进口石油通过该水域运输。❸ 东南亚海域不仅是非洲、欧洲和北美流向亚洲的资源和货物的交汇点,本身也是重要近海资源的分布带。东南亚海域包括世界上最繁忙的航道、丰富的多样性生物、危险的水文条件以及全球领先的渔业产业,重要的海洋战略地位结合该地区复杂的地理和政

---

❶ World Economic Outlook Update January 2021 Policy Support and Vaccines Expected to Lift Activity, https://www.imf.org/en/Publications/WEO/Issues/2021/01/26/2021 - world - economic - outlook - update,访问日期:2021年7月13日。

❷ From Containment to Recovery: Economic Update for East Asia and the Pacific, October 2020, https://www.worldbank.org/en/region/eap/publication/east - asia - pacific - economic - update,访问日期:2021年7月13日。

❸ 百度百科,马六甲海峡词条。

治使其成为世界上最具挑战性的海事安全环境之一。

随着新冠肺炎疫情这一"黑天鹅"事件的爆发,海上安全挑战尤为严峻,全球比以往任何时候更加依赖海洋来获取食物、商品、能源以及服务。因此,东南亚海域的海上安全治理对于全球贸易的跨境流通和全球经济的基本运行至关重要。本文主要探讨在新冠肺炎疫情的冲击下,东南亚地区海上安全面临哪些新的挑战?诚然,在东南亚海域这一高风险地区,海盗和海上抢劫事件是一个持续的挑战和重大威胁,但东南亚海盗袭击事件的下降趋势为什么会被逆转?当前的反海盗措施是否足够充分,或者是否存在需要完善的地方?以及如何通过改进执法、区域国家间合作以及非国家间合作更好地遏制海盗行为?

二、东南亚海盗形势加剧及其原因分析

(一)东南亚海盗形势加剧

长期以来,东南亚一直被认为是海盗活动最危险的地区之一。20 世纪 90 年代,发生了一系列引人注目的绑架船员和国际货物的劫持事件,联合国也因此宣布亚洲水域是世界上最危险的水域之一。海上非法行为者利用东南亚海域缺乏有效执法的空间,在这一繁忙、拥挤的贸易路线上从过往船只上偷窃货物和绑架船员,根据国际海事局(IMB)公布的数据显示,1993—2015 年,近 60% 的海盗袭船事件发生在东南亚,其中 20% 以上发生在印尼周边海域。❶ 相比之下,非洲之角——索马里海域的海盗虽然在 21 世纪初因致命劫持获得世界级的关注和联合打击,但在这 22 年间,

---

❶ 根据国际海事局(IMB)公布的 1993 年至 2015 年的海盗袭击事件数据统计得出,https://www.icc‐ccs.org/,访问日期:2021 年 7 月 13 日。

该水域报告的海盗活动数据仅占国际海事局海盗报告中心全球海盗事件的17%。同期，有136名海员在东南亚水域因海盗劫船而丧生，约为索马里因海盗袭击报告死亡人数的两倍。

不同国际公约和国际组织对海盗的定义不同。1982年《联合国海洋法公约》（以下简称《海洋法公约》）第101条第1款对海盗行为进行了界定，即在任何国家管辖范围以外或在公海为私人目的犯下的非法暴力、拘留和掠夺行为，❶ 但并没有涉及对武装劫船的定义和解释。国际海事局（IMB）将海盗和武装劫船合并后定义为"登入或企图登入船舶旨在偷窃或其他任何犯罪行为，以及企图使用或使用暴力达到上述行为的任何行为。"❷ "《制止危及海上航行安全非法行为公约》（SUA）规定的危害海上航行安全行为与国际法上的海盗行为确有相似之处"，❸ 均罗列了包括任何以武力扣押船舶的事件，或其他组织任何可能危及船舶、船员或货物的多种犯罪行为。

国际海事组织（IMO）在其第二十六届大会上第A.1025号决议《调查海盗和武装劫持船舶罪行实用规则》中则将"海盗"和"武装劫船"的定义进行区分，其关于海盗的定义与《海洋法公

---

❶ 《海洋法公约》第101条规定："海盗行为的定义 下列行为中的任何行为构成海盗行为：(a) 私人船舶或私人飞机的船员、机组成员或乘客为私人目的，对下列对象所从事的任何非法的暴力或扣留行为，或任何掠夺行为：(1) 在公海上对另一船舶或飞机，或对另一船舶或飞机上的人或财物；(2) 在任何国家管辖范围以外的地方对船舶、飞机、人或财物；(b) 明知船舶或飞机成为海盗船舶或飞机的事实，而自愿参加其活动的任何行为；(c) 教唆或故意便利 (a) 或 (b) 项所述行为的任何行为。"

❷ 曲波、喻剑利："《联合国海洋法公约》与海盗的惩治"，载《大连海事大学学报》（社会科学版）2009年第4期。

❸ 李文沛：《国际海洋法之海盗问题研究》，中国政法大学2008年博士学位论文，第69—70页。

约》第 101 条的规定一致,❶ 而"针对船舶的武装抢劫"的定义是指:(1)除海盗行为外,针对在一国内水、群岛水域和领海内的船舶或该船舶上的人员或财产,为私人目的而实施的任何非法的暴力或拘留行为或任何掠夺或威胁的行为;(2)煽动或故意促成上述行为的任何行为。❷《亚洲地区反海盗及武装劫船合作协定》(ReCAAP)同样选择对"海盗"与"武装抢劫船舶"作区分规定。该协定是亚洲第一个促进和加强合作打击海盗和持械抢劫船舶的区域间政府协议,2004 年 11 月签署,并于 2006 年 9 月 4 日正式生效,目前共 20 个缔约方。该协定的目的是通过信息共享和合作协议加强多边合作,以打击海上海盗和武装抢劫的威胁。区分二者的一个首要原因是东南亚国家当局不想将发生在附近海域针对过往船舶的武装抢劫行为定性为"海盗"。一国领海或专属经济区若成为"海盗"事件的热点区域,该国可能受到广泛的国际监督和舆论批评,甚至招致国际社会的干预,如同十多年前发生在索马里海域的情形一样。另外,根据《海洋法公约》的规定,海盗是发生在一国管辖水域之外和公海上的事件,若发生在马六甲海峡和新加坡海峡的武装劫船事件是海盗事件,则否定了马来西亚、印尼和新加坡对这一重要海上通道的管辖权,并且将马六甲海峡和新加坡海峡海域的法律地位混淆为公海,其他国家的军事力量甚至可以借机以履行国际义务打击海盗为名进入上述国家的领海和专属经济区。再者,当需要审判海上非法犯罪行为者时,

---

❶ 杨帆、WEI Yujia:"全球海盗和武装劫船犯罪问题及其应对",载《中国海洋法学评论(英文版)》2008 年第 2 期。
❷ International Maritime Organization (IMO), Assembly 26th session, Resolution A. 1025, https://www.gard.no/Content/31036385/Res.A.1025(26).pdf,访问日期:2021 年 7 月 13 日。

海盗与武装劫船事件二者的区别也很明显。对"海盗"罪犯进行审判涉及适用专门的国际公约、国际习惯法和起诉地国家的国内法,而对"海上武装劫船"罪犯的审判则属于沿岸国国内管辖权和司法权的适用范围。总之,东南亚国家倾向于区分"海盗"与"武装抢劫船舶"以维护国家管辖权和避免国际社会的特殊关注。根据 2018 年 ReCAAP 公布的数据,2018 年发生在东南亚的海上事件中,90% 以上属于"武装抢劫船舶",而不是"海盗"持械抢劫。❶

2017 年至 2018 年,亚洲地区反海盗及武装劫船合作协定信息共享中心(ReCAAP ISC)每年报告的海盗袭击事件总数从 102 起下降至 76 起,2018 年为近年来该地区范围内海盗活动最不活跃的一年,其中既遂事件数量仅为 62 起。2019 年报告了 83 起事件,其中既遂事件数为 72 起,未遂事件数为 11 起。尽管比 2018 年有所增加,但仍然是自信息共享中心启动报告制度以来的第二低数值,并且报告事件的严重程度也并未升级。而 2020 年,信息共享中心共收到了 97 起针对船舶的海盗和持械抢劫事件,包括 95 起既遂事件和 2 起未遂事件。与 2019 年相比,2020 年报告事件总数增加了 13%,并且既遂事件的报告数量增加了 32%。2020 年的总报告数与既遂事件数是 2018—2020 年最高的。❷(参见图 2-1)

---

❶ Seventy - Six Piracy and Sea Robbery Incidents Reported to ReCAAP ISC in 2018, Marking 25% Year - on - Year Decrease, and the Lowest in a Decade, https://www.recaap.org/resources/ck/files/news/2019/News_Release_on_ReCAAP-ISC_Annual_Report_2018.pdf, 访问日期:2021 年 7 月 13 日。

❷ Ninety - seven Incidents Reported to ReCAAP Information Sharing Centre in Asia in 2020, Marking 17% Year - on - Year Increase in Total Incidents and 32% Increase in Actual Incidents, https://www.recaap.org/resources/ck/files/news/2021/News_Release_on_ReCAAP-ISC_Annual_Report_2020_FINAL.pdf, 访问日期:2021 年 7 月 13 日。

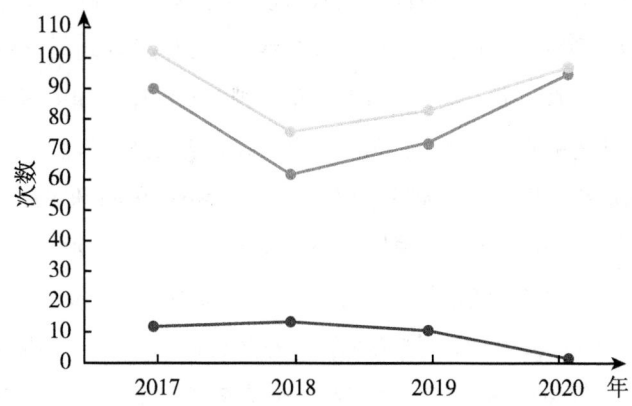

图 2-1　2017—2020 年海盗和武装劫船事件统计

(数据来源：ReCAAP)

表 2-1　2017—2020 年海盗和武装劫船事件统计

年份	2017	2018	2019	2020
报告总次数	102	76	83	97
既遂次数	90	62	72	95
未遂次数	12	14	11	2

特别是 2020 年 1—6 月，该地区共报告发生 51 起海盗袭击事件，事件总数相比 2019 年同期的 28 起增加了近两倍。❶ 对 2017 年至 2021 年 1—6 月的同期变化观察，2020 年逆转了过去的下降趋势，海盗事件数量达到近五年的最高值（参见图 2-2）。故而，信息共享中心（ReCAAP ISC）在其 2020 年的半年报中警告：亚洲地

---

❶ Fifty-one Incidents of piracy and armed robbery against ships in Asia reported to ReCAAP Information Sharing Centre from January to June 2020, https://www.recaap.org/resources/ck/files/news/2020/ReCAAP-ISC_Half-Yearly_Report_2020_FINAL.pdf，访问日期：2021 年 7 月 13 日。

区海盗袭击危险正在增加,并且由于新加坡海峡继续发生事件,RECAAP ISC 强烈敦促沿岸国加强在各自水域的巡逻和执法,沿岸国之间应提升协调合作程度,并对海盗及持械抢劫相关事件和周边海上犯罪集团信息进行共享,以便开展更多的抓捕行动。❶

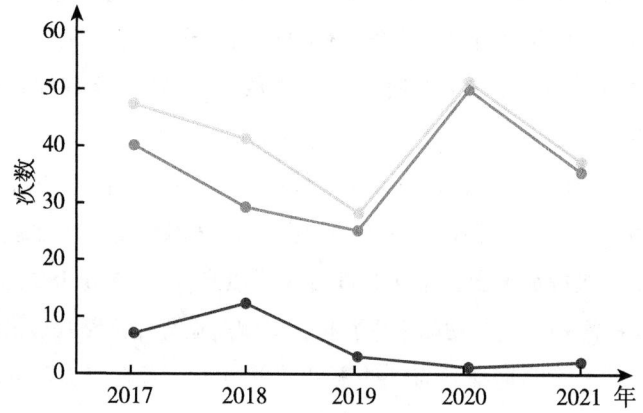

图 2-2　2017—2020 年 1—6 月期间海盗和武装劫船事件统计
(数据来源:ReCAAP)

表 2-2　2017—2020 年 1—6 月期间海盗和武装劫船事件统计

年份	2017	2018	2019	2020	2021
报告总次数	47	41	27	51	37
既遂次数	40	29	25	50	35
未遂次数	7	12	3	1	2

从热点事件地区分布来看,在新加坡海峡不断发生海盗事件,

---

❶ Piracy and Armed Robbery Against Ships in Asia Half Yearly Report January – June 2020, https: // www. recaap. org/resources/ck/files/reports/half – year/ReCAAP%20ISC%20Half%20Yearly%20Report%202020%20v1. pdf, 访问日期:2021 年 7 月 13 日。

并且有武装人员绑架船员的威胁。2020年发生在新加坡海峡的事件持续增加，为34起，而2019年在该地区为31起。2017年与2018年发生在此处的事件均不足10起，分别为8起和7起。自进入2021年以来，新加坡海峡的海盗危险持续增加，1—6月新加坡海峡共报告了20起事件（19起既遂事件和1起未遂事件），这占2021年1—6月亚洲地区报告事件总数的一半以上（37起事件），较2020年新加坡海峡同期报告事件数（16起既遂事件）增加了25%。

ReCAAP ISC已就2020年新加坡海峡发生的海盗和武装劫船事件发布了5次事件警报，并就2020年新加坡海峡发生的船舶事故发布了1次特别报告。并自2021年1月以来，ReCAAP ISC已经发布了3次海盗和武装劫船事件警报，提醒航运界注意新加坡海峡的海盗风险。除非逮捕参与这些事件的肇事者，否则海盗和武装劫船事件很可能继续发生。所有利益相关者共同努力和分担责任逮捕肇事者是打击海盗和武装抢劫船只的重要环节，船只应当立即报告事件，沿海国家应迅速作出反应，以及所有利益攸关方之间及时和准确地共享信息。因此，ReCAAP ISC敦促亚洲的执法机构继续加强监视，增加巡逻，并对事件报告迅速作出反应。航经有关地区的船只应提高警惕性，保持四周瞭望，并向最近的沿岸国和船旗国报告船只遭遇的所有事故。

（二）原因分析

东南亚不同以往的海盗事件增长趋势源自多方面的综合影响。首先，受新冠肺炎疫情影响，东南亚周边国家国防安全预算被削减，海上执法能力降低，海上安全合作举措被限制和缩小规模；其次，为了削减在疫情期间的船舶运行和管理成本，采取低标准的安保措施通过东南亚高风险海域，被海盗"盯准"和袭击成功的概率增加；再次，东南亚的海上天然气和石油商品既附加值高又需求旺盛，黑市买家对海盗转售产品的青睐促使海盗活动日益频繁；最后，经济萎缩带来的贫困加剧是刺激失业人员从事海盗活动的重要原因之一。

1. 海事安全维护力量削弱

沿海地区更易受全球大宗商品市场繁荣和萧条周期的影响，为了应对经济中断和全球衰退的威胁、供应链的复杂性、地缘政治变化以及国内外安全风险等问题，东南亚各国政府正采取限制措施为新冠肺炎疫情带来的潜在冲击做好准备，但是其政策调整带来的效应也进一步把疫情的影响扩大到了公共卫生安全以外的领域。每个国家都面临着控制新冠肺炎疫情传播采取的严格隔离措施与该措施产生的巨大经济社会成本之间的权衡。国家机构在控制新冠疫情的压力下，根据政府、社会和人口的实际情况将更多的财政预算优先分配给医疗保健系统，政府的可支配资源变得稀缺，其他领域的重要性和资源配给被重新排序，海事安全力量建设与维护也不可避免地受到影响。

如前所述，一些非法行为者在海洋领域的暴力行为正在逐步升级。海上安全威胁正在加剧的同时，随着国家调整预算以应对公共卫生安全危机，东南亚地区打击海盗和海上恐怖主义的能力受到影响。许多亚洲国家都削减了2020年的国防预算，以应对新冠肺炎疫情带来的冲击和可能的动荡。印尼已宣布削减近5.9亿美元的国防预算，其国防部门的这一重大预算重新分配将直接影响到海军的预算，海军处于印尼海上安全防卫的前沿。印尼并非唯一采取行动的国家，泰国已经削减了5.55亿美元的国防预算。该区域其他主要海洋国家，如马来西亚、越南、菲律宾，也面临同样的困境。

2. 安保措施降低、船舶风险上升

在充分维护该区域海上安全再次成为东南亚周边国家的优先事项之前，东南亚海域船舶运行和管理成本削减、采取低标准的安保措施和风险上升之间的关系是螺旋式下降的。海盗风险日益严重意味着，船舶航行中船东和托运人通常要支付更高的保险费，并为高效的过境速度支付额外的燃料成本。为了应对高额保险费和额外的燃料成本，船舶主通常选择削减维护航行安全措施的预算，即减少船员人数、削减工资或降低安保措施标准等。但降低安保措施标准意味着对《国际船舶和港口设施保安规则》（ISPS）中规定的强制性安全设施、规范标准和船员资格进行缩减，船员数量的减少不仅会导致船上船员的工作量过度和警惕性差，船舶的日常维护和检修工作也会受到影响。当船舶存在安全隐患或者故障时，海盗袭击和登上船舶的可能性和成功率就会提高，而海盗在该海域的作案成功率升高会吸引更多潜在非法行为者对过往船舶进行更频繁的劫掠行为。

除上述连锁反应会加速东南亚海盗袭击频率和提高成功率外，由于新冠肺炎疫情在全球范围的大流行，工业活动和跨境旅行受到限制，全球经济增长预计将呈现60年来最糟糕的态势，东南亚地区海盗事件的威胁程度也进一步上升。首先，经济放缓通常会导致能源需求降低，因此化学品和成品油的销售放缓，许多停运船只被闲置在高风险地区的海上或港口，尤其是在东南亚海域。受新冠肺炎疫情造成的经济萎缩的影响，加之在2020年4月前石油输出国组织（OPEC）和其他产油国家未能达成减产协议，部分石油开采大国维持与新冠肺炎疫情发生前一样的原油开采量，造成原油市场供过于求，原油价格大幅下跌，供需不均衡和低价大量买入导致陆地上的石油储存空间不足，将原油储存在浮动油轮上成为许多公司的唯一选择。这些油轮满载着"黑金"驶至东亚和东南亚，在仓储成本更低、安全松懈的港口停靠，成为同样受到疫情影响的海盗眼中最"诱人"的目标。2020 年 ReCAAP 第一、二季度的报告记录显示其中有 31 起事件（占该季度报告总数的 61%）发生在船只停泊时。这表明停运的船只在锚点上停泊时间越长，则遭受海盗偷袭的可能性越高。其次，因为控制疫情扩散和维持船舶卫生环境安全的需要，船员更换频率降低，海上航行时间延长可能会加剧船员的疲劳感。并且世界劳工组织也提高了船东对聘用海员的管理和遣返的义务，从而导致船舶运营成本和聘用船员难度增加。最后，为削减疫情期间的船舶运营成本，船东和管理人员一方面选择减少商船上的船员，另外还倾向于雇用廉价、非熟练的船员来维持船舶运营，而在船上必须进行的工作仅仅依靠与新冠肺炎疫情发生之前相比更少、更生疏的船员处理会造成船员的压力和疲劳感上升。这不仅会降低船员在航行期间的警惕性，增加潜在海事事故的发生概率，包括碰撞、船只受损以及增加海洋污染等，还会造成船舶安全维护标准降低，增加海盗袭击成功的风险。总之，薪资过低、过度劳累和海员技能生疏不利于船舶的正常航行和应对潜在的海盗威胁。

3. 油轮助长"海盗经济"循环

燃料是航运业最大的开支之一，高成本的原油和炼油能力不足使成品油价格居高不下。而海盗利用黑市买家对廉价燃料的需求，在海上成功掠夺和开拆一艘小型油轮就可以获得超过 200 万美元的"无本之利"。东南亚的海盗团伙盯准该地区频繁运输和高需求度的精炼进口石油，不仅具备在海上盗窃运输中的数千吨石油的能力，还拥有向黑市买家运送石油的装备。油轮在东南亚海运通道上被劫持，然后石油和天然气被吸进等待的集装箱中，这些浮动"加油站"很难发现，之后海盗将被劫掠的货物出售给经销商，这些经销商以低于成本的价格出售给印尼和新加坡的众多港口和造船厂。而且，海盗出售的石油和天然气除了远低于市场价格，被盗的产品与正常途径购入的几乎无法区分。此外，随着世界上 1/3 的石油和成品油油轮每年通过海洋环境复杂的东南亚海域，犯罪分子不乏发展和完善其操作程序的机会，并且高额的潜在利润吸引更多的低收入人群有组织地参与到这一低风险、高回报的海上犯罪模式。在该地区的反海盗措施成功、有效地打击黑市燃料需求或降低海盗掠夺货物成功率之前，获得巨额回报的潜力将使东南亚的非法利益获得者继续经营转售燃料的非法活动，东南亚的"海盗经济"活动就会持续。

4. 经济活动萎缩、贫困危机加剧

经济衰退不仅会影响打击海盗的军事活动和海事执法机构的预算，而且实际上可能引发海盗威胁程度的上升。正如罗伯特·麦卡比（Robert McCabe）在其书 Modern Maritime Piracy：Genesis, Evolution and Responses 中的分析，1993 年印尼水域只有 10 起海盗事件，而到 1999 年，在亚洲金融危机爆发两年后，海盗事件已增至 115 起，在不到 10 年内增加了 10 倍以上。❶ 而根据 ReCAAP 的统计数据显示，2010 年，即 2008 年金融危机两年后，东南亚地区海域的海盗事件增加了 25%。

与世界其他大部分地区一样，东南亚各国政府也动员公共和私人资源来控制新冠肺炎疫情在社区的传播，引入了自愿的社会疏离措施，以及更加积极的封锁和隔离措施，国际旅行急剧下降，从事

---

❶ McCabe R, *Modern Maritime Piracy：Genesis, Evolution and Responses*, London：Routledge, 2018, pp. 93—98.

支柱产业——旅游业的人员收入锐减。这一切也都发生在东南亚普遍存在社会服务不足和福利覆盖率低等问题的地区。这意味着东南亚的发展中国家在面对如何控制新冠肺炎疫情时，还需要应对新冠肺炎疫情防控措施带来的社会经济影响。可预见的是失业人群、贫困人口的大量增加将进一步加剧东南亚地区的经济落后水平。据预测，由于新冠肺炎疫情的影响东南亚地区人均收入损失将高达20%，东亚和太平洋地区将有3800万人陷入贫困。❶ 联合国世界粮食计划署警告说："面临严重粮食不安全状况的人数到2020年可能比前一年翻一番，达到2.65亿。大流行和封锁措施，加上失业率上升和食物供应有限，可能导致暴力和冲突。"❷ 特别是新冠肺炎疫情影响了国际和国内消费市场，渔业需求下降，渔业活动也因为疫情防控而被限制。特别是那些经营小型船只的渔民，其渔船因无法支持长途航行前往捕捞范围更大和生产力更强的远海渔场，远低于正常时期的捕捞量又难以供养渔民及其家庭的生活。一些绝望的渔民在需要的时候转向充当海盗，以补充收入维持生计。东南亚水域是世界上最繁忙的贸易通道之一，在东南亚海域寻找盗窃和劫持目标对这些渔民来说并不难，其附近水域的其他渔船、商船、游艇或任何其他中小型船只都是绝佳的袭击目标。

---

❶ "'ASEAN's Covid-19 Response: Why Minorities and the Most Vulnerable Matter Articles ｜'"，https://www.globalasia.org/v15no2/focus/aseans-covid-19-response-why-minorities-and-the-most-vulnerable-matter_dominique-virgilroberto-lie，访问日期：2021年7月13日。

❷ 'COVID-19 Will Double Number of People Facing Food Crises Unless Swift Action Is Taken ｜ World Food Programme'，https://www.wfp.org/news/covid-19-will-double-number-people-facing-food-crises-unless-swift-action-taken，访问日期：2021年7月13日。

三、加强东南亚海盗治理的必要性、困境与具体措施

(一) 加强东南亚海盗治理的必要性

无论从能源运输、航运安全、海上石油开发或地缘政治等多方位考虑,还是出于控制新冠肺炎疫情对发展对外贸易的影响程度,遏制和打击东南亚海域的海盗与海上武装劫持行为及相关海上犯罪团伙,不仅有利于东南亚海域沿岸国和使用国的战略利益,而且有助于中国参与全球海事领域多样化安全结构的制定和实施,增强海洋强国建设的经验和能力。

1. 降低海上贸易成本

与海上安全有关的问题包括国家和国际上的海上和平与安全,主权、领土完整,政治独立,海上通信线路的安全,免受海上犯罪的安全,海上环境以及所有海员和渔民的安全。Lutz,Peter 和 Ralph 指出,"'海上安全'一词是一种政府的责任,由于其广泛的主题而没有普遍的法定或公认的定义。"❶ 联合国大会在其《2008年海洋与海洋法》报告中认为"海上安全"主要涉及如何确保海上人命安全、航行安全以及如何保护和保全海洋环境。❷ 通常还包括阻止和干预其他可能威胁国家利益的犯罪行为:防止海上犯罪活动,如海盗和武装抢劫船只;走私、非法移民和海上恐怖主义行为;防止对海洋环境的有意和非法破坏,包括非法倾倒和排放船舶污染物,海洋自然资源的枯竭以及非法、不报告和不管制的捕鱼

---

❶ Feldt, Lutz, Roell, Dr. Peter and D. Thiele, Ralph, Maritime Security – Perspectives for a Comprehensive Approach, *ISPSW Strategy Series: Focus on Defense and International Security*, Issue No. 222, 2013, pp. 2—3.

❷ Oceans and the law of the sea——Report of the Secretary - General, https://undocs.org/zh/A/63/63,访问日期:2021 年 7 月 13 日。

等。东盟区域论坛海上安全工作计划（2015—2017 年）将上述与海上安全有关的威胁分为两大类：传统安全威胁和非传统安全威胁，并且该工作计划将后者视为"培育该地区相互信任和共识"的"有用的早期基础"。

在东南亚，"海上安全"已成为确保海洋免受非传统安全威胁的代名词。海盗使用小船和小艇操作，可以快速、轻易地隐藏在沿岸地区。他们使用小型武器进行快速行动，包括从船上偷油、绑架勒索、抢劫船员、偷窃货物、甚至偷窃整艘船后重新油漆出售。虽然运输石油和天然气的船舶只是海盗袭击的目标船只之一，但他们盗窃和偷运的石油在战略上具有非常实际的利害关系。另外，该地区海盗犯罪人员与海上恐怖主义分子的联系日益密切，为后者提供技术培训、人力和资金等方面的援助。❶ 此外，海盗在行动上也越来越复杂。他们召集利益相关者形成完整的犯罪链条，已经从一般的罪犯群体发展成为具有专门技能的庞大犯罪网络组织，其中有一些专门角色包括造假者、嵌入航运公司的线人、船舶经纪人和黑市中间商。

Martínez‑Zarzoso 和 Bensassi 通过运输成本确定的简单模型，证明了现代海盗行为对海上贸易成本的影响。此外，他们还表明局部冲突的发生可能损害某些国际贸易路线。❷ 根据 2010 年"一个地球未来"基金会的研究表明，国际社会每年因为海盗犯罪受到的经济损失高达 70 亿至 120 亿美元。据美国商船公司估计，全球海盗行为每年光给托运人就增加了 49 亿至 83 亿美元的成本，包

---

❶ Michael Bahar, Attaining Optimal Deterrence at Sea: A Legal and Strategic Theory for Naval Anti‑Piracy Operations, 40 *Vanderbilt Journal of Transnational Law* (2007), pp. 3—4.

❷ Martínez‑Zarzoso, Immaculada, and Sami Bensassi, The Price of Modern Maritime Piracy, 24 (5) *Defence and Peace Economics* (2013), pp. 397—418.

括货物损失、保险增加、运输时间增加、船员额外赔偿、诉讼和法律费用。❶ 世界银行（2013）关于海盗问题的报告强调，以海盗为代表的非法海上活动具有重大的经济后果，一国港口、海岸线和专属经济区的发展红利只有在良好的海洋治理机制下才能实现。❷

2. 保障海上通道安全战略

中国高度依赖东南亚海上交通线（SLOC）来实现货物和能源的流通和运输，中国从中东地区全年的石油进口总量高达5亿吨，这些进口石油的80%航经东南亚海域，并且这片水域也是中国向欧盟、阿拉伯国家和非洲等地出口商品和服务的交通要道。作为亚洲地区至关重要的战略性水道，不仅是沟通印度洋和太平洋最快捷的海运航道，也是海上丝绸之路的主要途径地区。Burlando，Cristea 和 Lee（2014 年）通过分析双边贸易额和已经报告的海盗袭击信息，表明海盗带来的暴力威胁以及更普遍的运输网络中断的可能性会对贸易产生极大的负面影响。❸ Giacomo Morabito 和 Bruno S. Sergi 在研究报告中将 1994 年至 2013 年东南亚国家之间的双边贸易流量进行实证分析，发现海盗行为非但会影响东南亚区域内各国间的贸易量，而且每发生一次海盗袭击，被波及的两个贸易伙伴国中的任一国家都可能付出出口量减少 1% 的代价。特别是海盗袭击次数的增加对中国澳门地区出口的影响最大，每次袭

---

❶ James E. Wadsworth, *Global Piracy: A Documentary History of Seaborne Banditry*, Bloomsbury Academic, 2019, pp. 224—225.

❷ Christian Bueger, Learning from Piracy: Future Challenges of Maritime Security Governance, 33 *Global Affairs* (2015), pp. 38—41.

❸ Burlando, Alfredo, Anca D. Cristea, and Logan M. Lee, The Trade Consequences of Maritime Insecurity: Evidence from Somali Piracy, 23 *Review of International Economics* (2014), pp. 525—557.

击都会造成我国澳门地区出口量下降超过 3%。❶ 本区域内海盗带来的问题,不仅涉及广泛的成本,还对商品流通和出口造成重要影响。鉴于此,保证重要海上航线自由与安全对中国地区和全球海上贸易都至关重要,所以中国应当为持续打击和制止东南亚海盗作出努力,重视本地区的非传统安全在国家安全战略中的价值和意义。

3. 积极参与地区安全合作架构

同时,东南亚是一个对全球经济体系、海洋商业共同体以及中国自身战略和经济利益至关重要的地区。在这次新冠肺炎大流行之前,中国就已经是东南亚最大的贸易伙伴、投资来源国及游客来源地。相比之下,美国撤回了泰国部分产品的普惠制关税优惠待遇(GSP),取消了印尼的发展中国家地位,并将新加坡、越南和马来西亚列为汇率操纵国的观察名单。根据"尤索夫伊萨东南亚研究所"东盟研究中心的调查报告显示,大约 80% 的东南亚精英人士将中国视为该地区最重要的经济参与者,而对美国持有同样看法的被调查人群仅为 8%。中国可以在尊重沿岸国领海主权完整的基础上,积极履行国际法中有关打击海盗的义务,与东南亚国家深入开展多边合作,为区域安全保障提供公共产品,切实维护东南亚海上安全。同时以实际行动驳斥国际社会居心叵测的言论,承担和展现大国责任,与域外某些大国的单边主义行为形成鲜明对比,更有助于中国与东南亚周边国家建立政治互信、树立区域安全共识和推进深层次的国家合作。

(二)东南亚海盗治理的困境

1. 多边合作机制设计缺陷

亚洲不断发生的海盗和武装劫船事件引起了世界的关注,特

---

❶ Giacomo Morabito and Bruno S. Sergi, How did Maritime Piracy Affect Trade in Southeast Asia?, 18 *Journal of East Asian Studies* (2018), pp. 255—265.

别是美国太平洋舰队司令托马斯·法戈在其述职报告中提议美方应组织军队"协防"马六甲海峡后,东南亚周边国家决心管理该地区的海盗犯罪并为此作出集体努力。于2004年7月启动的马六甲协调巡逻行动(MALSINDO)是由马六甲海峡沿岸国家马来西亚、新加坡和印尼联合三国海军资源构成的一支强大力量,通过逐渐对马六甲海峡和新加坡海峡的巡逻来击退和遏制海盗。2005年9月三国联合泰国启动了"空中之眼"(EiS)联合海上空中巡逻机制,作为该地区最先进的空中巡逻系统之一,有助于从空中更加立体地构建马六甲海峡的航道动态,追踪可疑船舶并通知相关海域国家即时采取行动进行抓捕。2006年为支持海空巡逻,三国建立了巡逻情报交换小组(IEG),并于同年11月启动了马六甲海峡巡逻信息系统(MSP-IS),2008年9月泰国也开始正式全面地参与马六甲巡逻机制(MSP)。至此,马六甲巡逻(MSP)框架包括马六甲海峡海上巡逻队(MSSP)、"空中之眼"(EiS)以及情报交流小组(IEG),成员国海军定期举行会议,加强协调和审查行动的进行情况,并参与情报交流和实时信息共享,以处理可疑接触或事件,提示对海上威胁作出有效的行动反应。❶ 参加打击海盗活动的国家范围正在扩大,菲律宾的情报机构也与国际海事组织海盗行为报告中心(IMB PRC)进行合作与协调,对附近水域犯罪分子的潜在袭击向报告中心提供情报。

虽然东南亚海域沿岸国的区域间合作机制在遏制海盗和武装劫船问题方面确实发挥了重要的作用,但仍然存在应对新形势下的海盗和武装劫船事件的海上安全合作机制设计上不足的问题。

---

❶ Fact Sheet: The Malacca Straits Patrol, https://www.mindef.gov.sg/web/portal/mindef/news-and-events/latest-releases/article-detail/2016/april/2016apr21-news-releases-00134/,访问日期:2021年7月13日。

马六甲海峡海上巡逻（MSSP）只是一种协调巡逻，建立了一个彼此之间的沟通和协调制度以便其各自水域进行巡逻，这不是遏制海盗行为的一个全面机制，而是"各自为营"地将巡逻活动局限于各国自己的海域范围。其次，"天空之眼"在巡逻时虽然可以飞越他国管辖水域，但被限制飞行时与其他合作国家海岸线保持3海里的距离，也不在海盗活动"频繁"的夜间时段进行巡逻。而且因为实际巡逻飞行次数很少、可调动用于应对空中巡逻期间发现的突发事件的资源有限，空中巡逻机制受到广泛的批评。

2. 对海盗犯罪的惩罚标准力度不一

虽然《海洋法公约》为海盗行为提供了翔实的法律定义，但该公约没有规定起诉海盗的法律制度，也未就判刑提供指导，甚至没有要求各国颁布具体的惩罚海盗的法律。这意味着，起诉国的责任是向其法院提交海盗案件并确定适用的相关法律或判决。[1] 东南亚沿岸国面临的问题不仅是在不同国家法律制度间开展抓捕、调查、紧追、起诉和审判等工作的差异，以及在跨国移交证据、引渡程序和惩罚力度等方面的区别。虽然一些国家已就此类问题签署了合作协议或者备忘录，但尚未在其国内转化为标准化程序和制度。

另外，在整个东南亚地区，对涉及海盗犯罪的嫌疑人的刑罚种类和严重程度大相径庭。在印尼，对被抓捕到案的海盗犯罪者判处的刑期往往畸轻。Adam 和 Chapsos 对印尼对海盗判刑方法进行深入分析后得出，印尼法院在判决海盗犯罪分子时"过于软

---

[1] Fenton AJ &Chapsos I, Prosecuting Pirates: Maritime Piracy and Indonesian Law, *Australian Journal of Asian Law* (2019), pp. 1—16.

弱和宽大"，只有受到足够重视的案件才会导致被告人被判处重大监禁。❶ 例如，女商人伊娃·诺文西亚（Eva Novensia）一案中，她因在 2015 年资助海盗劫持新加坡油轮 MT Joaquim 被捕，虽然劫持行动没有成功，伊娃·诺文西亚被判处 7 年有期徒刑，比通常该国判决的犯海盗罪行的被告人判处的刑期长得多，可是她没有完成根据判决应该服刑的刑期。除了伊娃·诺文西亚案，即使是涉及暴力行为的海盗犯罪行为，平均在该国被判处的刑期为 12 个月左右。❷ 印尼法院对海盗的宽大处理没有实现刑事惩罚和威慑海盗犯罪分子的基本目标。相比之下，邻国新加坡法律认为海盗行为是一种恶性犯罪，对涉及海盗罪的犯罪分子的刑罚要更加严厉。根据该国法律规定，在海盗的犯罪行为涉及暴力危及被害人生命的情况下将被判处死刑。而在马来西亚法院受审的海盗的受审时间比在印尼更短，所受刑罚程度比在印尼更重，并且在狱中服刑期间可能会受到鞭刑。

3. 缺乏有效的执法行动框架

1982 年《海洋法公约》第 101 条将海盗行为界定为在公海或任何国家管辖范围以外地区为私人目的犯下的非法暴力、拘留和掠夺行为。这意味着在履行打击海盗的国际义务时，若已经进入任何沿海国家的司法管辖区则不可继续执行。❸ 同样，Teo 在 Target Malacca Straits 报告中认为，尽管根据《海洋法公约》船舶有自由通过国际海峡的权利，但马六甲海峡大部分水域仍属于沿

---

❶ Fenton AJ &Chapsos I, Prosecuting Pirates: Maritime Piracy and Indonesian Law, *Australian Journal of Asian Law*（2019），pp. 1—16.

❷ Id.

❸ Kevin X. Li & Jin Cheng, Maritime Law and Policy for Energy Security in Asia: A Chinese Perspective, 37 *Journal of Maritime Law and Commerce*（2006），pp. 567—587.

海主权国家的管辖之下,国际法中海盗的法律定义仅适用于国际水域。这意味着海盗可以在新加坡水域劫持一艘船,飞速逃窜到马来西亚或印尼水域后便有机会逃脱被起诉。❶ 虽然新加坡、马来西亚和印尼的地区当局通过合作分享海盗袭击的情报,但他们的执法机构无法行使紧追权追缉海盗进入他国的管辖水域范围。即使一国的海岸巡逻队正在追击一艘被海盗劫持的船只,也需要等待它计划进入的另一国水域的主权国家许可,然后才会被允许继续追踪这艘涉案船只。东南亚海域拥有广阔的海岸线,丰富的群岛水域和交织的专属经济区,特殊的地理环境需要大量的小型沿海巡逻船,在各国专属经济区中发挥保护资源的警务作用,应对海盗、毒品和其他走私等低水平的非传统安全威胁和自9·11事件以来兴起的恐怖主义威胁。加之新冠肺炎疫情加剧了东南亚海盗的安全威胁,海峡沿岸国需要通过多方努力和合作完善区域间执法合作机制、降低执法壁垒,从而提高海洋领域意识和执法力度。

(三) 加强东南亚海盗治理的具体措施

东南亚地区的海盗问题非常复杂,仅仅凭借沿岸国的努力和重视无法彻底解决和抑制海盗泛滥的问题,新冠肺炎疫情更是削弱了国家在维护海事安全方面的能力。在东亚和东南亚国家共同抗疫的特殊时间里,更有赖于利益相关国家与沿岸国通过深入、多样、高效的区域多边合作,解决和应对海盗泛滥给海上贸易通道带来的挑战和威胁。

1. 完善多边合作机制、升级反海盗措施

随着新冠肺炎疫情这一"黑天鹅"事件席卷全球,人们逐渐

---

❶ Yun Yun Teo, Target Malacca Straits: Maritime Terrorism in Southeast Asia, *Studies in Conflict and Terrorism*, 2007, pp. 541—561.

认识到应当继续保持国家间、地区间在政治、经济、外交和卫生领域的深入合作，休戚与共的全球化社会也需要携手抵抗新冠肺炎疫情的全球大流行带来的各种冲击。因为新冠肺炎疫情的影响东南亚海盗和武装劫持船舶威胁日益严重，沿岸国需要切实履行海上安全防卫责任，应该继续推进区域间国家合作的深度与广度，加强马六甲海峡协调巡逻机制在主要海上航道区和"热点"水域的高强度巡逻频率，实现全天候保障符合过境通行原则的船舶安全穿过东南亚海上通道；此外，不能仅仅依靠沿岸国的自我管理和合作机制，更需要解决使用国在国际航道管理和维护这一公共产品中搭便车的问题，东南亚海运水道的使用国和受益方也应该付出努力，加强区域间安全对话平台的构建，积极提供海事安全公共产品，使打击海盗和武装劫持船舶区域间合作的参与主体多样化、机制和措施成熟化。下一届东盟区域论坛海事安全会议应评估其2018—2020年工作计划的执行情况，寻找问题总结经验，提升东盟国家间合作保障海事安全的能力和水平。使用国和沿岸国应在马六甲海峡和新加坡海峡等最脆弱地区加快巡逻步伐，如果时机成熟，可以将协调巡逻机制升级为联合巡逻机制，向该地区海盗事件频发的热点地区增派巡逻人员和巡逻艇，并时刻向通过这些地区的船只提供这些巡逻力量的坐标，提高打击海盗和武装恐怖主义的联防联动机制的响应速度，此举将有助于解决新冠肺炎疫情过后海盗猖獗的海事安全问题。

2. 规范区域间惩罚海盗规则、统一罪行惩罚标准

通过加强沿岸国国家间海事法律建设和深化执法部门间的纵深合作，统一武装劫持船舶类犯罪的侦查、抓捕、起诉、证据、引渡、定罪、量刑、执行等方面的程度和标准。增加东南亚周边国家间海事执法人员的定期交流和培训，推进执法部门在侦查和

抓捕之间的法律和制度差异方面的协调与配合；定期开展区域国家主管部门间在武装劫持船舶犯罪定罪量刑标准区别方面的交流；制定专门武装劫持船舶犯罪在起诉、引渡和证据收集方面的区域间司法协助条约。针对海盗的区域司法管辖存在差异的问题，戴安娜·张（Diana Chang）认为可以通过合作国建立区域性国际海盗法庭来解决，该地区国际海盗法庭可以在为司法机构提供服务的同时运用适当的、统一的海盗定义起诉犯罪行为者，例如，东南亚的 ReCAAP 组织的成员国可以在一个缔约国内建立自己的区域海盗法庭。❶ 除通过专门化的海盗法庭统一惩处罪犯外，还应拨出专门资金用于海盗和武装劫持船舶执法和审判人员的培训，统一东南亚海域沿岸国对有关罪行的抓捕、起诉和定罪水平，增加沿岸国和使用国海事执法人员的定期交流和培训，合作建设具有现代化的执法能力的执法队伍和国际化审判标准的司法队伍，派员到海事大学或海事组织研究所学习国际海洋法律，使海事执法与审判人员长期接受专业化、标准化的国际海洋法培训。

3. 打破执法行动壁垒、提高海洋执法水平

在 2016 年举行的论坛上，马来西亚时任总理纳吉布·阿卜杜尔·拉扎克称赞"奥基姆和谐号"的发现是一个东南亚当局之间联合打击海盗的卓越典范。❷ 马来西亚皇家海军（RMN）和马来西亚海上执法局（MMEA）联合行动确保这艘油轮的安全；越南边

---

❶ Chang & Diana, Piracy Laws and the Effective Prosecution of Pirates, 33 *Boston College International & Comparative Law Review*（2010），pp. 273—285.
❷ 2015 年 6 月 11 日，8 名海盗登上马来西亚油轮"奥基姆和谐号"，船上载有 6000 吨汽油，价值超过 500 万美元，海盗手持手枪和砍刀将船上的 22 名船员扣为人质，在东南亚多国海军、空军、海上执法局、边防部队和海岸警卫队的共同努力下，船员和油轮于 2015 年 6 月 19 日在越南富国（Phú Quốc）西南附近获救，马来西亚法院最后判处所有海盗犯罪者 15 年至 18 年不等的监禁。

防部队（VBDF）在其海岸线逮捕了涉案海盗人员；印尼海军西部舰队司令部（KOARMABAR）快速反应小组发现作为重要证物之一的这次劫船事件中使用的废弃拖船。纳吉布说："只有通过与邻国合作，我们才成功地找到了被劫持的船只。"各国之间需要进一步深化合作意识，通过加强协作打破目前已有的执法范围方面的障碍，补足海盗跨管辖水域逃窜时周边国家在沟通和追捕方面的漏洞。

由于新冠肺炎疫情加剧了东南亚海盗威胁，海峡沿岸国不仅需要提高海洋安全维护意识，还应加大海洋执法力度，通过先进的技术支持、资金资助、装备升级与海事训练等加强执法能力建设。改善海事监测系统、通信系统和追踪设备，更换老化设备和系统，升级巡逻艇、直升机和无人机，帮助提升印尼、马来西亚、菲律宾和越南等沿岸国海岸警卫队和海军的追捕能力，以应对技术、手段和成员不断升级的海盗人员和其他海上犯罪分子。对于该地区领土和领水面积较小的国家，如新加坡和文莱，由于管辖水域靠近邻国，海事安全部队的结构受到了限制。使用国可以和这类沿岸国集中精力合作开发更先进的技术型防御手段，有效地及时收集、甄别和传递突发海上犯罪行为的信息，如建设具有命令、控制、通信和搜索等功能的计算机信息中心，完善早期预警系统，或成立海盗犯罪分析智库，对海盗和武装劫船事件特征、活动路线、组织结构和成员名单进行分析，提高预防水平和抓捕效率。

4. 加强国际援助，铲除"海盗经济"

由于疫情冲击，东南亚地区许多人失去工作，生活难以为继，重新陷入贫困状态。走投无路的人们不得不寻求非法收入来源。加强海盗治理不仅仅需要关注海盗威胁，还应制定全面、整体的解决方案以解决与海盗问题相关联的其他复杂问题,如沿海经济福利差、影子经济根深蒂固、人口贩运猖獗以及针对薄弱的沿海和海上目标的有组织的海上恐怖主义威胁。上述这些问题之间具有深刻的相互关系,更重要的是,任何一个相关联问题的改善或恶化都可能对东南亚地区的海盗问题的发展走向产生蝴蝶效应。国际社会应尽可能提供经济援助,帮助缓解东南亚国家因受新冠肺炎疫情影响面临的经济增长停滞和下滑。通过向那些容易受海盗影响的地区注入资金,改善东南亚地区的基础市场设施建设,帮助恢复当地经济,创造就业机会,为当地人们提供合法的收入来源和受教育机会,从根本上改善该地区就业、福利、社区安全与贫困等状态。

结语

东南亚海域的海盗组织是深深扎根于该地区特殊地理和历史因素的力量,并且能够适应不断变化的该地区的经济发展状况。❶ 新冠肺炎疫情正在给东南亚地区之前已经存在的政治和社会裂痕施加巨大压力,以海盗和武装劫船为首的海上安全问题尤为突出。东南亚海盗问题非常复杂,仅仅凭借单一的沿岸国无法彻底治理海盗活动泛滥造成的海上安全威胁。首先,随着海盗不断升级的暴力行为和威胁程度,需要所有沿岸国和利益相关者共同努力、携手解决。其次,提高海事执法能力、改进区域合作机制、升级反海盗措施、规范区域间海盗规则和提升地方治理水平可以更有效地打击海盗犯罪活动。最后,提高经济发展水平、统一罪行惩罚标准、打破执法行动壁垒和改善福利条件也有利于减少当地的

---

❶ Karsten von Hoesslin, The Economics of Piracy in South East Asia, *The Global Initiative against Transnational Organized Crime* (2016), pp. 1—2.

贫困社区参与海上犯罪的积极性。

面对发生频率与威胁程度日益严重的海盗袭击事件,中国作为负责任大国需要积极采取措施抑制东南亚海域的海盗与海上武装劫持行为,减轻周边安全环境的变化对东南亚水域和整个区域安全造成的威胁。这不仅有利于保障能源运输、维护航运安全、海上石油开发、控制新冠肺炎疫情的外溢影响,还有助于遏制和打击海上犯罪团伙,维护东南亚海域沿岸国和使用国的战略利益,汲取全球海事公域多样化安全结构制定和实施的经验,增强海洋强国建设的能力。

论国际刑事法院管辖权的现实、矛盾与对策

孙心依❶

【摘要】 国际刑事法院自成立以来不断面临挑战,种种困境的根源实质是国际社会对法院管辖权法理基础及运行机制的存疑。国际刑事法院的管辖权在很大程度上取决于国家的同意,《国际刑事法院罗马规约》(以下简称《罗马规约》)也强调了法院"对国家刑事管辖权起补充作用"。但近年来,国际刑事法院展开调查的案件却显示出未经非缔约国同意对非缔约国人员行使管辖权的实质效果。本文将结合《罗马规约》的文本内容和国际刑事法院的实践情况,讨论法院管辖权当下存在的矛盾焦点,包括:补充性管辖原则与普遍管辖效果的矛盾、补充性管辖权与国家主权的冲突、国际刑事法院和安理会权限的争议,以及法院在执行环节面对的阻力。在分析厘清国际刑事法院管辖权制度多重矛盾的基

---

❶ 孙心依,华东政法大学国际法学院博士研究生。

础上，力求多方面、多角度地展现当下存在的问题，并对法院在制度上的完善提出针对性的建议，同时还将结合我国立场，评估 ICC 对我国可能带来的挑战，提出相应的对策。

【关键词】《罗马规约》　国际刑事法院管辖权　补充性管辖权　安理会介入权

2002 年 7 月 1 日，伴随着《罗马规约》的生效，海牙国际刑事法院（ICC）宣告成立，作为一个独立的国际司法机构存在，此举表明了国际社会对人类和平和正义的向往。截至 2020 年 9 月，全球共有 123 个成员方批准了《罗马规约》，❶ 同意根据《罗马规约》赋予 ICC 权力，以调查和起诉其国民或本国领土上任何人所犯的罪行。但在法院持续运行的 18 年间，国际社会对其争议不断：2009 年 ICC 对苏丹时任总统巴希尔发出逮捕令，规约各缔约国纷纷拒绝履行逮捕义务；2012 年，ICC 工作人员前往利比亚对被告赛义夫·卡扎菲进行调查，却被利比亚当局公然拘禁；在 2015 年非洲峰会期间，ICC 再次要求缔约国南非以"战争罪和种族灭绝罪"逮捕巴希尔，南非政府对此不予理睬；2016 年俄罗斯因克里米亚事件不满 ICC 的低效性和片面性宣布退出，非洲国家布隆迪和冈比亚随即效仿；2018 年，菲律宾因国际刑事法院对杜特尔特的人权调查宣布退出该法院，并公开谴责 ICC 已沦为西方大国不公正对待小国的工具；2020 年，法院上诉分庭授权检察官在阿富汗对美国军队和中央情报局人员所犯的罪行展开调查，美国当局回应将对法院的相关调查人员进行制裁，并强调法院无权对非缔约国进行调查。

---

❶ 数据来源于国际刑事法院官网：https: //asp.icc‐cpi.int/en_menus/asp/states%20parties/Pages/the%20states%20parties%20to%20the%20rome%20statute.aspx，访问日期：2021 年 7 月 20 日。

ICC 在国际社会面临的种种困境实质是国际社会对 ICC 司法管辖权诟病的直观体现，而各国争议和抨击的核心其实是对 ICC 管辖权法理基础和运行机制的存疑。

ICC 的管辖权，是法院受理和审判特定国际犯罪案件的权能和效力依据，其直接法律渊源是已生效的《罗马规约》。作为一个常设性质的国际刑事审判机构，ICC 有权对世界范围内性质极为恶劣的国际犯罪行使管辖。然而，对特定犯罪的管辖从单一的国内法院管辖，发展到今日由国际性法院统一管辖，这其中经历了各种矛盾的调和与妥协，矛盾的焦点就集中在法院的管辖权。由于各个主权国家对 ICC 的管辖权制度均持有不同的观点，ICC 管辖权制度的矛盾不仅贯穿于规约的条文中，更是表现在法院日常的运行中。管辖权问题的矛盾不仅是造成目前 ICC 行使管辖权困境的重要原因，也是中国迟迟没有加入《罗马规约》的主要因素。因此，分析 ICC 管辖权的法律属性和实际运行中的矛盾冲突，对 ICC 未来的发展和我国对于国际刑事司法政策的抉择都颇具意义。本文将在分析厘清 ICC 管辖权制度多重矛盾的基础上，力求多方面、多角度地展现当下 ICC 司法管辖权存在的问题，并对法院在制度上的完善提出针对性的建议。同时还将结合我国立场，评估 ICC 对我国可能带来的挑战，提出相应的对策。

一、国际刑事法院管辖权概述

1998 年 7 月，在意大利罗马召开的联合国"建立国际刑事法院"全权代表外交会议上，通过了《罗马规约》。作为 ICC 的根本大法，《罗马规约》是法院运作的法理基石与国际法依据，ICC 包括管辖权在内的一切权力都由各缔约国通过制定、签署、批准或加入《罗马规约》赋予，法院的管辖权从形式上看来自《罗马规约》的规定,从实质上看则来源于缔约国主权权利的部分让与。❶从规约条文来看,ICC 的管辖权的确立和行使是直接关系到国际刑事司法制度程序正当、结果公正的首要问题,是法院受理案件的权能和效力的依据,也是法院赖以生存的基础,更是《罗马规约》的核心内容。

从管辖权的职能上看,作为一个具有综合权能的国际刑事司法机构,ICC 的管辖职能具有复合性,根据《罗马规约》第 34 条对法院组成的规定,第 39 条对法院审判职能的规定,ICC 对案件的受理包括调查、起诉和审判三个阶段,这是一种复合性质的管辖职能,这点区别于国内法院的单一审判管辖权,是对传统意义上国际刑事管辖权的创造性发展。

从管辖原则来看,《罗马规约》充分肯定国家主权的中心地位,《罗马规约》开创性地规定了补充管辖权。序言第 6 段和第 10 段分别规定了国内法院对国际犯罪的管辖义务、优先管辖权和 ICC 的补充性管辖权,由此确立了 ICC 管辖权的补充性原则。《规约》第 1 条又强调:"根据本规约设立的国际刑事法院对国内刑事管辖权起补充作用","各国有义务对犯有国际罪行的人行使刑事管辖权",重申了以国家刑事管辖权为补充的原则。《罗马规约》第 5—8 条、第 12—15 条、第 17—20 条又分别从实体规则和程序规则的角度明确了补充性管辖的具体框架和实施机制。

二、国际刑事法院管辖权性质的矛盾冲突

(一)普遍管辖权与补充性管辖权的冲突

在《罗马规约》订立之初,管辖权的范围、有效性以及与国

---

❶ 喻迪:"从《罗马规约》看国际刑事法院管辖权与国家主权",载《湖北警官学院学报》2012 年第 5 期。

家主权的冲突等问题一直是各国讨论的焦点。针对 ICC 的形式有两种主流观点：以德国为首的欧洲代表团提出了 ICC 应具有普遍管辖权的建议，认为每个国家根据国际法都有权对国际罪行实行普遍管辖，为了管辖的效力以及对国际罪行的打击力度，法院也应该与国家一样对这些国际罪行行使普遍管辖权；❶ 以中国、印度为代表的国家则强调国家对相关罪行应当具有自由选择的管辖权利。显然，在规约起草中同时考虑到了这两种观点。规约本身在追求普遍正义与承认任何国际性法院都必须经其成员国同意方可成立的事实之间实现了微妙的平衡。但由于管辖权是各国刑事司法主权的集中体现，国家间利益发生的冲突，也就必然体现为 ICC 管辖权制度本身以及运行中的矛盾。❷ 这其中最大的矛盾点在于《罗马规约》第 13 条第 2 款赋予了 ICC 普遍管辖权的实质效果，这与《罗马规约》第 1 条所确立的补充性管辖原则相冲突。

普遍管辖权是仅基于犯罪性质的刑事管辖权，不论罪行发生于何处，不论犯罪行为人或受害人的国籍，也不论行使管辖的国家是否与罪行有任何其他联系。这种管辖权的出现是因为随着全球一体化不断深入，各国政治、文化、经济和法律逐渐趋同，进而形成了共同的利害关系及利益追求，产生了共同的道德判断标准和价值取向，上述严重犯罪不仅是对犯罪对象个人的犯罪，更是对全人类的罪行。❸

ICC 致力于抵抗强权政治、维护全球正义和平，单从这一目标来看，是符合普遍主义概念的：一方面，法院以保护人类普遍的

---

❶ 刘大群："论国际刑法中的普遍管辖权"，载《北大国际法与比较法评论》2006 年第 7 期。

❷ 卢有学："论国际刑事管辖权"，载《河北法学》2013 年第 6 期。

❸ Mateus Kowalski, *The International Criminal Court. Reflections for a stress test on its foundations*, JANUS. NET, pp. 110—124.

权利和尊严为目标，重视个人的利益；另一方面，刑事司法管辖传统上构成国家主权的核心权力，ICC 根据《罗马规约》取得的司法管辖权代表了对传统刑事司法管辖的突破。但规约在条文上又明确表达了补充性管辖的原则，《罗马规约》第 1 条即开宗明义：强调"根据本规约设立的国际刑事法院对国家刑事管辖权起补充作用"，并表明"各国有义务对犯有国际罪行的人行使刑事管辖权"，由此确立了 ICC 管辖权的补充性原则。《罗马规约》第 12 条又规定了"行使管辖权的先决条件"。根据《罗马规约》，ICC 可以通过以下三种途径获得管辖权：（1）缔约国提交情势；（2）检察官对一项犯罪自行发起调查；（3）联合国安理会根据《联合国宪章》第七章向法院提交情势。❶ 在缔约国和检察官向法院提交情势的情况下，犯罪发生地国或犯罪行为人国籍国中的一国接受了国际刑事法院的管辖权，ICC 才可以行使管辖权。《罗马规约》第 17 条随后又明确规定了补充性原则的可受理性问题，有关的国际犯罪发生后，首先应由国家进行调查和起诉，只有当国家"不愿意"或"不能够"切实地进行调查或起诉时，才轮到 ICC 来行使管辖权。这些条款表明，ICC 的管辖权以尊重国家管辖权为基础，当 ICC 与国内法院就同一案件的管辖权产生冲突时，国内法院的管辖权优先，只有在这些具有管辖权的国家不愿意或不能切实行使管辖权时，ICC 才能补充行使管辖权。❷ 同时，ICC 所管辖的犯罪非常有限，绝大多数国际犯罪仍然需要依靠主权国家的刑事管辖权进行打击。这样看来，虽然 ICC 的设立具有普遍主义的背景，但

---

❶ 《罗马规约》第 13—15 条，截至 2020 年 9 月，侵略罪的管辖权也将由这三种机制触发。

❷ 周晴："刍议国际刑事法院管辖权与国家主权"，载《广西社会科学》2009 年第 11 期。

并不影响《罗马规约》明文规定的法院管辖权"为国内法院管辖权所补充"的性质。

相比之下,《罗马规约》第 13 条第 2 款的安理会提交情势的管辖权触发机制则具有普遍管辖的实质效果。一旦安理会根据《联合国宪章》第七章向检察官提交情势,既不需要主权国家或领土的同意,也无须满足犯罪地点或犯罪被告人的国籍要求,ICC 就可越过相关国家或领土的国内刑事司法管辖权,直接对案件进行管辖。在这一机制下,安理会的情势提交权甚至可以将非缔约国纳入 ICC 的管辖范围内,这是否突破了条约相对效力原则,使法院实际上行使了普遍管辖权呢?以达尔富尔情势为例,苏丹政府、苏丹人民解放运动和正义与平等运动之间自 2003 年以来爆发的武装冲突,致许多苏丹公民被杀,很多人被迫离开家园,给达尔富尔地区带来了严重的损害,联合国安理会于 2005 年 3 月 31 日通过了 1593 号决议,❶ 将苏丹地区武装冲突中出现的严重国际罪行提交 ICC 处理,以消除有罪不罚的现象。在达尔富尔情势中,对法院的管辖权问题一直争议颇大。有学者认为,根据"条约对第三国既无损也无益"的原则,任何一个国际条约如果没有得到第三国的同意,对该国就不产生任何的义务或权利:苏丹没有加入《罗马规约》,也从未以书面形式明确同意接受《罗马规约》为其创设的权利义务,所以 ICC 不具有管辖本案的国际条约法依据;同时,鉴于《罗马规约》未得到中美俄等国的签署,在全球范围内尚未达到法律确信的程度,因此 ICC 也不具有管辖该案件的国际习惯法依据。❷ 安理会提交达尔富尔情势的行为因此违背了条约

---

❶ 联合国安理会决议:2005 年 3 月 31 日,S/Res/1593 (2005)。
❷ 罗国强:"国际刑事法院的管辖权和执行权问题——评苏丹总统逮捕令事件",载《华中科技大学学报》(社会科学版) 2011 年第 1 期。

相对效力原则，具有普遍管辖的效果，侵犯了苏丹的管辖权。

笔者认为，分析 ICC 对达尔富尔情势的管辖权，需同时考虑《罗马规约》及《联合国宪章》两个公约。安理会根据《罗马规约》第 13 条第 2 款，通过第 1593 号决议将达尔富尔情势移交给 ICC，ICC 通过这一移交获得了对达尔富尔情势的管辖权。根据《联合国宪章》第七章的规定，安理会应断定任何和平之威胁、和平之破坏或侵略行为是否存在，并应作成建议或抉择依武力或非武力的行动，以维持或恢复国际和平及安全。❶ 安理会据此对苏丹国内发生的大规模武装冲突享有管辖权，而 ICC 又通过《罗马规约》授予了安理会将规约非缔约国纳入法院的权力，可将涉及 ICC 管辖的罪行交由法院管辖。从这个角度，ICC 扩大的管辖权来自于安理会在处理破坏国际和平问题时的授权，这并非是对条约相对效力原则的突破，而是安理会对自身权力的一种让渡。在这一授权下，ICC 不仅是依照《罗马规约》设立的常设司法机构，更是安理会针对达尔富尔情势的合作机构。而苏丹作为联合国成员国，有义务依照《联合国宪章》的要求执行安理会的决议，即服从 ICC 的管辖。本案中，《联合国宪章》第七章、《罗马规约》第 13 条以及安理会第 1593 号决议共同构成了一个法律逻辑的链条，安理会提交情势的行为因此具有了坚实的国际法依据。

此处 ICC 之所以能获得对非规约缔约国苏丹的管辖权，是基于安理会 1593 号决议间接通过安理会取得，而非根据《罗马规约》的程序和规定获得的，这与规约确立补充管辖权的说法并无矛盾。而学界之所以出现普遍管辖权与《罗马规约》确立的补充性管辖权相冲突的观点，很大程度上是因为《罗马规约》第 13 条

---

❶ 《联合国宪章》第七章第 39 条。

的规定将三种管辖权的触发机制归于相同地位,对后续预审分庭的判断程序不做任何区别。而实际上 ICC 通过安理会提交情势获得的管辖权与前两种自身触发的管辖权(缔约国主动提交、检察官自行调查)在性质上有很大差别,但规约不论是从实体规定还是程序规定上都没有体现出这种差别。

(二)补充性管辖原则与国家主权的矛盾

国家主权是指国家具有独立自主地处理自己对内和对外事务的最高权力,而国家对国际罪行的刑事管辖权是国家对其领土和国民行使主权的具体体现。《罗马规约》革命性地创造了补充性管辖原则,但这一原则产生于主权国家的让步,导致法院在实践中中屡受主权国家的质疑与拒绝。笔者认为 ICC 的管辖权并不必然侵犯国家主权,ICC 的管辖权与国家主权总体是相互协调的,下文将对补充性管辖原则与国家主权两者的关系进行分析,以论证 ICC 司法管辖权的合法性。

如上文所述,《罗马规约》开创性地引入了补充性管辖权的概念并将管辖优先性赋予国内法院,这在某种程度上缓解了各国关于司法主权的担忧,与国家主权原则具有一致性。❶ 但随后《罗马规约》第 17 条规定的法院"判断权"是否会对国家主权造成冲击呢?依照《罗马规约》第 17 条的规定,法院可对任何国家,包括非缔约国对有关犯罪的刑事责任的情况进行审查并作出判断,以确定该国在已经或正在进行的诉讼程序上是否发生"不符合将有关的人绳之以法的目的"的"不当延误"和"没有以独立或公正的方式进行"。如果 ICC 确定国内法院存在上述"不愿意"或"不能够"情况,便可以此为由行使管辖权。有学者据此认为上述

---

❶ 刘健:"论国际刑事法院管辖权与国家主权",载《法律科学》2004 年第 5 期。

"判断权"意味着法院有权对国家司法系统进行判定,构成对主权国家的最高司法主权的裁判,违反了国际法上传统的国家主权原则,有侵犯国家主权之嫌。❶

对于缔约国来说,笔者认为法院的这一"判断权"并不会对国家主权造成冲击,两者是内在协调一致的。首先,"判断权"的本意是对《罗马规约》第12条的管辖权触发机制加装"安全阀",法院通过一定的程序明确国家无法行使管辖,并由此排除国内法院的管辖权,这并不等同于对国家主权的否定。从法理上,规约赋予ICC对缔约国司法系统和司法程序进行判断的权力,实质上来源于各缔约国通过制定、签署、批准或加入《罗马规约》而自愿让与的部分主权权力,让与权力也是国家行使主权的一种具体体现。毕竟,国家对主权进行自我限制是当今国际社会组织化和国家主权相对化的发展趋势。同时,ICC的此种判断权也遵循了现行各项国际刑法公约框架下对国际犯罪实行国际司法管辖的一般原则。试想,如果在依据补充性原则断定法院是否有管辖权时,仍然由主权国家进行判断,那主权国家排斥国际刑事司法管辖将变得轻而易举,ICC的作用将难以发挥。从实践上,一些学者之所以反对ICC对国家"不愿意"或"不能够"管辖的情况进行判断,是因为担心权力被干涉与滥用,但《罗马规约》第17条对判断权的行使规定了具体而明确的标准——根据"国际法承认的正当程序原则"酌情考虑。可见,法院仅有权针对程序性事项进行判断,对实体性问题则无权进行判定,而程序性事项的判定并不构成对国家司法系统的介入。并且根据相关条款,ICC在行使判断权的过程中,所涉国家有权参与和出席预审分庭的决定过程,并可以提

---

❶ 李寿平:"国际刑事法院的管辖权与国家主权原则",载《河北法学》2000年第4期。

出反对意见。上述程序性的规定都可以有效防止 ICC 判断权的滥用。因此，ICC 依据规约享有"判断权"并不会冲击缔约国主权。

（三）国际刑事法院与安理会的冲突

ICC 的管辖权不仅包括《罗马规约》赋予其自身的权限，还包括了联合国安理会根据《联合国宪章》第七章所享有的介入权：一方面安理会可以将有关危害国际和平与安全的情势移交法院，从而扩大 ICC 的司法管辖权；另一方面，安理会又可以在特定情况下延迟或排除 ICC 对某一情势的管辖，对法院的管辖权构成限制。安理会和 ICC 此种隐晦又矛盾的关系导致了国际社会对 ICC 管辖权的法律性质的质疑与指责。笔者将在下文通过分析 ICC 管辖权及安理会介入权的法理基础及运行机制来梳理两者职权的划分，探究双方权力的取得和行使是否合法合理，并讨论安理会的介入对法院可能产生的负面影响。

1. 安理会司法介入权之合法性

《罗马规约》第 2 条规定了 ICC 与联合国应通过协定的方式建立关系，"本法院应当在本规约缔约国大会批准后，由院长代表本法院缔结协定与联合国建立关系"。其后《罗马规约》第 5 条、第 13 条及第 16 条以条文方式明确赋予了安理会部分司法权力，使得安理会在立法层面拥有了介入司法程序的可能性。包括侵略罪认定先决权（《罗马规约》第 5 条第 2 款）、情势移交权（《罗马规约》第 13 条第 2 款）以及推迟情势调查和起诉权（《罗马规约》第 16 条）。也就是说，一方面，安理会可以将有关危害国际和平与安全的情势移交 ICC，从而扩大法院的司法管辖权；另一方面，安理会又可以在特定情况下延迟或排除 ICC 对某一情势的管辖，对法院的管辖权构成限制。

那么 ICC 通过《罗马规约》授权联合国安理会行使上述司法

介入权,是否有其法理依据呢?笔者认为,根据《维也纳条约法公约》第36条第1款,如条约当事国有意以条约之一项规定对一第三国或其所属一组国家或所有国家给予一项权利,而该第三国对此表示同意,则该第三国即因此项规定而享有该项权利。该第三国倘无相反之表示,应推定其表示同意,但条约另有规定者不在此限。ICC通过《罗马规约》的相应条款授予联合国安理会提交情势之权力以及推迟起诉之权力,安理会没有对这些授权进行相反之表示,因此根据《维也纳条约法公约》的规定,ICC对安理会的这一司法授权是符合国际法的。

2. 安理会介入权对法院的负面影响分析

根据上文论述,ICC的司法管辖权和安理会的司法介入权在国际法层面确有法理基础,而2004年签署的《国际刑事法院与联合国关系协定》(以下简称《关系协定》)在第2条中也清楚地确立了安理会与ICC之间相互尊重和承认的关系:理论上两者都是独立、平等的国际法主体,分别通过法律手段和政治手段来追求国际和平与安全。但在实际管辖权行使时却并非独立平等,不论是《罗马规约》或《关系协定》对ICC与安理会之间的实体权力划分和限制均未涉及,这使得安理会这一政治性机构在某些事项上干预或抑制了ICC的管辖权,可能影响法院独立裁判的基本原则和司法公正的价值取向。

从司法正义的角度进行考量,安理会对法院的介入必须是"有限"且"暂时"的,一旦超过了那根红线,就会产生巨大的反作用,对国际刑事司法的权威性造成伤害:❶ 依据《罗马规约》第16条,安理会享有推迟ICC案件调查和起诉的权利,且这种权利

---

❶ 许淑茜:"国际刑事法院管辖权的性质及行使",载《法制博览》2015年第3期。

没有任何条文上的具体限制。如果安理会滥用此权力，无限制地行使推迟权，那么案件就永远不可能被提上 ICC 的日程。如安理会于 2002 年通过的第 1422 号决议是与《罗马规约》第 16 条制定初衷相违背的典型案例，❶ 该决议要求"如出现涉及不是《罗马规约》缔约国的国家目前或以前的官员或人员有关联合国行动的行为或不行为的案件，不要对任何此类案件开始或着手进行调查或起诉。"❷ 美国作为非缔约国坚持通过该决议，并且威胁如果美军维和部队不能免于 ICC 的起诉，今后将拒绝参与一切联合国的维和行动。可见，第 1422 号决议是安理会对大国力量妥协的结果，此决议看似经合法程序推迟了 ICC 的调查和起诉，但事实上却构成对起诉裁量权的冻结和制约，与《罗马规约》第 16 条的立法原意相违背。

截至目前，安理会根据《罗马规约》第 13 条第 2 款向 ICC 共提交了两个情势：第 1593（2005）号决议中的达尔富尔情势和第 1970（2011）号决议中的利比亚情势。其中，第 1593（2005）号决议以 11 票赞成（阿根廷、贝宁、丹麦、法国、希腊、日本、菲律宾、罗马尼亚、俄罗斯、英国、坦桑尼亚）、0 票反对和 4 票弃权（阿尔及利亚、巴西、中国和美国）获得通过。投赞成票的 11 个国家当时均为《罗马规约》的缔约国，非缔约国阿尔及利亚、中国和美国均投票弃权，这一结果和《罗马规约》的内在逻辑保持一致。相较之下，获得全票通过的第 1970（2011）号决议和未能获得通过的关于提交叙利亚情势的决议则体现出了安理会投票机制与《罗马规约》立法原意的冲突。在这些决议中，非缔约国依其安理会理事国的身份能够左右安理会是否提交相关情势，这

---

❶ 蒋娜："检察官起诉裁量权的外部控制及其反思"，载《现代法学》2013 年第 1 期。
❷ 联合国安理会决议：2002 年 7 月 12 日，S/Res/1422（2002）。

间接决定了 ICC 案件的走向。更近一步，在"五大国一致""一票否决权"的原则下，五大常任理事国对于安理会的决议可以说拥有相当大的控制权，但超过一半的常任理事国非缔约国，❶ 却能够推动或组织安理会提交情势，这显然与《罗马规约》设置安理会提交情势这一机制的内在逻辑相违背。

不可否认，不论是 ICC 依据《罗马规约》享有的管辖权，还是安理会依据《联合国宪章》享有的司法介入权，都有坚实的法理基础，合法性自然不用怀疑。只是由于缺乏明确的限制和操作程序，管辖权和介入权行使的合理性都有所欠缺。若要让安理会未来在 ICC 案件中发挥更为正面的作用，首先，必须要承认安理会介入的必要性，作为全球唯一能够合法使用武力解决国际争端的政治机构，安理会在国际格局中具有极高地位和权威，而 ICC 所处环境的复杂性、调查对象的多样性、缔约主体的特殊性都决定了安理会是它执行力的催化剂和影响力的奠基石。❷ ICC 当前在司法实践中面临的危机，体现出法院的核心制度有待优化，如何保障 ICC 的管辖权和安理会的介入权在各自轨道内行使而不互相阻碍，就成了 ICC 制度改革与完善发展的重要任务。

三、国际刑事法院管辖权执行的矛盾冲突

主权国家在国际刑事司法方面的利益冲突，不仅导致了 ICC 管辖权法律性质上的冲突问题，也进一步反映在了 ICC 管辖权的实际行使中。ICC 没有自己的军队或执行机构，缺乏强制执行力，其管辖权的行使一般只能依靠缔约国的履行和非缔约国的同意、

---

❶ 中国、美国非《罗马规约》缔约国，俄罗斯早前退出了《罗马规约》。
❷ 邱冬梅："论国际刑事法院与联合国安理会的关系"，载《厦门大学法律评论》2006 年第 2 期。

配合与支持,发出逮捕令后如何让被告实际到案成为实践中的一大难题。根据《维也纳条约法公约》第 34 条和第 35 条的规定,《罗马规约》在国家合作的问题上对缔约国和非缔约国作出了不同规定:对于缔约国,ICC 有权向他们提出"合作请求",缔约国应在法院调查和起诉犯罪方面有与之"充分合作"的义务;但对于非缔约国,法院"可以"邀请他们根据特别安排、与该国达成协议等方式"提供协助"。在大部分情况下,如果缔约国不履行、非缔约国不同意,法院就没有其他的有效方法来执行命令了——针对刚果、乌干达和中非共和国的 3 个情势,ICC 共发出了 9 个逮捕令,实际到案的只有 4 名被告,而对被告的抓捕完全依赖于当事国的配合,即在当事国内抓获后移交到 ICC 受审。

风波不断的苏丹达尔富尔情势更是个典型案例,ICC 曾在 2009 至 2010 年两次对苏丹时任总统巴希尔发出逮捕令。ICC 首先寻求了规约缔约国的合作,并对与苏丹有外交往来的几个亚非国家作出了多份裁定,希望这些缔约国能够承担《罗马规约》的义务配合抓捕。但各个缔约国或明或暗,对法院的逮捕令均无动于衷:肯尼亚共和国和乌干达共和国明确反对 ICC 对巴希尔的管辖权,并表示逮捕令将破坏非洲和平局势,绝不会执行;乍得共和国和刚果共和国的拒绝相对委婉,避免邀请巴希尔到国内,以表示自己不具备执行逮捕令的条件;非盟则更为刚烈,通过各项决议要求成员国不要就逮捕和移交巴希尔的事项与 ICC 合作。❶ 从法

---

❶ See African Union, Assembly, "Decision on the Meeting of African States Parties to the Rome Statute of the International Criminal Tribunal (ICC) Doc. Assembly/AU/13 (XIII)," para. 10; African Union, Assembly, "Decision on the Progress Report of the Commission on the Implementation of Decision Assembly/AU/Dec. 270 (XIV) on the Second Ministerial Meeting on the Rome Statute of the International Criminal Court (OCC) Doc. Assembly/AU/10 (XV)".

理上看，依据《维也纳外交关系公约》第 29 条及《罗马规约》第 98 条，除非苏丹愿意放弃本国总统的外交豁免权，否则依据相关国际法 ICC 也确实无权要求非洲各缔约国对巴希尔采取任何强制措施。面对缔约国站在自身立场拒绝履行规约义务，无视逮捕令的消极态度，法院另辟蹊径，从安理会决议的效力入手，依照《罗马规约》及《联合国宪章》构成的管辖权逻辑链条，敦促作为非缔约国的苏丹履行协助抓捕的国际法律义务。尽管苏丹不是订立《罗马规约》的当事方，但如上文所述，安理会依照《联合国宪章》第七章提交达尔富尔的情势触发了 ICC 对案件的管辖权。在决议中，安理会还明确要求当事国（苏丹）充分与法院合作，使得 ICC 获得了在特定范围对特定情势的管辖权。也就是说，《联合国宪章》将《罗马规约》的义务变成了国家责任，赋予了苏丹在情势范围内准缔约国的权利和义务。近日，苏丹过渡政府总理哈姆杜克发表声明，❶ 称政府当局准备与 ICC 合作，为法院调查战争罪和危害人类罪的被告提供便利。这表明针对巴希尔和其他几名被告的逮捕令终于获得推进，而这距离 ICC 开始调查达尔富尔情势已经过去了 15 年。

本案中，若缺乏《联合国宪章》在国际社会的优先性效力，ICC 的管辖权将处在对缔约国的管辖没有拘束力，对非缔约国的管辖没有国际法基础的矛盾境地。ICC 在苏丹案件上贸然发出逮捕令并要求亚非诸国执行逮捕令的行为，一方面体现了法院在行使管辖权时过于急躁而背离了《罗马规约》的原则；另一方面也体现出执行机构的缺位使得法院缺乏强制执行力，法院命令迟迟无法

---

❶ Sudan ready to cooperate with ICC over Darfur, Reuters. https：//www.reuters.com/article/us‐sudan‐politics/sudan‐ready‐to‐cooperate‐with‐icc‐over‐darfur‐says‐pm‐idUSKBN25I0P3，访问日期：2021 年 7 月 20 日。

得到执行，反而损害了其国际形象。

另外，近年来以美国为首的一些国家或基于 ICC 损害国家刑事司法主权的观点，或基于 ICC "有罪不罚""司法效率低下"的观点，对 ICC 行使管辖权公开持反对的态度。美国在克林顿任总统时是《罗马规约》制定时的主要参与国，到小布什任总统时，却完全否认了规约的有效性，到了特朗普时代更是公然对 ICC 雇员进行资产冻结及入境限制，以表示对 ICC 管辖权的反对。近日，ICC 作出了一项决定，认为美军部队以及相关情报人员在阿富汗地区犯下战争罪和反人类罪，同时表示对美军对于阿富汗地区的羁押人员存在的虐待行为，已经拥有了一部分证据，并且将对此展开进一步调查。美国对调查人员的制裁显然是企图用霸权对 ICC 的法制进行干预与阻碍，预计将来 ICC 在执行管辖权这条路上将会遇到更大的阻碍。因此，笔者认为下一步需要关注 ICC 管辖权的实施应通过何种方式得到保障。

四、完善国际刑事法院的管辖权的对策研究

从无到有，从冲突矛盾到和平共处是国际法发展的最大特征。ICC 管辖权的矛盾冲突背后的实质是各个主权国家在刑事司法领域国家利益的冲突，这是全球化发展的必然结果，也无法从根本上解决。❶ 但矛盾并不代表国际刑事司法这条路行不通，如上文所述，不论是补充性管辖权与普遍管辖权的冲突，还是与国家主权的冲突，都不是根本性的冲突，ICC 的补充性管辖权从性质上与国家主权是相容的，这点毋庸置疑。但管辖权触发机制的程序模糊、安理会介入的限制机制缺失和管辖权执行的独立机构缺位等问题，

---

❶ 刘健："国际刑事法院管辖权的矛盾及辩证分析"，载《湘潭大学学报》（哲学社会科学版）2014 年第 5 期。

放大了上述管辖权的矛盾冲突，甚至对法院的日常运行造成了阻碍。这一部分，笔者将对上文分析到的几个问题提出一些建设性的建议，希望 ICC 能在日益动荡的国际局势中完善其管辖权行使的合理性，以期更好地承担评判、伸张、捍卫国际正义的职责。

（一）《罗马规约》中制度设计的改革与完善

1. 对管辖权触发机制区分对待

上文提到，ICC 通过安理会提交情势获得的管辖权与检察官自行调查、缔约国提交而获得的管辖权在性质上有很大差别，《罗马规约》赋予 ICC 国际法人格，规约中对国际罪行、抗辩事由、赔偿方式、与国内管辖权的关系、和国家责任都有明确的定义和规则。若是根据缔约国主动提交、检察官自行调查的方式获得对案件的管辖权，或是安理会根据《罗马规约》第 13 条提交缔约国的情势，上述定义和规则均可直接适用；但如若安理会根据《罗马规约》第 13 条提交的是非缔约国的情势，上述定义和规则的适用将产生分歧。❶ 在这种情况下，ICC 对非缔约国的管辖权来源于安理会的授权，而安理会的管辖权则来源于《联合国宪章》第 39 条"维持或恢复国际和平及安全的责任"，它的优先性来自《联合国宪章》第 103 条"优先于其他国际协定所负之义务"，这与《罗马规约》规定的管辖权性质是截然不同的，因此后续不能直接套用《罗马规约》第 17 条关于可受理性问题、第 18 条关于可受理性的初步裁定等问题的规定。建议《罗马规约》对此类非缔约国情势的可受理性问题作出特别规定，以区分安理会授予的管辖权与《罗马规约》授予的管辖权，有效避免 ICC 普遍管辖权与补充性管

---

❶ Alexandre Skander Galand, *UN Security Council Referrals to the International Criminal Court*, Brill｜Nijhoff, 2019, pp. 12—46.

辖权相互矛盾的误解。

2. 对安理会的司法参与权进行限制

当前安理会的推迟情势调查和起诉权缺乏有效限制，只要安理会持续行使该权利，无限期的"推迟权"等同于"否决权"，国际正义难以得到伸张。因此，笔者建议，一方面对《罗马规约》中规定"推迟权"加以时间和次数的限制（比如在规定的时限内安理会只能对一个案件行使一次推迟权），避免安理会滥用权力；另一方面，ICC 对安理会推迟调查或起诉的决议应有一定的司法审查权，❶ 在有限的范围内审查安理会的相关决议是否符合《罗马规约》及《联合国宪章》的要求，是否遵守了国际刑事司法的基本原则。如 ICC 方面认为安理会决议有悖于司法原则或规约条款，则可以拒绝接纳。以 1422 号决议为例，《罗马规约》第 16 条的立法本意受到曲解，事实上启动法院司法程序的最后决定权仍在法院本身。❷ 若 ICC 拥有司法审查权，就能够以"安理会第 1422 号决议不符合规约第 16 条的立法本意"为理由拒绝接受。当然，该司法审查权也可以运用到安理会的其他两项司法参与权上，使安理会的"政治干扰"与国际刑事司法机构的司法正义得到最大程度的协调。

3. 安理会相关决议投票机制的改变

ICC 既有独立于联合国的决心，就应该采取区别于国际法院、海事法院等联合国附属司法机构的全新制度：安理会涉及 ICC 的

---

❶ 刘健："国际刑事法院管辖权与联合国安理会职权关系论——〈罗马规约〉的妥协性规定评析"，载《现代法学》2007 年第 5 期。

❷ Otto Triffterer, Commentary on the Rome Statute of the International Criminal Court: Observers' Notes. Article by Article, *International Criminal Law Review* (1999), p. 855.

相关决议的投票方式应改为"同票同权",即常任理事国不再享有"一票否决权",并且投票还应采取不记名制,避免其他会员国的决定受到某些常任理事国或明或暗的干扰,保证各国作出的表决完全基于自己的判断与本意。在这种投票机制下,安理会向 ICC 递交的决议正义性和中立性就能得到相对的保障,实现在刑事司法领域的相对公正。

(二) 独立的执行机构是法院管辖权的有力保障

法院的权威来自其强制执行力,ICC 早日在全球范围内树立威信,就能够有效避免来自主权国家和国际机构的政治性影响,捍卫其法律尊严。目前,ICC 的法律性受到政治性牵制的根本原因在于缺乏有效的执行力量。若 ICC 能够效仿纽伦堡国际军事法庭和远东国际军事法庭,拥有自己独立的强制力量执行判决,构建法院直属的独立执行机构,将有效改善当前执行难和执行差异大的问题,使刑事司法的公正性和强制性得到进一步的保障。因此,建议 ICC 设法创建一个专属的永久性国际刑事监狱以及执行的相应强制手段,使自己成为具备一个刑事司法系统的机构,由始至终都将罪犯置于自己的掌控之中,在执行环节有效避免政治因素的参与。尽管鉴于 ICC 建立时间短、影响力弱、资金筹备困难等问题,目前这仍是个"乌托邦"式的构想,但 ICC 若想依照其缔约目的,"决心保证永远尊重国际正义的执行",构建独立的执行机构是必不可少的环节。

其次,参考上文对于达尔富尔情势的分析,目前 ICC 除主权国家配合外,主要依靠安理会决议的延伸效力来对非缔约国进行管辖。考虑到安理会在国际社会上受到高度认可的状态,法院可以考虑在未来设计具体条文以取得安理会的直接授权,而不再是再通过《联合国宪章》《罗马规约》组成的逻辑链条间接取得管辖权。但笔者认为，如果法院在未来继续强制审理非《罗马规约》缔约国的案件，它所面临的局面可能更为紧张。虽然这类案件从法理上看仍然属于法院的法律授权范围，但它们可能处于主权国家政治权威的边缘，如果此类案件再次管辖失败或如苏丹达尔富尔情势般悬而未决十多年，很可能会产生反作用，损害法院的合法性与权威性。

五、结语

ICC 自成立以来已有近 20 年，显示出法院已逐渐在国际刑事司法的舞台上走出带有鲜明特征的道路；作为一个国际刑事司法机构，ICC 首先要严格遵循其依据宪法性文件《罗马规约》所享有的管辖权，并且也必须严守条约相对性的原则，避免行使权力时因操之过急而使得原本合法的管辖权存在先天的缺陷；同时，ICC 的所处环境的特殊性使得法院不得不处在各种矛盾冲突的中心点，但这些矛盾并不能磨灭 ICC 在抵抗强权政治、维护全球正义和平方面具有重要价值。❶ 究其根本，ICC 只是国际社会用来对个别犯下严重国际罪行的犯罪嫌疑人绳之以法的一个重要却非常有限的手段，国际社会必须认识到这一局限性，不可对法院寄予过高的期望和提出过高的要求。对于一个司法机构来说界定正义与非正义才是其最基本、最现实、最重要的职能，并非所有的正义都可能得到执行，如果 ICC 对于非正义的审判足以警示全人类，那也算是完成了使命。它无须超越自身的种种局限性去担负实现国内和平与种族和解的责任，实现国际和平，就应当交给联合国这样更强大的国际力量通过政治手段去解决。因此，当面临和平

---

❶ 张延磊："国际刑事法院面临的政治制约因素分析"，载《社科纵横》2005 年第 6 期。

与正义的冲突时，司法正义决不能成为和平政治谈判时的交易筹码。"捍卫国际正义"应为 ICC 的首要职能，此处法院追求的"正义"应当基于《罗马规约》的法律性特征，同时也须合乎普世价值观。

从《罗马规约》的内容和近年的司法实践中，不难看出 ICC 对非缔约国公民启动管辖权的趋势。诚然，在特定案件中，法院对非缔约国公民的管辖权可能具有国际法基础，但实践也证明了此类管辖在现实中将面临巨大的阻碍，甚至产生反作用挫伤法院的国际权威。虽然中国尚没有加入《罗马规约》，但 ICC 并非没有可能对中国启动管辖权。因此，我国应该从客观的角度理性地对待 ICC 管辖权扩大的趋势，早做打算，进一步探究规约对非缔约国的利弊，并合理利用规约条文及联合国安理会的地位规避风险。

论条约演进解释中的"演进意图"

周勍卿[*]

【摘要】 "演进意图",是指缔约国允许条约用语含义随时间演进的意图。"演进意图"可以分为原始"演进意图"和嗣后"演进意图",是演进解释的适用前提和适用界限。国际司法实践中对"演进意图"的查明主要采取了三种路径,即从条约约文出发的约文路径、从条约目的出发的目的路径和从缔约国嗣后行为出发的嗣后路径。当前实践中的"演进意图"查明存在依据薄弱、推论武断、过于泛化等问题。为解决这些问题,必须对演进解释是否可以运用于"演进意图"查明、"演进意图"的查明是事实调查还是法律拟制、"演进意图"如何规制演进边界等问题进行进一步探讨。

【关键词】 演进解释 缔约国意图 演进意图查明

---

[*] 周勍卿,华东政法大学国际法学院博士研究生。

一、问题的提出：演进解释及其适用

演进解释[1]就是"根据使用之时的情况和法律来解释（条约）"，与"根据其缔结时的情况和法律来解释（条约）"（"当时意义"解释或"静态"解释）相对应。[2] 演进解释的核心在于对条约文本作出语义变化的解释，且这种变化发生于条约缔结后的一段时间之后。[3] 数十年来，演进解释尽管已逐渐在国际法院、WTO 争端解决机构、欧洲人权法院、美洲人权法院等国际裁判机构得到了广泛应用，成为条约解释的一种重要方法，[4] 其自身也经历了从作为条约解释的例外，到成为条约解释的常规选择的发展演进。

菲兹莫里斯在其 1957 年发表的文章《国际法院 1951 年至 1954 年的法律与程序》中归纳出了国际法院条约解释实践中的"同时原则"（principle of contemporaneity），[5] 即要求条约解释必须依据缔约国加入条约时的含义进行解释。[6] 这一观点反映了当时

---

[1] 国外学界用以指称演进解释的用语主要有 evolutive/evolutionary/evolutional interpretation、dynamic interpretation、progressive interpretation 等，国内学者则有演进解释、演化解释、动态解释、当代意义解释、发展的条约解释等说法。除部分概念有时候包含了嗣后协定和嗣后行为解释的范畴以外，这些名称在指代演进解释时含义并无区别。如，"动态解释""当代意义解释""发展的条约解释"在一些情况下可能包含嗣后协定或嗣后惯例解释，从而与"演进解释"或"演化解释"所指称对象有所区别。本文采用"演进解释"的说法。
[2] 联合国国际法委员会：《联合国国际法委员会第 65 届会议报告》，A/68/10，第 24 页。
[3] See Christian Djeffal, *Static and Evolutive Treaty Interpretation*, Cambridge University Press, 2016, pp. 18—19.
[4] 吴卡：《国际条约演化解释理论与实践》，法律出版社 2016 年版，第 6 页。
[5] See Gerald Fitzmaurice, The law and procedure of the International Court of Justice, 82 *American Journal of International Law* (1986), p. 231.
[6] See Gerald Fitzmaurice, The law and procedure of the International Court of Justice, 82 *American Journal of International Law* (1986), p. 225.

国际司法的主流实践和理论观点，强调条约用语的含义只能通过修订的方式发生改变，条约解释则不能改变其意义。❶ 在《维也纳条约法公约》起草过程中，特别报告员沃多克（Waldock）也秉持了以静态解释为原则的观点。他指出，该规则要求条约解释应首先考虑静态解释，而演进解释则是在一定条件下的例外。但国际法委员会内部对此分歧强烈，以致《维也纳条约法公约》的正式文本中删除了该条款。❷

《维也纳条约法公约》缔结数十年后，国际法委员会在2006年关于国际法不成体系问题的报告中没有继续回避条约解释中的时际法问题，而是直接指出，当前国际法中并不存在、也难以制定一条通则，以规定应优先考虑"当时意义解释原则"，还是必须考虑到条约的"演进意义"。❸ 在2013年通过的《关于与条约解释相关的嗣后协定和嗣后惯例的结论草案》（以下简称2013年《结论草案》）中，国际法委员会又再次强调，"结论草案不应当被视为就一般条约解释采取当时意义办法适当还是采取演进办法适当这一问题采取了任何立场"，并指出各国际法院和法庭在是否适用演进解释的问题上都采用了逐案处理的方式。❹

可见，演进解释在经历数十年的发展之后，已经从暧昧的例外，逐渐获得与静态解释相比肩的"候选地位"。这一发展趋势绝非无源之水，而是国际法自身的发展演进、国际社会对古老条约持续发挥

---

❶ *Id.*, p. 224.
❷ See Bjorge Eirik, The Evolutionary Interpretation of Treaties, *Chemistry – A European Journal* (2013), p. 90.
❸ 联合国大会："'国际法不成体系问题'，国际法委员会研究组的报告"，A/CN. 4/L. 682 Corr. 1, 第478段。
❹ 联合国大会："'关于与条约解释相关的嗣后协定和嗣后惯例的结论草案'评注", A/68/10, 第25页。

效用的现实需求的一个映射。随着现行众多国际条约，特别是一些在传统领域发挥着重要作用的多边条约日益"年长"，演进解释的重要性越来越凸显。与此同时，演进解释与缔约国意图的关系则是始终伴随演进解释的一个争议问题，演进解释带来的条约用语词义变化可能超越乃至违背了缔约国意图成为反对者最主要的担忧。

厘清缔约国意图之于演进解释的真实地位和作用，是真正理解、运用和规制演进解释的必然要求，对于中国运用国际法维护自身利益、提升中国的话语权具有重要意义。本文重述了相关国际法理论中缔约国"演进意图"的地位、作用和形态，重新审视了国际裁判机构对"演进意图"的查明实践，指出了其中尚存模糊、矛盾和薄弱之处，并就几个具体问题进行了初步探讨。

二、"演进意图"概述：地位、作用和形态

"演进意图"，是指缔约国允许条约用语含义随时间演进的意图。国际裁判机构适用演进解释的案例中，反对演进解释的争端国无一不以条约解释的"同时原则"相抗辩，即主张条约用语应当按照条约缔结时的含义进行解释，从而就演进解释的适用提出质疑。是否应当适用演进解释，成为演进解释实践中最富争议的环节，而处于这一关键争议环节的焦点就是缔约国意图。

（一）"演进意图"的地位：演进解释的适用前提

国际条约是缔约国共同意图的实体化，[1] 缔约国意图可以说是整个国际条约法中最重要的一条线索。[2] 条约解释的本质就是对缔

---

[1] See ILC, *ILC Draft Conclusions on Subsequent Agreements and Subsequent Practice in Relation to the Interpretation of Treaties* 2013, A/68/10, p. 23.

[2] See Bjorge Eirik, The Evolutionary Interpretation of Treaties, *Chemistry - A European Journal* (2013), p. 22.

约国共同意图的探究,❶ 也就是"查明当事国的意思。"❷ 这种对缔约国意图的尊重和遵从构成了当代体系之下国际法各项原则和规则的合法性基础,条约解释亦不例外。"条约解释的本质就是对缔约国共同意图的探究",❸ 条约解释的最终目的在于查明和实现缔约国意图,任何条约解释方法——包括演进解释——都必须以此为根本遵循,方能具备基本的正当性和合法性基础。然而,演进解释作为一种以"变化"为核心的条约解释方法,将导致缔约国权利义务的变动,这种变动与缔约国意图之间存在微妙而复杂的关系。

反对者质疑,演进解释通过一种类似于"司法造法"的方式,以微妙和隐蔽的方式冲击着条约法领域中的国家同意原则。❹ 支持者则通过不同方式将演进解释与缔约国意图相联结,从而赋予演进解释有条件的正当性和合理性。如格劳秀斯(Hugo Grotius)提出,条约解释者应当探究缔约国在缔约时的真实目的和意图,并以符合这种目的和意图的方式解释条约中的用语,而如果是为了实现条约的目的和意图,则即使相关用语在条约缔结时尚不具备的现代意义,在条约解释中也可以揭示。❺ 晚近的理论进一步强

---

❶ See ILC, *ILC Draft Conclusions on Subsequent Agreements and Subsequent Practice in Relation to the Interpretation of Treaties* 2013, A/68/10, p. 18.

❷ [英]詹宁斯·瓦茨:《奥本海国际法》(第1卷第2分册),王铁崖,等译,中国大百科全书出版社1998年版,第662页。

❸ See ILC, *ILC Draft Conclusions on Subsequent Agreements and Subsequent Practice in Relation to the Interpretation of Treaties* 2013, A/68/10, p. 18.

❹ 刘雪红:"论条约演化解释对国家同意原则的冲击",载《法律科学》(西北政法大学学报)2017年第3期。

❺ See Grotius Hugo, Boak Arthru E. R, Scott James Brown, *De jure belli ac pacis libri tres*, Exposed Some Pious Lies, 1964; quoted in Christian Djeffal, *Static and Evolutive Treaty Interpretation*, Cambridge University Press, 2016, p. 49.

调,演进解释可以成为一种对缔约国意图的恰当理解,❶ 在以缔约国的缔约意图为依据的基础上,情势变化可能引起演进解释。❷

正如支持者和反对者都将缔约国意图引以为己方论据那样,国际法委员会将演进解释的适用与否均归因于缔约国意图——"时际冲突法学说基本上是这两种根本依据的一种提示,一个指向过去,将其作为找到缔约方意向的一种指南,另一个指向现在,理由完全一样""缔约方的意图应该具有控制性,就此意图而言似乎存在两种可能性:一是它们意欲将某种一成不变的法律概念纳入条约之中,或者如果它们没有此类意图,则法律概念就会发生变化"。❸

简言之,演进解释的适用必须基于缔约国的共同意图,只有在缔约国具有允许条约用语的含义随时间演变的意图,即具有"演进意图"的前提下,演进解释的适用才能获得合法性和正当性。缔约国的"演进意图",在演进解释的适用中处于前提条件的地位。

(二)"演进意图"的作用:演进解释的适用界限

演进解释并不意味着条约解释者可以对条约用语含义进行无限演绎。一些学者针对演进解释提出了特别的解释规则,以避免解释者过度演绎。如豪尔格森(Helgesen)就欧洲人权法院的演进解释实践提出了辅助性原则、临时措施、共同标准等规则,就国际投资条约演进解释提出了"符合东道国法律"原则;鲍威林(Pauwelyn)针对 WTO 上诉机构的相关案例归纳了其适用演进解

---

❶ See Bjorge Eirik, The Evolutionary Interpretation of Treaties, *Chemistry – A European Journal* (2013), p. 22.
❷ *Id.*, p. 88.
❸ See Bjorge Eirik, The Evolutionary Interpretation of Treaties, *Chemistry – A European Journal* (2013), p. 88.

释时在举证责任、比例性和归因性等问题上从其他领域借鉴的国际法规则。❶ 这些规则的提出固然对条约解释者的演进范畴设定了一定限制,但从本质上说,演进解释遵循的仍然是缔约国意图。

既然条约解释的本质就是对缔约国共同意图的探究,那么无论是演进解释适用与否,还是其适用结果,都应尊重和遵循缔约国意图,将缔约国意图贯穿于演进解释的过程及结果。演进解释的适用结果不应超出缔约国的合理预期,而对于缔约国在起草或缔结条约时无法预见的变化,条约解释者也应像缔约国自己解释条约那样,或者像缔约国在预见到当前情形时所会做的那样来对条约用语进行解释。❷ 或者说,"演进意图"在赋予条约用语以随时间演变的可能性的同时,也包含了演进解释的适用界限。

(三)"演进意图"的形态:原始意图和嗣后意图

国际法委员会在 2013 年《结论草案》中指出,"'推定意图'并非一个单独可确定的最初意愿,准备工作并非确定当事国推定意图的主要基础,而是如第三十二条所示,仅仅是补充解释资料……解释者必须根据进行解释之时现有的解释资料予以确定,其中包括条约当事国的嗣后协定和嗣后惯例……解释者须回答这样的问题:是否可推定当事国在签订条约时有意使所用的术语具有可随时间演变的含义。"❸ 根据该表述,国际法委员会所界定的"演进意图"是一种"推定意图",且是缔约国在缔约之时的原始意图,而其对缔约国在条约适用过程中的新意图是否构成"演进

---

❶ 吴卡:《国际条约演化解释理论与实践》,法律出版社 2016 年版,第 123—129 页。

❷ See Bjorge Eirik, The Evolutionary Interpretation of Treaties, *Chemistry – A European Journal* (2013), p. 88.

❸ 联合国大会:"'关于与条约解释相关的嗣后协定和嗣后惯例的结论草案'评注", A/68/10, 第 27 页。

意图"未给出明确结论。

缔约国嗣后形成的新意图,在符合维也纳条约解释规则的条件下,尽管超出了国际法委员会对于"演进意图"的表述,但也可以引起对演进解释的适用,且嗣后协定与嗣后惯例作为条约解释资料本就是为《维也纳条约法公约》所确认的习惯国际法规则,其法律基础甚至较原始意图所构成的"演进意图"更为稳固。有鉴于此,笔者以为,应当将缔约国的嗣后意图纳入"演进意图"的范畴,作为"演进意图"的一种形态。按照这一界定,缔约国的"演进意图"按照形成时间的不同表现为两种形态,即原始意图构成的"演进意图"(以下简称原始"演进意图")和嗣后意图构成的"演进意图"(以下简称嗣后"演进意图"),前者是指缔约国在缔约之时形成的允许条约用语含义随时间演变之可能的意图,后者是指缔约国在条约适用过程中形成的与原始意图不同的新意图。两者具有同样的法律地位和效力,即作为适用演进解释的前提条件,可以引起对演进解释的适用。

三、"演进意图"查明:约文路径、目的路径和嗣后路径

建立"演进意图"的概念只是为赋予演进解释以合法性和正当性找到了逻辑起点,通过一系列路径和方法,以切实的依据和扎实的推理来论证缔约国确实存在"演进意图",方才满足适用演进解释的基本条件,这一论证过程即"演进意图"的查明。

(一)"演进意图"的查明依据:未形成特殊规则

《维也纳条约法公约》未载有关于演进解释的条文。国际法委员会在2013年《结论草案》中指出,"'推定意图'并非一个单独可确定的最初意愿,准备工作并非确定当事国推定意图的主要基础,而是如第三十二条所示,仅仅是补充解释资料……解释者必

须根据进行解释之时现有的解释资料予以确定,其中包括条约当事国的嗣后协定和嗣后惯例……解释者须回答这样的问题:是否可推定当事国在签订条约时有意使所用的术语具有可随时间演变的含义。"❶ 根据这一表述,国际法委员会就适用演进解释方法的条约解释过程建立了一种"双循环"机制,即首先使用各种条约解释资料,以推定缔约国是否具有"演进意图";其次,在第一个问题得到肯定结论,亦即缔约国具有"演进意图"的情况下,适用包括演进解释方法在内的各种条约解释方法,得到条约解释的最终结果。其中,前者即"演进意图"的查明。

根据国际法委员会的表述,"演进意图"的查明本身就是一种条约解释过程。其一,缔约国意图的查明本就是条约解释的核心本质,"演进意图"的查明既是适用演进解释的前提条件,也是适用演进解释的一个有机组成部分。而条约解释作为一项单一的综合行动,其任何部分都不应被单独剥离并赋予其他属性。其二,其明确"演进意图"的查明材料为条约的各项解释资料,即《维也纳条约法公约》第 31 条和第 32 条所规定条约用语、上下文、目的与宗旨、嗣后协定与嗣后惯例、一切"有关"的国际法规则以及缔约国意图,表明了其援引维也纳条约解释规则的用意。况且,当这些资料被用于别的过程时,并不被称为"解释资料"。其三,该表述中对于准备工作和嗣后协定与嗣后惯例的使用,与维也纳条约解释规则高度一致,即其对"演进意图"的查明明确引用了条约解释的规则。可见,国际法委员会在撰写 2013 年《结论草案》时,就将"演进意图"的查明作为一种条约解释行为处理。

"演进意图"的查明既然是条约解释的一个组成部分,本身也

---

❶ 联合国大会:"'关于与条约解释相关的嗣后协定和嗣后惯例的结论草案'评注",A/68/10,第 27 页。

是一种条约解释行为,自然得以运用条约解释的各项原则和一般规则。然而,除此以外,现行条约解释规则中尚未有针对"演进意图"查明的特殊规则,在演进解释已得到普遍适用的今天,实为落后于实践的一大缺憾。

(二)"演进意图"的查明路径:约文路径、目的路径和嗣后路径

结合现有理论观点和实践情况来看,两种形态的"演进意图"存在三种主要的查明路径,如图 3-1 所示。

首先,缔约国的原始"演进意图"主要存在两种主要的查明路径。一是从条约约文出发的查明路径。该路径包含两项具体标准,即条约术语的"一般用语"性质和"条约期限很长或者无限期",这种查明路径最常为国际法院所采用,WTO 上诉机构在偶尔进行演进解释的案例中,尽管选择了从条约目的出发的查明路径,但也兼顾了上述两项标准作为支撑。根据国际法委员会在 2013 年《结论草案》中的论述,对原始"演进意图"的查明应当根据进行解释之时现有的解释资料进行,包括嗣后协定和嗣后惯例。❶ 鉴于嗣后协定和嗣后惯例既可能是对于缔约国在缔约之时原始意图的证明,也可能是缔约国在条约适用过程中所形成新意图的载体,查明原始"演进意图"过程中对嗣后协定和嗣后惯例的使用只应限于前者。

二是从条约目的出发的查明路径。该路径将条约的目的和宗旨作为缔约国在缔约之时原始意图的主要表征,以争议条约的目的和宗旨作为缔约国"演进意图"的主要依据,带有明显的目的

---

❶ 联合国大会:"'关于与条约解释相关的嗣后协定和嗣后惯例的结论草案'评注",A/68/10,第 27 页。

解释特征。尽管目的解释理论支持将缔约国在条约适用过程中形成的新意图作为条约解释的依据，但该查明路径指向的是缔约国的原始意图。这一路径最常为国际人权法院所采用，尤以欧洲人权法院创立的"活的手段"理论为代表，有时也为其他国际法院和法庭所采用。

其次，缔约国的嗣后"演进意图"须从缔约国的嗣后行为出发进行查明。对嗣后"演进意图"的查明应遵循按照《维也纳条约法公约》的解释规则，是后者的正常适用。2016年，国际法委员会在一读通过的《关于与条约解释相关的嗣后协定和嗣后惯例的结论草案》中补充道，条约解释并非仅由缔约国在缔约之时特定的初始意图所决定，而是会受到嗣后发展等一系列因素的影响。在嗣后"演进意图"的查明过程中，缔约国的嗣后协定或嗣后惯例以及其他嗣后行为应当被证明是缔约国所形成新意图的载体，而非被用于论证缔约国的原始意图。以国际法院"航行权利和其他相关权利争端案（哥斯达黎加诉尼加拉瓜）"为例，法官斯科特尼科夫在个人意见中指出，该案从争端双方的嗣后行为着眼可以得出同样的结论，因为对于哥斯达黎加最近"至少十年"有关圣胡安河旅游的嗣后惯例，尼加拉瓜"从未抗议"，而是"采取允许旅游航行的一贯做法"，这"表明当事国就其解释达成了一致"。❶斯科特尼科夫法官的意见虽然指向与法庭一致的判决，但其中包含的缔约国意图则是嗣后意图而非原始意图。笔者认为，在原始"演进意图"可能查明的情况下，宜首先查明原始"演进意图"；如原始"演进意图"成立，则嗣后"演进意图"就无从存在了。

---

❶ 联合国大会："'关于与条约解释相关的嗣后协定和嗣后惯例的结论草案'评注"，A/68/10，第28页。

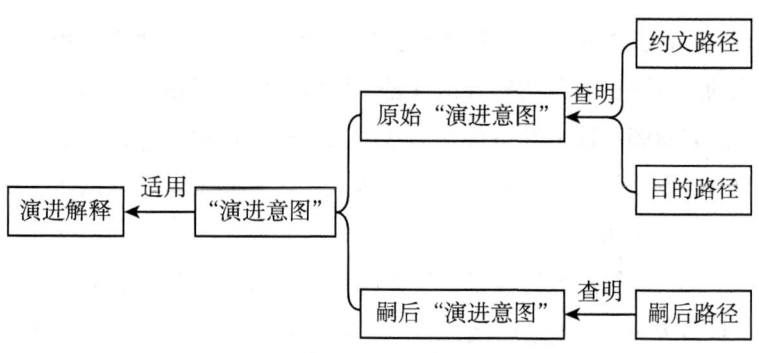

图 3-1　"演进意图"的地位、形态和查明示意

（三）"演进意图"的查明实践：典型案例简析

1. 从条约约文出发的"演进意图"查明路径

（1）国际法院"纳米比亚咨询案"。1966 年 10 月，联合国通过第 2145 号决议，鉴于南非持续拒绝履行《委任统治书》所规定的义务，决定终止该委任统治书，并要求南非撤出其设在西南非洲领土上的行政机构。南非拒不履行联合国该项决议，联合国故将该问题提交安理会解决。安理会随后通过了几项决议，确认了联合国大会的立场，认为南非政权在纳米比亚的继续存在是非法的，因而在委任统治协议终止后南非政府代表纳米比亚或对纳米比亚采取的行动都是非法和无效的。1970 年，安理会将此问题提交国际法院，请求其提供咨询意见。

南非根据《国际联盟盟约》对委任统治权的分类，主张对西南非洲实施的丙类委任统治权与甲类和乙类委任统治权有实质区别，因为在建立国际联盟时，其成员国就有意将丙类委任统治地作为自身领土进行统治。❶ 国际法院对此指出，"根据《国际联盟

---

❶ See ICJ, *Legal consequences for States of the Continued Presence of South Africa in Namibia*, Advisory Opinion of 21 June 1971, p. 45.

盟约》当事国在缔约时的意图来解释条约是首要的。这一点必须注意,所以法院有责任考虑以下事实,即该条约第 22 条中'今世特别困难状况'和'人民的福利和发展'等概念不是静止不变的,而是在定义上就具有演进性,'神圣信托'这一概念也是如此。因此,应当认为盟约的当事国都接受了这些概念。"❶ 国际法院认为,《国际联盟盟约》中使用的"神圣信托""今世特别困难状况""人民的福利和发展"等具有演进性的术语都表明了缔约国在 1919 年缔约时就已经有让这些术语的含义随时间进行演进的意图。据此,国际法院最后认定,不同种类的委任统治权并没有本质区别,并据此驳回了南非的主张。

国际法院在"纳米比亚咨询案"中通过相关条约术语"在定义上具有演进性"推定缔约国存在"演进意图",采取了一种基于条约约文的"缔约国意图"查明方法。其论证显示,国际法院在该案中将缔约国"演进意图"的基准时间界定于条约缔结之时,即将"演进意图"界定为缔约国的原始意图,并根据该原始意图对相关条约术语进行演进解释。然而,该案仅根据条约约文即对缔约国意图进行推定,未能给出充分证据和论理,而且忽视了显示缔约国在缔约之时意图对各类委任统治权作出实质性区分的资料,❷ 因此显得论证不足、缺乏说服力,有武断之嫌。

(2)国际法院"爱琴海大陆架划界案"。1976 年 8 月,希腊向国际法院提起诉讼,请求国际法院确定希腊与土耳其两国在爱琴海的大陆架边界。

---

❶ *Id.*, p. 53.
❷ See Judge Fitzmaurice, *Legal Consequences for States of the Continued Presence of South Africa in Namibia (South West Africa) notwithstanding Security Council Resolution* 276 (1970), dissenting opinion.

希腊提出据以确立国际法院管辖权的两项依据之一是1928年的《和平解决国际争端的日内瓦总议定书》第17条。该条规定："争端当事国间一切关于它们权利的争端，除依第39条规定作出保留者外，均应提交国际常设法院裁判。但当事国协议依后列规定提交仲裁庭者不在此限。前述争端应理解为特别包括《国际常设法院规约》第36条所举的各项争端在内。"根据《国际法院规约》第37条规定，国际法院将在任何约定提交国际常设法院的争端中取代后者。

土耳其则主张，国际法院对该项争议无管辖权。土耳其指出，即使《和平解决国际争端的日内瓦总议定书》被认定为对希腊和土耳其有效，希腊在1931年加入该议定书时也曾作出一项保留，排除了国际法院对此案的管辖权。该项保留原文为"下列争端不适用总议定书所载的程序……（b）关于依国际法完全属于国家的国内管辖范围内的问题，而特别是关系到希腊的领土地位的争端，包括关系到希腊对其港口和交通线的主权性权利的争端。"

希腊首先争辩，该项保留并不包括关系到希腊领土地位的一切争端，而只包括那些既与其领土地位有关，又属于国家的国内管辖范围内的问题。该观点遭到国际法院否定后，希腊继而争辩，认为在1928年总议定书缔结时，以及1931年希腊加入该条约时，国际法上尚未出现大陆架这一法律概念，因而其保留不应被认为包含涉及大陆架相关问题的争端。希腊认为，其与土耳其的争端涉及大陆架划界，而大陆架并非领土的一部分，因此不能将该争端视为与领土地位有关。❶

对此，国际法院认为，如果因希腊于1931年加入该议定书时

---

❶ ICJ, *Aegean Sea Continental Shelf* (*Greece v. Turkey*), Judgment of 19 December 1978, pp. 77—80.

国际法上尚未有大陆架的概念而排除"领土地位"包含有大陆架在内，则相应地，该议定书第17条管辖条款中"争端当事国间一切关于它们权利的争端"中的"权利"一词，也就不应包括国家对大陆架所享有的权利。而希腊是以第17条为依据主张国际法院对该案享有管辖权，则应认为希腊同意该条款中"权利"一词的含义是随时间演进的，因而包含了国家对大陆架所享有的权利在内。同时，从希腊的实体主张来看，其对《和平解决国际争端的日内瓦总议定书》第17条中的"权利"一词的外延，已扩展至其在争端发生时的领土疆域，而非仅限于其1931年加入争端时的领土疆域，从中亦可见其对该条款中的"权利"一词作了演进解释。既然如此，国际法院认为，希腊对于其保留中的"领土地位"一词的含义是具有允许其随时间演进的意图的。❶

同时，国际法院指出，"'领土地位'一语是用于其通常的、一般的意义，即指正当地被认为属于国际公法上领土地位这一概念的任何事项……由于'领土地位'一语在希腊的保留中是作为一般术语语被使用的，这就必然会导致这样一个论据，即该术语的意义，也如同总议定书第17条中的'权利'一词一样，必然会随着法律的演化而发展，并且与某特定时期有效的法律所加于它的意义相符"，且"基于管辖条款和保留条款在性质上的密切关联，很难认在同一个案件中，只有其中之一是随时间演进的。"❷

据此，国际法院决定，应对希腊保留条款中的"领土地位"一词进行演进解释，并认为"要接受大陆架划界与领土地位无关的说法是很困难的，因为关于大陆架划界的争端，其性质就具有关系到领土争端性质的趋势，因为沿岸国对于大陆架所享有的权

---

❶ *Id.*, p. 78.
❷ *Id.*, p. 79.

利本来就来自对其毗连的陆地的权利。因此,沿岸国的领土地位,在国际法上应包含其享受的对大陆架进行勘探和开发的权利。"❶

该案中,国际法院沿袭了"纳米比亚咨询案"中的查明路径,从"领土地位"作为"一般术语"的性质而得出应对其进行演进解释的结论,但同时也使用了大量篇幅,通过对希腊对于其他关联条款中相关术语所采取的态度,来辨明希腊对于同一争议中具有强关联性的条约术语所采取的解释意图,且该意图已通过客观行为(向法院主张管辖权)明确表达出来,故其论证具有相对较强的说服力。但这一论证从比重来说,与其说是采取了特定的查明标准,不如说是根据《维也纳条约法公约》第31条第4款规定,按照缔约国的特定意图对条约用语进行解释。

(3)国际法院"航行权利和其他相关权利争端案"。2005年9月,哥斯达黎加向国际法院提起诉讼,就"哥斯达黎加在圣胡安河上的航行权利和相关权利争端"起诉尼加拉瓜,要求法院裁定并宣布尼加拉瓜违反了其国际义务,使哥斯达黎加无法在圣胡安河上自由行使其航行权及相关权利。

哥斯达黎加和尼加拉瓜政府于1858年4月签订了《界限条约》,其中第6条规定:"……哥斯达黎加共和国对该河入海口至卡斯蒂略维耶荷三英里处之间的流域,享有'con objetos de comercio'自由航行权……两国船只可在该河航行区域的任何一岸停靠而不受歧视,除非两国政府达成一致,否则无需交税。"该案中,双方争议的焦点即在于哥斯达黎加基于第6条所享有的权利的确切范围。

---

❶ See ICJ, *Aegean Sea Continental Shelf* (*Greece v. Turkey*), Judgment of 19 December 1978, pp. 80—89.

国际法院在确认西班牙语"objetos"在该条约条款中的含义应被解释为"目的",短语'con objetos de comercio'意为"以商业为目的"的基础上又重点考察了"商业"的含义。尼加拉瓜辩称,"以商业为目的的航行"应当被解释为只包括货物运输,因为在条约缔结时"商业"一词只意味着商品贸易,而还没有扩展至服务。❶

国际法院针对尼加拉瓜的观点进行了论述。其首先确认,条约应当按照缔约国的共同意图进行解释,且根据其定义,缔约国的共同意图发生于缔约之时,并回顾了国际法院针对词义已发生演进的条约术语适用了原始解释的数个案例。❷ 但法庭随后指出,这并不意味着在条约术语词义已发生演进的情况下,条约解释时对于条约适用时该术语的含义完全不作考虑。作此考虑的理由包括:①《维也纳条约法公约》第 31 条第 3 款 b 项的规定允许缔约国经默示协议而使条约术语的含义发生演进;②缔约国可能在缔结条约时就具有赋予条约术语一种能够演变的含义的意图。在这种情况下,条约解释者对于条约术语在适用时的意义的考察就不是违背了缔约国的共同意图,而恰恰是出于遵循缔约国在缔约时的共同意图。❸ 而如果缔约国在条约中使用了一般术语,那么其必然意识到该术语的意义可能随着时间发生演变;在此情况下,如果该条约的期限很长或者是无限期的话,那么作为一项一般规则,应当推定缔约国的意图就是赋予这些术语以演进的含义。❹

---

❶ See ICJ, *Dispute Regarding Navigational and Related Rights*(*Costarica vs. Nicaragua*), Judgment of 13 July 2009, p. 58.

❷ *Id.*, p. 63.

❸ See ICJ, *Dispute Regarding Navigational and Related Rights*(*Costarica vs. Nicaragua*), Judgment of 13 July 2009, p. 64.

❹ *Id.*, p. 66.

据此，国际法院指出，"商业"一词是一般术语，指代一类活动，且《界限条约》是无限期条约，可见缔约国在缔约时即旨在建立一项恒久有效的法律制度。因此，可以对"商业"一词适用演进解释。❶也就是说，"以商业为目的"的航行既包括商品运输，也包括乘客运输，除此之外的航行则不能纳入"以商业为目的的航行"范畴。❷

国际法院在该案中第一次建立了两项明确的查明标准，即条约用语的"一般术语"性质以及"条约期限很长或者无限期"。然而，法庭关于缔约国在长期条约中使用一般术语，则"必然意识到"该术语的含义可能发生演进的推断并无具体证据支持。同时，法庭还使用了"作为一项一般规则"（as a general rule）的表述，但并未进一步就该"一般规则"作出论述。鉴于国际法的制定法和司法实践此前都未明确过适用演进解释或者查明"演进意图"的具体规则，这一论断显得依据薄弱，不但未能为其推论提供支撑，而且有意图造法之嫌。

（4）小结。综上所述，总体来看，在国际法院关于演进解释的实践中，始终强调缔约国的"演进意图"是适用演进解释的必要条件，并始终沿袭并发展了从约文出发的查明路径。从"纳米比亚咨询案"中查明依据相对薄弱，到"爱琴海大陆架划界案"中以缔约国的嗣后行为作为主要的查明依据，直至在"航行权利和其他相关权利争端案"中先后独立地运用了"一般术语"以及"条约期限很长或者无限期"作为两项查明标准，尽管可以看出国际法院在这一从约文出发的"演进意图"查明路径上趋于成熟稳定，但是，作为其对演进解释适用的"阿喀琉斯之踵"，其查明过

---

❶ *Id.*, pp. 67—70.
❷ *Id.*, p. 71.

程始终存在依据薄弱、推论武断的问题。

2. 从条约目的出发的"演进意图"查明路径

(1) 欧洲人权法院"蒂尔(Tyrer)诉英国案"。英国马恩岛居民蒂尔因遭受鞭刑而以英国违反《欧洲人权公约》第3条关于禁止酷刑的规定为依据,向欧洲人权法院起诉。

欧洲人权法院审查了《欧洲人权公约》第3条的规定,即"任何人不得被施以酷刑或使之遭受非人道或侮辱性的待遇或惩罚",认为蒂尔所受的鞭刑并不构成"酷刑"或"非人道"的待遇或惩罚,但可能构成"侮辱性"的待遇或惩罚。针对英国政府辩称该鞭刑是非公开实施的,因此不具有侮辱性的观点,法庭指出,"本法院必须忆及该公约是一个活的手段,正如欧洲人权委员会所强调的,必须以当今条件解释"❶、"公开性也许是评估某惩罚是否属于第3条下'侮辱性的'相关因素,但缺少公开性并不意味着必然不具有侮辱性,这仍然会使受害者感到受侮辱,即使其他人并不这样看待"❷。而《欧洲人权公约》第3条的立法目的在于保护"个人的尊严及身体的完整性",因此当地立法、执法机关允许规定并实行体罚,构成了对第3条"制度上的违反"。❸而《欧洲人权公约》第3条关于"个人的尊严及身体的完整性"这一目的,与缔结于《欧洲人权公约》之后的《联合国反酷刑公约》和《欧洲防止酷刑和不人道或有辱人格的待遇或处罚公约》所保护的个人尊严是一致的。可见,尽管该案中欧洲人权法院并未使用"尊严"这一表述,但法庭是依据尊严权,演进地解释了第3条中

---

❶ See European Court of Human Rights, *Judgment of Tyrer v. UK*, 1978, para. 31.
❷ *Id.*, p. 32.
❸ *Id.*, p. 33.

"侮辱性的"这一用语。❶

蒂尔诉英国案确立了《欧洲人权公约》作为条约解释"活的手段",开创了欧洲人权法院在原则上允许适用演进解释的先河。"活的手段"的表述此后反复为欧洲人权法院乃至其他人权法院所引述和重申,如"这一公约是活的手段,必须参照当今的条件进行解释,这已根植于本法院的判例法"、❷"该公约旨在保障的权利不是理论上的或者想象中的,而是实际的和有效的……该公约是一个活的手段,必须参照当今的条件解释之。这是深植于本法院的判例法。出现该公约起草者始料未及的机构这一事实不能阻止该机构在该公约的适用范围内"、❸"极为重要的是该公约的解释和适用应采取令各项人权实际和有效的方式……该公约是活的手段,必须参照当今条件加以解释"等。❹正如有学者所指出的,"活的手段"这一表述"成了这方面具有里程碑意义的判例,创造了被欧洲人权法院的判例法和学者们反复援引的最著名的表述"。

然而,欧洲人权法院关于"活的手段"的理论是一种从条约目的出发的"演进意图"查明方法,通过将条约目的与缔约国意图相关联赋予了演进解释以合法性和正当性。然而,"活的手段"理论是一种极其泛化的推定同意,以一种"一揽子"的方式将其推定效力及于条约全部条款,造成对演进解释的原则性适用的客观状况。事实上,"活的手段"理论尽管目前仅有国际人权法院采

---

❶ 张乃根:《条约解释的国际法(下)》,上海人民出版社2019年版,第895页。
❷ See European Court of Human Rights, *Jedment of Loizidou v. Turkey (Preliminary objections)*, 1995, p. 71.
❸ See European Court of Human Rights, *Judgment of Mattews v. UK.*, 1999, pp. 34–39.
❹ See European Court of Human Rights, Judgment of Manatkulov and Askarov v. Turkey, 2005, p. 121.

用,但其内在逻辑完全可以被移植到国际法的任何其他领域,如"为实现可持续发展"而对环境法条约进行演进解释、"为促进贸易自由"而对贸易条约进行演进解释等,而这种泛化的推定显然是不能成立的。因此,在"活的手段"理论客观上已成为国际人权法院判例法的情况下,我们仍有必要去反思和检视其背后过于泛化的逻辑推断和过于能动的司法权力。

(2)美洲人权法院"奥特维娅(Artavia)等诉哥斯达黎加案"。哥斯达黎加公民奥特维娅等向美洲人权法院起诉,认为哥斯达黎加宪法法院在 2000 年作出的禁止本国公民代孕的判决违反了《美洲人权公约》第 11 条第 2 款关于保护个人享有私生活权利的规定、第 17 条第 2 款关于保护家庭权利的规定和第 24 条关于平等保护权利的规定等。哥斯达黎加宪法法院在该判决中以《世界人权宣言》第 4 条为依据,认为该条款对人的生命权给予了绝对保护,并认为胚胎也属于有生命权的"人",故为实现对胚胎生命权的保护而判决禁止代孕。

美洲人权法院首先确认,原告作为起诉依据的条款与生命权相关,因此关键在于对生命权的解释。接着,法庭阐述了其采用的解释规则:"本法院重申其判例法,据此对该公约的解释必须以其所具有的通常意义,按照上下文,并牢记该条约的目的和宗旨,即有效保护人权,善意地进行解释,并且应当演进地解释人权保护的国际手段。在这样的框架内,本法院将作出解释:一是依据用语的通常含义;二是进行系统和历史的解释;三是采用演进解释;四是根据条约的目的和宗旨进行解释。"❶

根据上述解释规则,法庭围绕"生命权"的解释考察了各国

---

❶ See Inter‒American Court of Human Rights, *Judgment of Artavia Murillo et al v. Costa Rica*, 2012, p. 173.

国内法律中通常所指"人"的定义以及代孕技术对胚胎概念的影响，认为只有在精子和卵子成功结合形成胚胎并被植入妇女子宫后，才应当被认为拥有生命。但结合《世界人权宣言》《儿童权利公约》《美洲人权公约》等文件的上下文，根据先例的历史和系统解释方法，并根据《美洲人权公约》大多数缔约国的嗣后实践来看，国际人权法体系和《美洲人权公约》所保护的"人"或"人类"都不包括胚胎。也就是说，胚胎不享有公约第4条对生命权的保护。据此，法庭认为哥斯达黎加宪法法院依据《美洲人权公约》第4条判决禁止代孕是错误的。

该案判决的论证逻辑，即根据《美洲人权公约》第4条意在保护生命权的立法目的而对生命权的概念进行演进解释，总体思路在于实现条约目的，因此该案的论证思路总体上可归入目的解释路径。但该案直接将演进解释列为一种与约文解释、系统解释、目的解释相并列的解释方法，未就适用演进解释方法与缔约国意图之间的关系进行论述。或者可以说，根本就未对缔约国意图进行查明。

（3）世界贸易组织"美国海虾案"。1996年，印度等国就美国以保护濒危海龟为由，依据其国内法禁止某些虾和虾产品的进口，启动WTO争端解决程序。美国辩称，其进口禁止措施的依据系《关税及贸易总协定》（以下简称GATT）第20条，即旨在保护"可耗竭的自然资源"。专家组裁定美国的禁止进口措施不符合GATT第20条规定。美国为此向上诉机构提起上诉。

上诉机构围绕对GATT第20条（g）款中"可用尽的自然资源"一词的解释进行了论证。其首先针对印度等国提出的观点，即认为生物系可再生的，因而不是"可耗竭的"，指出"可再生的"和"可耗竭的"并不矛盾，可再生的生物也是可能灭绝的，即可耗竭的，而且往往是由于人类活动造成的。论证过程中，上诉机构强调，"'可耗竭的自然资源'一词是近50多年创造出来的词语，条约解释者必须参照国际社会对环境保护及养护的当代关切来进行解读"、"《马拉喀什建立世界贸易组织协定》（以下简称《WTO协定》）序言中就明确了将'可持续发展'作为应予兼顾的目标，这表明缔约方在1994年就完全意识到环境保护作为国内和国际政策目标的重要性和合法性"。同时，上诉机构还指出"从《WTO协定》序言的角度来看，GATT第20条（g）款的一般术语'自然资源'，其内容或所指不是静止的，而是'在定义上具有演变性'"。

在此基础上，上诉机构结合《联合国海洋法公约》《生物多样性公约》《21世纪议程》《保护野生动物迁徙物种公约》等公约的规定和其他关于保护有生命的自然资源的国际实践对"可耗竭的自然资源"一词进行了演进解释，认为其词义包含活的物种。❶

该案中，上诉机构尽管在解释"自然资源"这一概念时作出了"一般术语""在定义上具有演变性"的表述，因而与国际法院从约文出发对于演进意图的查明在形式上有所类似，但因其作出了"从《WTO协定》序言的角度来看"的限定，因此上诉机构在该案中进行"演进意图"查明的根本出发点仍然是条约的目的与宗旨。只是上诉机构并未如同国际人权法院那样单独以条约目的和宗旨作为解释依据，而是结合运用了条约约文进行查明。然而，上诉机构对两者的结合只是简单叠加，就两条路径的采用而言均未有新的发展或超越。

（4）小结。欧洲人权法院所创设"活的手段"理论已构成其

---

❶ See WTO Appellate Body, *Report on United States – Import Prohibition of Certain Shrimp and Shrimp Products*, WT/DS58/AB/R, adopted 12 October 1998, pp. 128—131.

条约解释的一个鲜明特点。历史上美洲人权法院对于演进解释曾持相对谨慎的态度，但近年来其判理已与欧洲人权法院趋同。❶ 该理论从条约目的出发，将缔约国原始意图解释为意在与时俱进地实现更高水平的人权保护，从而建立了一种普遍适用于人权条约各项规定的查明逻辑。WTO上诉机构在"美国海虾案"的查明方法与"活的手段"理论在本质上也是相同的。

然而，"活的手段"理论过于泛化，在当今主流观点对于是否适用演进解释持无预设立场的态度的情况下，"活的手段"理论将天平显著地倾向于演进解释一边，乃至美洲人权法院在奥维莉娅等诉哥斯达黎加案中将演进解释直接列为基本解释方法之一。尽管该理论已成为人权法院特有的判例法，但其适用边界（"活"在哪些地方）、适用效果（"活"到什么程度）都值得进一步探讨。

四、"演进意图"几个相关问题的初步探讨

（一）演进解释是否可以运用于"演进意图"查明的问题

国际法委员会在2013年《结论草案》中的表述"'推定意图'并非一个单独可确定的最初意愿，准备工作并非确定当事国推定意图的主要基础，而是如第三十二条所示，仅仅是补充解释资料……解释者必须根据进行解释之时现有的解释资料予以确定，其中包括条约当事国的嗣后协定和嗣后惯例……解释者须回答这样的问题：是否可推定当事国在签订条约时有意使所用的术语具有可随时间演变的含义。"❷ 由此带来一个问题，即演进解释是否可以运用于"演进意图"的查明。

---

❶ 张乃根：《条约解释的国际法（上）》，上海人民出版社2019年版，第44—46页。
❷ 联合国大会："'关于与条约解释相关的嗣后协定和嗣后惯例的结论草案'评注"，A/68/10，第27页。

嗣后协定和嗣后惯例以及其他国际法规则的采用为"演进意图"查明自身引入了时际因素，从而形成了一个演进方法的"嵌套结构"——为回答是否应当在条约解释中适用演进方法的问题，人们通过"演进意图"的查明来寻找答案；而为回答缔约国是否具有"演进意图"的问题，又是否允许演进方法被运用于查明呢？对此，笔者以为，既然"演进意图"是演进解释的适用条件，是适用演进解释的合法性来源，那么就只有在查明缔约国具有"演进意图"的情况下，对于演进解释的适用才得与当前条约解释的基本理论相适应；反之，如将演进方法用于对"演进意图"的查明，则实际上是一种自我证明的循环论证，使演进解释失去其合法性基础，如同反对者所质疑的，存在违反国家同意原则的风险。

故而，在缔约国原始"演进意图"的查明过程中，对于嗣后协定和嗣后惯例以及其他国际法规则的使用都应谨慎地限定在用于澄清和证明缔约国原始意图的范围内，而不能起到改变或演变缔约国意图的作用。如缔约国就争议条约、条款或用语直接达成的解释性协议、作出的解释性声明或者其他具有条约解释性质的行为可以作为其是否具有"演进意图"的证明，但缔约国在条约缔结以后参与的其他国际条约和其他相关领域的国际实践则须谨慎鉴别和采用，因为对这些资料的运用很可能本身就构成演进解释方法，从而可能成为一种循环论证，使演进解释的适用失去合法性基础。而在缔约国嗣后"演进意图"的查明过程中，嗣后协定和嗣后惯例的运用并不带来时际因素，则不涉及演进方法，因而对这类"演进意图"的查明并无上述循环论证之虞。

（二）"演进意图"的查明是事实调查还是法律拟制的问题

如上文所述，各个国际法院和法庭适用演进解释的案例中对"演进意图"的查明或多或少存在论证薄弱的情况，因此即使在其已出现并被反复使用数十年后仍争议不绝。有研究指出，演进解释的适用实践中存在三方面的问题，即武断、机械和片面，如未充分考虑能够真实反映当事国意图的相关证据、机械地根据条约约文适用演进解释、部分查明过程缺乏充分的证据支持等。❶ 这些争议背后一个隐含的争议是，"演进意图"的查明到底是事实调查还是法律拟制？

事实调查和法律拟制的区别在于，事实调查的目的在于尽可能复原缔约国的真实想法，而法律拟制则更注重法理和逻辑的自洽。作为事实调查的"演进意图"查明，重在从客观证据，尤其是缔约国的客观行为中发现其真实意思表示，故对于证据的充分性、证明的逻辑性都存在一定要求。作为事实调查的"演进意图"查明，只有在论证达到相应证明标准或者完成"举证责任"的情况下，才能确认缔约国"演进意图"的存在。笔者以为，"演进意图"的查明的应然状态应当是事实调查，即使是在资料有限的情况下，也应力求使查明的法律事实尽可能地接近客观事实。

作为法律拟制的"演进意图"查明，本质上是一种假设而非结论。作为假设的"演进意图"虽然可以较为轻松地建立，但其建立仅是论证的一个环节而绝非终点。当在初步依据的支持下作出了缔约国具有"演进意图"的假设后，条约解释者更应谨慎地检验各项解释依据，"大胆假设，小心求证"，以查验该假设能否成立。其中，条约解释者特别应当着重考察和论证可能指向相反结论的解释资料，对这些资料进行分析并言明采纳或者不采纳的理由。毕竟，条约解释作为"单一的综合行动"本意在于排除对于一种或者数种解释资料的过于倚重，目的是赋予各种解释资料

---

❶ 吴卡：《国际条约演化解释理论与实践》，法律出版社2016年版，第109页。

以适当的权重，而不是使条约解释成为"黑箱"，一言以蔽之地以"单一的综合行动"为由忽略某些解释资料所承载的信息恰恰是与这一理念的本意背道而驰的。

从现有的国际司法实践来看，法庭对"演进意图"的查明更接近于法律拟制，且存在以假设等同于结论的倾向，将法律拟制的意图直接作为查明的意图，在拟制前和拟制后都未进行充分论证和检验，且无论采取约文路径还是目的路径，拟制的标准都过于单一和绝对化，对于条约约文或者条约赋予了具有决定性的权重，对其他解释资料则相对未予充分考虑，以至于其结论有单薄和武断之嫌。要改善这一情况，则必须在法律拟制的基础上，以能够获得的解释资料对该拟制意图进行充分的检验和论证，特别要重视相反证据的考察，才能将拟制意图转化为查明结论。

（三）"演进意图"如何规制演进边界的问题

"演进意图"既是演进解释的适用前提，也是演进解释的适用界限。"演进意图"既是允许条约解释者开启演进解释的"钥匙"，❶ 也应当是规制条约解释者演进边界的"规尺"。然而，现有国际法中既没有适用演进解释的规则，更没有规制演进解释的规则。从实践来看，这种规则的空缺事实上给予了国际司法机构广阔的自由裁量空间，也给法庭留下了逾越缔约国意图的空间。如欧洲人权法院"活的手段"理论通过将条约目的"维护和进一步实现人权"与缔约国意图相关联，将演进解释普遍适用于相关的人权条约。然而，缔约国在条约目的中约定"进一步实现人权"所承载的具体意图为何？如何进一步实现人权？进一步实现哪些个人权利？

---

❶ 刘宁元、闫飞："条约演化解释方法之缔约方意图推定"，载《北华大学学报》（社会科学版）2020 年第 5 期。

通过什么方式来实现？具体涵盖哪些条款？这些问题的解释已脱离了缔约国意图的控制，而完全掌握在法庭手中。正如批评者指出的，"缔约国在 1950 年签署《欧洲人权公约》时根本不会想到欧洲人权法院会像这样成为'一种侵入性'力量"。❶ 诚然，演进解释是对于古老条约的一种"赋能"，是国际法发展演进的内在需求所催生的产物，但其适用必须遵循现行国际法的基本原则即"国家同意原则"，亦不应当背离为《维也纳条约法公约》所确认的条约解释的习惯法规则。在现行国际法的规则框架内，条约解释者在适用演进解释过程中，应当始终以缔约国意图为指引和约束，"演进意图"不仅是启动演进解释的"钥匙"，也是规制演进解释的"刹车"，演进解释对于相关条约用语含义的"演进"范畴应当始终以缔约国在形成"演进意图"的情势下的合理预期为限，而不是任意的、无限的。然而，现行国际司法实践在此方面却往往为人所诟病，对缔约国意图如何规制演进解释的界限还有待进一步研究。

结语

演进解释的理论和实践已经历了巨大的发展演进，但仍远未臻成熟。诚如学者菲茨莫里斯曾慨叹的，"似乎没有比演进解释更复杂和令人生畏的了。该问题虽然是各种出版物讨论的对象，但仍然存在诸多令人困惑和不明晰之处。"❷ 对于作为演进解释适用前提和适用界限的"演进意图"，如何更为准确并有说服力的理解和查明、更有科学合理地确定演进的边界，进而确保演进解释始终不背离缔约国意图的指引，仍有待更多的理论研究和实践探索。

---

❶ 吴卡：《国际条约演化解释理论与实践》，法律出版社 2016 年版，第 97—98 页。
❷ See Malgosia Fitmaurice, *Dynamic (Evolutive) Interpretation of Treaties (Part I)*, Hague Year Book of International Law, 2008, p. 101.

美欧自由贸易协定中的劳工与环境条款研究

王雅儒*

【摘要】 在自由贸易协定（Free Trade Agreements，以下简称FTAs）中嵌入劳工和环境规则，已然形成了一种全新的条约框架，并具有一定的体系化特征。在最新缔结的FTAs中，劳工与环境的相关规则不再作为附带协议另行签署，或是以一种宽泛的框架性语言形式出现在条约序言部分，而是逐渐转变为施加给缔约方的实质性义务条款，以单独章节的形式出现，并建立起了相应的争端解决机制。美国与欧盟作为全球签订FTAs最多的国家和地区，率先关注到了FTAs中的劳工与环境条款构建问题。美欧在构建自身条约规则的同时，逐渐将其推广，间接塑造了全球FTAs中劳工与环境条款的模式与标准。本文关注美欧最新缔结的FTAs中的劳工与环境规则，发现双方的规则制定存在相同与不同之处。相

---

* 作者系华东政法大学国际法学院博士研究生。

同之处在于，双方主导的 FTAs 中都加强了与相关国际公约或宣言之间的联结，遵循"不减损规则"（Non‑Derogation）。❶ 不同之处则体现在双方对于气候议题的态度以及争端解决制度的制定。中国应关注全球最新的 FTAs 的条约体系，以此为参照物，建立起中国规则。

【关键词】 自由贸易协定　劳工保护条款　环境保护条款

一、问题的提出

自由贸易协定（FTAs），是指两个或两个以上的国家（包括单独关税区）为实现相互之间的贸易自由化所作的贸易安排。在世界贸易组织（World Trade Organization，以下简称 WTO）的定义之下，FTAs 属于区域贸易协定的范畴，是 WTO 最惠国待遇原则的一种例外合法机制。❷ FTAs 的魅力在于，签订 FTAs 的国家或地区之间相互提供超过 WTO 最惠国待遇的优惠贸易待遇，实现互利共赢和共同发展。

早前，鲜有国家在 FTAs 中嵌入劳工与环境规定。然而，近年来，此种 FTAs 的条款构建逐渐变成了一种惯常的做法，并且呈现出一定的体系化特征。美欧作为率先实践此种条约体系的国家和地区，塑造了新一代 FTAs 的劳工与环境规则的建立。此种 FTAs 的内容变化值得中国予以关注，并以美欧最新 FTAs 为参照物，进一步制定出中国规则。

1994 年生效的《北美自由贸易协定》（North American Free Trade Agreement，以下简称 NAFTA），是在美国主导下，首部涉

---

❶ 《英欧贸易合作协定》中此种条款称为（Non‑regression）。
❷ 赵维田：《世贸组织（WTO）的法律制度》，吉林人民出版社 2000 年版，第 84—88 页。

及劳工与环境保护问题的 FTAs。在当时，劳工与环境保护条款并非以内生性条款或独立章节形式出现在 NAFTA 中，而是以 NAFTA 的附加协议形式（side agreements）存在。在美国国会的坚持要求之下，墨西哥与加拿大才同意与美国另行缔结附加协议。❶

2011 年缔结，2015 年生效的《韩欧自由贸易协定》（European Union – South Korea Free Trade Agreement）是欧盟首部纳入劳工与环境保护条款的 FTAs。与美国采取的条约体系不同，欧盟创造性地将劳工与环境保护独立成一章，命名为"贸易与可持续发展"（Trade And Sustainable Development）。❷ 欧盟在日后的 FTAs 中沿袭了这一做法，"贸易与可持续发展"章节成了欧盟 FTAs 中的固定章节。

此后，越来越多的 FTAs 承袭了美欧在 FTAs 中嵌入劳工与环境条款的做法。2018 年签署的《全面与进步跨太平洋伙伴关系协定》（Comprehensive and Progressive Agreement for Trans – Pacific Partnership，以下简称 CPTPP），2020 年生效的《美国 – 墨西哥 – 加拿大协定》（United States – Mexico – Canada Agreement，以下简称 USMCA），2020 年达成谈判，目前暂缓批准的《中欧全面投资协定》（China – EU Comprehensive Agreement on Investment，以下简称 CAI），以及 2021 年生效的《英欧贸易合作协定》（UK – EU Trade and Cooperation Agreement）的条款构建都延续了美欧对于劳工和环境保护问题的关注。

---

❶ Congressional Research Service, *North American Free Trade Agreement*, 2013, p. 1.
❷ European Union – South Korea Free Trade Agreement, Chapter Thirteen: Trade and Sustainable Development, 2011, p. 62.

二、FTAs 劳工与环境条款的体系化特征

无论是美国主导的 USMCA，抑或是由欧盟主导的 CAI 或《英欧贸易合作协定》，都嵌入了劳工保护和环境保护章节，加大了缔约方的实质性义务，巩固了 FTA 与相关国际公约之间的联结，嵌入"不减损条款"，并且发展出了层级丰富的争端解决机制以督促缔约方的实质性履约行为。

近年来，美欧新缔结的 FTAs 中的劳工及环境规则呈现出一定的体系化特征，构成了"相关国际公约（宣言）下的缔约方义务＋现有国内法下的缔约方义务＋不减损条款＋合作机制＋特殊争端解决措施"的固定条约内容设计。

美欧主导的 FTAs 在实质性条款与程序性条款的设计上有所同亦有所不同。在实质性条款方面，双方都纳入了 MEAs 与国际劳工组织的宣言，增加了"不减损条约"义务，然而，不同在于双方对于气候与贸易问题秉持的不同态度导致了双方在气候条款设计上的差异。此外，在程序性设计方面，美国采取惩罚性机制以保障履约，而欧盟坚持多方对话磋商。此种差异也影响了双方对于多层次的特殊争端解决机制的设计。

（一）美欧主导的 FTAs 中相同的体系化特征

如上文所述，美欧最新缔结的 FTAs 中的实质性条款存在相同的体系化特征，即加强缔约方在相关国际公约或宣言下的义务，以及纳入"不减损条款"。

1. 缔约方在国际公约（宣言）下的义务

美欧最新缔结的自由贸易协定，抑或是欧盟与英国最新缔结的《英欧贸易合作协定》都嵌入了规定各缔约方在相关国际公约或宣言下应遵循的义务的条款。

此种条款存在三种形式。第一种形式强调各调缔约方应恪守已经缔结的国际公约项下的义务，亦要求当事方就已缔结的国际公约项下义务的履行情况，以及未缔结的国际公约的商议情况建立信息交换机制。❶

相较于国际劳工组织（International Labor Organization，以下简称 ILO）的相关宣言与公约，此种条款义务多出现于多边环境公约（Multilateral Environmental Agreements，以下简称 MEAs）中，因各方缔结的 MEAs 数量相比 ILO 的宣言与公约更为广泛。此种 FTAS 与 MEAS 之间的联结，不仅可以利用 MEAs 业已成熟的环境规则和执法机制，而且还可以在 FTA 争端解决机制的保障下强制未签署 MEA 的当事方履约，从而进一步强化 FTA 环境条款的约束力。❷

以 2020 年生效的 USMCA 为例，其中第 24.8 条第 4 款特别列举了七项 MEAs，规定各缔约方应采取、维持及实施法律、规则及一切必要的措施以履行各自在 MEAs 项下的义务。

这七项 MEAs 分别是：《濒危野生动植物种国际贸易公约》《蒙特利尔破坏臭氧层物质管制议定书》《国际防止船舶造成污染公约》《关于水禽栖息地的国际重要湿地公约》《南极海洋生物资源养护公约》《国际捕鲸管制公约》《美洲间热带金枪鱼委员会》。❸

---

❶《英欧贸易合作协定》（UK - EU Trade and Cooperation Agreement），Article 400 (4) - (5), p.510; 另见《美国－墨西哥－加拿大协定》（United States - Mexico - Canada Agreement），Article24.8 (3), p. 24 - 6.

❷ 周亚敏：" 美国强化自由贸易协定中的环境条款及其影响"，载《现代国际关系》2015 年第 4 期。

❸《美国－墨西哥－加拿大协定》（United States - Mexico - Canada Agreement），Article 24.8 (4), p.24 - 6.

相同地，欧盟 2021 年最新缔结的《英欧贸易合作协定》项下的第 400 条亦对欧盟与英国应遵循各自缔结的 MEAs 项下的义务作出具体规制，并要求缔约方之间就已缔结的 MEAs 的履行情况，建立信息交流机制。❶

在 FTAs 中纳入多边环境条约是近 30 年来的规制环境条款的新做法。❷ 1989 年由欧盟、非洲和加勒比太平洋国家集团之间签订的条约（the fourth Lomé Convention）是第一份将多边环境条约纳入贸易协定中的自由贸易协定，当时仅仅纳入了一份多边环境条约。❸ 随后，这成为 FTAS 中的通常做法。嵌入 MEAs 的 FTAs 数量逐步提高，单一 FTAs 中纳入的多边环境条约数目也日益增长。如今，惯常的做法是在一份 FTAs 中指代六份多边环境条约。特例是 2012 年欧盟、秘鲁与哥伦比亚之间缔结的 FTAs，其中纳入了九份多边环境条约。

此外，FTAs 中纳入的多边环境条约种类也随之变化。在 20 世纪 90 年代初期，多指代与贸易有关的多边环境条约诸如《华盛顿公约》（CITES）和《控制危险废料越境转移及其处置巴塞尔公约》（the Basel Convention）。日后，不少不与贸易产生直接关系的气候类多边环境条约也开始被纳入 FTAs，譬如，《联合国气候变化框架公约》和《蒙特利尔破坏臭氧层物质管制议定书》。

第二种形式为直接援引国际公约的条款内容，此种形式仅出

---

❶ 《英欧贸易合作协定》（UK - EU Trade and Cooperation Agreement），Article 400, p. 510.

❷ Jean - Frédéric Morin, Joost Pauwelyn and James Hollway, *The Trade Regime as a Complex Adaptive System：Exploration and Exploitation of Environmental Norms in Trade Agreements*（2017）22：2 J Intl Econ L 365.

❸ Jean - Frédéric Morin and Corentin Bialais, *Strengthening Multilateral Environmental Governance through Bilateral Trade Deals*, Centre for International Governance Innovation (2018)，pp. 1—11.

现在 FTAs 对于劳工权利的规定中。

诸多 FTAs 所设立的劳工条款中通常援引 ILO 牵头的 1998 年的《国际劳工组织关于工作中基本原则和权利宣言》(Declaration on Fundamental Principles and Rights at Work and its Follow – Up，以下简称《宣言》) 中对于劳工权利内核的定义。

《宣言》明确界定了核心劳工标准概念为四方面的权利：结社自由及有效承认集体谈判权、消除一切形式的强迫劳动、有效废除童工、消除就业与职业歧视。

譬如，USMCA 项下第 23.3 条第 1 款所规定的劳动权利援引自《宣言》。❶ 同样地，CPTPP 中的第 19.3 劳工权利条款也采取了《宣言》中对于劳动权利的定义。❷

1998 年前，各方签订的纳入劳工条款的自由贸易协定并不曾引用国际劳工组织文件，如 1994 年《北美劳工合作协议》(North American Agreement on Labor Cooperation) 没有引用任何国际劳工组织文件。但是，到 2000 年，在纳入劳工条款的自由贸易协定中，引用国际劳工组织文件相关规定作为其劳工条款内容的自由贸易协定比例已上升到 25% 左右，2013 年这一比例猛增到 70%。此外，在引用国际劳工组织文件相关规定作为其劳工条款内容的自由贸易协定中，约有 4/5 引用《宣言》相关规定，1/5 左右引用具体的劳工公约相关规定。❸

与此同时，USMCA 第 23.2 条"共同承诺"(Statement of

---

❶ 《美国 – 墨西哥 – 加拿大协定》(United States – Mexico – Canada Agreement)，Article 23.3, p. 23 – 2.

❷ 《全面与进步跨太平洋伙伴关系协定》(Comprehensive and Progressive Agreement for Trans – Pacific Partnership)，Article 19.3 (1)，p. 19 – 2.

❸ 李西霞："自由贸易协定中劳工标准的发展态势"，载《环球法律评论》2015 年第 1 期。

shared comments）中亦规定缔约方还应遵守 ILO 2008 年公布的另一宣言，《国际劳工组织关于争取公平全球化的社会正义宣言》（Declaration on Social Justice for a Fair Globalization，以下简称《社会正义宣言》）。❶❷

《英欧贸易协定》的劳工章节同样引述了 1998 年《宣言》对于劳动权利的定义，❸ 要求各缔约方遵守 2008 年的《社会正义宣言》及其中的"体面工作原则"（decent work）。❹

第三种形式目前仅出现在欧盟的 FTAs 的劳工章节中。此种条款要求缔约方应尽持续的努力以尽快批准 ILO 下的公约。

诸如《英欧贸易协定》中的第 399 条第 5 款便作出了上述规定。❺ 欧盟素来致力于推广 ILO 下的劳工宣言与促进劳工公约的缔结。早在 2011 年缔结的《韩欧自由贸易协定》中就已嵌入了此种条款。

2. 不减损条款的嵌入

新一代 FTAs 在加强与相关国际公约或宣言的联结的同时，亦要求各缔约方遵守与维护各自国内法现行法规对于劳工与环境的保护标准。

相关规则在明确缔约方在国内法中规制劳工与环境问题的自主性以外，更纳入"不减损条款"强调缔约方须承诺不应以任何形式减损或降低国内法中设立的劳工与环境保护标准。

---

❶ *Ibid.*，Article 23.2（1），p. 23 - 2.
❷ 《全面与进步跨太平洋伙伴关系协定》（Comprehensive and Progressive Agreement for Trans‑Pacific Partnership），Article19.3（1），p. 19 - 2.
❸ 《英欧贸易合作协定》（UK - EU Trade and Cooperation Agreement），Article 399（2），p. 506.
❹ *Ibid.*，Article 399（1），p. 506.
❺ *Ibid.*，Article 399（5），p. 507.

近年来，缔结的 FTAs 中的劳工和环境条款往往嵌入"不减损条款"。这种"不减损条款"又称不得回退条款或棘轮条款，要求成员方对劳工法或环境法标准只能提高不能回退。❶

譬如，CPTPP 第 19.4 条规定："缔约方认识到，不宜通过弱化或减少每一缔约方劳工法提供的保护以鼓励贸易或投资。为此，任何缔约方不得以影响缔约方之间贸易或投资的方式，豁免或减损或提议豁免或减损其下列法律或法规：（a）实施第 19.3.1 条（劳工权利）的法律或法规，如该豁免或减损会与该条中所列权利不一致；或（b）实施第 19.3.1 条（劳工权利）或第 19.3.2 条的法律或法规，如在该缔约方领土内的一特殊贸易或关税区内，例如出口加工区或对外贸易区内，该豁免或减损会弱化或减损对第 19.3.1 条中所指的一权利的遵守，或对第 19.3.2 条中所指的一工作条件的遵守。"❷

尽管在 CPTPP 的环境章节中并未设有独立的"不减损条款"，但在第 20.3 条"一般承诺"中的第 6 款有所体现"不减损条款的"的内核，该条款规定："缔约方认识到，通过弱化或减少各自环境法律所提供的保护以鼓励贸易或投资是不适当的。因此，一缔约方不得为鼓励缔约方之间的贸易或投资，而弱化或减少此类法律所提供保护的方式，豁免或减损或提议豁免或减损其环境法律。"❸

又如，USMCA 第 24.4.2 条规定："各国不应为鼓励贸易或投

---

❶ 彭亚媛、马忠法："世界环境公约（草案）制度创新及中国应对"，载《太平洋学报》2020 年第 5 期。
❷ 《全面与进步跨太平洋伙伴关系协定》(Comprehensive and Progressive Agreement for Trans-Pacific Partnership), Article 19.4, p. 19-3.
❸ Ibid., Article 20.3 (6), p. 20-4.

资,以削弱或降低保护的方式实际或提出放弃或减损其环境法。"❶

《英欧贸易合作协定》中的劳工与环境章节也分别嵌入了此种"不减损条款",具体体现在第 387 条❷和第 391 条❸。特别的是,此 FTAs 中的"不减损条款"范围尤为广泛,任何削弱或减损先行国内劳工和环境保护的行为都有可能被视为违反"不减损条款"。此外,此 FTAs 在特殊争端解决机制中匹配了一定的"不减损条款"的反制措施机制。若一缔约方违反了"不减损条款",须提供一定的补偿性措施。此种补偿可以是经济上的,也可以转换成具体的纠正措施。这种规则的设定在倡导多方对话机制的欧盟 FTAs 中是前所未有。

值得注意的是,缔约方对于劳工与环境相关规则的违反,不似违反一般经贸规则的行为,可以定性定量,进而转换成具体的经济数值惩罚。由此,此种反制措施的设立并非基于当事方违反或减损劳工或环境条款的程度作出的对等数值的罚金,而是欧盟借此反制违约方,以此督促遵守"不减损条约"的机制。

在 FTAs 中设置"不减损条款"既防范了环境标准或者劳工标准较高的缔约方为寻求更低环境成本或者劳力成本,将资本流向标准较低的缔约方的风险,也防范低标准方为了吸引外资而采取劳工或者环境"向底竞争",并为标准较低方未来逐步提升其劳工与环境标准留下了发展空间。❶

不减损条款的诞生并非是美欧 FTAs 条款的原创。其最早诞生

---

❶ See USMCA, Article 24.4.3.
❷ 《英欧贸易合作协定》(UK-EU Trade and Cooperation Agreement), Article 387, p. 494.
❸ Ibid., Article391, p. 498.
❶ 梁咏、侯初晨:"后疫情时代国际经贸协定中环境规则的中国塑造",载《海关与经贸研究》2020 年第 5 期。

于人权法中。❶几乎主要国际人权条约和文件都认为，人权一旦得到承认，就不能限制、破坏或废止，比如《世界人权宣言》第30条就规定"不得破坏宣言所载的任何权利和自由"。❷

早前，许多 FTAs 中的内容已然体现了"不减损"理念，但当时并未形成"不减损条款"的统一的文义表述。如国际投资条约《韩欧自由贸易》第 13 条第 7 款名为"保持现有适用和实施的法律、规则或标准中的保护标准"（Upholding levels of protection in the application and enforcement of laws, regulations or standards）。其下第 2 款规定："任一缔约方不应通过削弱或减损现有法律中的环境与劳工保护标准，以鼓励贸易或投资……"❸

相同地，《欧盟—日本双边投资协定》（EU – Japan Economic Partnership）第 16 条第 2 款，以及欧盟起草的《跨大西洋贸易与投资伙伴关系协定》（Transatlantic Trade and Investment Partnership）第四节"贸易与可持续发展"，都出现了要求当事方不得为了鼓励贸易或者投资而减损或不实施其环境法的条款内容。❹

若关注 2018 年起由美欧主导的 FTAs 内容可发现，"不减损条款"已经成了规制劳工和保护条款的固定条款，且深刻影响到了欧盟 FTAs 中的劳工与环境章节的特别争端解决机制设置，下文会有所阐述。

值得注意的是，目前的"不减损条款"只意味着不降低现行

---

❶ 转引自彭亚媛、马忠法："世界环境公约（草案）制度创新及中国应对"，载《太平洋学报》2020 年第 5 期。
❷ 《世界人权公约》第 30 条。
❸ 《韩欧自由贸易协定》（European Union – South Korea Free Trade Agreement），Article13. 7, p. 127/63.
❹ 彭亚媛、马忠法："世界环境公约（草案）制度创新及中国应对"，载《太平洋学报》2020 年第 5 期。

法律法规标准，起到"维持现状"的作用，不具备作为法律冲突条款的解释空间。❶

（二）美欧主导的 FTAs 的不同之处

美欧主导的 FTAs 虽在条款构建上存在一定的体系化特征，亦存在不同之处。就目前美欧最新缔结的 FTAs 来看，双方在气候议题与争端解决机制的设立上存在差异。

1. 气候议题的规则嵌入

尽管在 FTAs 中融入气候议题正渐成一种趋势，然而，在内容上，大多数环境友好型自由贸易协定条款在环境保护问题上仅作粗略同意与模糊规定。与此显著不同的是，欧盟在 2010 年之后缔结的 FTAs 均明确通过专门条款来规范气候变化问题。

欧盟采取的措施包括，加强各方与贸易相关的全球气候治理合，尤其是全球碳排放交易市场等领域的合作。此外，致力于消除气候友好型产品、服务与技术的贸易壁垒。

此种特点在《英欧合作贸易协定》中亦有明显的体现。在第 400 条第 5 款 b 项规定："各缔约方应主动促进环境商品和服务，包括采取相关的关税与非关税措施。"❷

此外，其在第 401 条创造性地设立了气候与贸易条款，旨在施加缔约方实质性义务，以促进政策性为导向的低碳交易市场，并且为新能源、能源有效产品和服务的交易扫除政策障碍。❸

尤为特殊的是，英欧贸易协议中的第 392 条碳定价（carbon-pricing）。此章节中第 1 条即要求缔约方须在 2021 年 1 月 1 日前制

---

❶ Ibid.
❷ 《英欧贸易合作协定》（UK-EU Trade and Cooperation Agreement），Article 400 (5), p. 502.
❸ Ibid., Article 401, pp. 503—504.

定出有效的碳定价机制。❶

相比之下，美国在此问题的立场上较为模糊。在 CPTPP 框架下，并未有专门条约规制气候与贸易问题。仅有第 20.15 条"向低排放和具有韧性的经济转边"中提及"缔约方可在能源效率；具有成本效益的低排放技术及替代性清洁和可再生能源的开发……"❷ 早在《跨太平洋伙伴关系协议》（Trans‐Pacific‐Partnership）谈判中，气候议题也曾被纳入，后因美国国内政治原因，并未作出明确规定。

尽管目前新一代的 FTA 多对于环境保护有所规制，但未形成将气候议题纳入 FTA 的普遍做法。欧盟是这一条约实践的主要推手，其在几乎所有近期完成的 FTAS 中明确纳入了气候条款。

与气候变化的贸易措施有关的多边规则包括以 WTO 为主的多边贸易规则、MEAs 规则以及国际运输组织相关规则。然而，气候议题在国际社会中素来不受到足够重视，发展进程缓慢，更加需要 FTAs 中制定规则加以补充。

整个 WTO 体系中，对与环境有关的贸易措施的规定，出现在 WTO 争端解决机制中纠纷最多的是 GATT1994 的一般例外中的环境例外条款。GATT1994 第 20 条规定了对环境和资源保护的例外。《技术性贸易壁垒协定》第 2.2 款规定了"中央政府机构制定、采用和事实的技术法规"所适用的环境例外，授权成员方在"保护人类、动植物的生命或健康以及保护环境"时，可以采取达到环保目的所必需的必要措施。除此以外，《补贴与反补贴措施协定》

---

❶ *Ibid.*, Article 392, p.490.
❷ 《全面与进步跨太平洋伙伴关系协定》（Comprehensive and Progressive Agreement for Trans‐Pacific Partnership），Article 20.15, 2018.

在第 8.3（c）项规定了与环境保护的例外。❶

以上的环境保护或例外条款，很少有明确规定适用于气候变化问题的例外条款。可见 WTO 现有规则对减缓和适应气候变化的措施，并未准备充分和明确的绿色通道。而且，由于目前的贸易或者投资争端中，直接以减缓和适应气候变化为采取措施所依据的理由还不多见，以上环境保护的条款能否适用于气候变化问题并没有得到检验。但是，与气候变化问题相关的纠纷已经在国际贸易领域出现，而现有的国际贸易规则并未能彻底解决这些纠纷，兼顾促进贸易和应对气候变化的目标。❷ 即使在进入多哈回合后，WTO 规则体系的自我更新未能体现出对日益严峻的气候变化问题，或者对一般环境问题的有力反应。❸

在 MEAs 规则方面，目前包括 1985 年签订的《保护臭氧层维也纳公约》，1987 年签订、1989 年生效的议定书《蒙特利尔破坏臭氧层物质管制议定书》，以及对议定书的修改，1994 年生效的《联合国气候变化框架公约》，2015 年通过的《巴黎协定》以取代 2005 年生效的《京都议定书》。

尽管《巴黎协定》的缔约方达到 171 个之多，其并未达到预想之中的调节世界气候的作用。《巴黎协定》生效后，地球暖化持续加速，2018 年全球温室气体排放量（包括因土地利用变更而产生）达到 553 亿吨二氧化碳当量，当中化石燃料使用和工业活动造成的排放达到 375 亿吨二氧化碳当量，较 2017 年增长 2%。❹ 2019 年全球温室气体排放量（包括因土地利用变更而产生）达到

---

❶ 李靖舒：《协调应对气候变化与贸易的国际规则研究》，对外经济贸易大学 2015 年博士学位论文，第 50 页。

❷ Ibid.

❸ Ibid.

❹ 联合国环境规划署：《2019 年排放差距报告》，2019 年，第 4 页。

591 亿吨二氧化碳当量。[1]

由此可见，通过 FTAs 设立气候保护标准和规则迫在眉睫。FTAs 中不仅应该加大与气候多边协议之间的联结，更应该促进以政策为导向的低碳交易市场，创立有关新能源、能源有效产品和服务相关条款，以此倒逼多边气候协议的履行与发展。

2. 特别争端解决机制设定

新一代 FTAs 中的劳工保护与环境章节各自都设置了争端解决机制，设计程序有所相似亦存在不同。

以美国主导的 FTAs 均是先建立章节内的特别争端解决机制，当此种特别争端机制用尽时，依据当事方意见转向 FTAs 框架下的一般争端解决机制。且环境章节中的特别争端解决机制层级比劳工章节中的特别争端解决机制丰富。

而欧盟主导的 FTAs 中，因劳工与环境整合为一章节，因此适用同一特殊争端解决机制。与美国不同，此两类特殊问题不一定会触发 FTAs 框架下的一般争端解决机制。

譬如，CPTPP 与 USMCA 的环境章节中包含了三层依次递进的磋商形式。此三种层级依次递进，分别为：环境磋商、高级代表磋商及部长级磋商。

而最终一般争端解决机制的启动，无须在进行上述所有三层次的磋商后方可启动。依据 CPTPP 项下的规则，若环境磋商在 60 日内未能解决纠纷，或者在缔约方议定的任何期限内，高级代表磋商和部长级别磋商皆未能解决纠纷，即可启动第 28 章规定的一般争端解决机制。请求方可以选择磋商或者成立专家组。

针对特殊情况，诸如涉及贸易和环境的纠纷如非法买卖野生动

---

[1] UNEP, *Emissions Gap Report* 2020.

物,可适当请求 CITES 授权的实体请求技术建议和援助。专家组进行调查形成初步报告时应综合考虑上述给予的解释性指导意见。

其次,若纠纷涉及一方通过影响缔约方之间交易与投资方式,导致他方无法履行其环境法律项下的义务,或鼓励他方以弱化或减损环境法而增加缔约方之间的交易与投资时,即前述的"不减损条款"义务时,缔约方应考虑其是否维持在范围方面与将作为争端主题的环境法律实质相同的环境法律。

最后,表现为对最终报告不执行的制裁上,将与一般争端采取同样的制裁措施,包括罚金和中止减让。

相比之下,劳工章节的特别争端解决程序较为简单,仅设计了"劳工磋商"与"理事会代表审议"这两层磋商层级。若上述磋商机制无法解决争端,当事方则可选择适用第 28 章下的一般争端解决机制,如成立专家小组。劳工磋商应保密且不损害任何缔约方在任何其他程序中的权利。❶

以《英欧贸易协定》为例,其中为第 6 章劳工与环境保护独立设计了争端解决机制。同样地,此种争端解决机制依次递进。不同的是由欧盟主导的争端解决机制为两层对话设计,即当事方磋商机制与专家小组机制。《英欧贸易协定》设置了两类专家小组机制。一类依据第 409 条规定,仅针对此章节下的条约的适用与解释问题作出报告;另一类则依据第 410 条规定,针对上述"不减损条款"有关的争端设立专家小组。

依据第 409 条规定,若在当事方磋商开始的 90 天内,当事方之间未能就争端达成共识,即可触发下一层级的争端解决机制,组建专家小组。每一组应有三名身份中立,具备该争端相关专业领域知

---

❶ 《全面与进步跨太平洋伙伴关系协定》(Comprehensive and Progressive Agreement for Trans–Pacific Partnership), Article 19, p. 19.

识的专家组成。若事关多边条约项下的事宜，则专家小组也应寻求多边条约的帮助。

在审议争端期间，专家小组应递交给当事方两份报告分别为临时报告和最终报告，其中应列明争端事实判定和决定，专家小组应在成立之后的最早100日，最晚125日内呈交临时报告。并在接受当事方的意见后形成最终报告。

此最终报告将在完成的15日内公开。若报告得出结论，即某一当事方未能履行条约项下的义务，那么双方当事方应在收到最终报告的90日内商议对应措施，在当事方收到报告的105日内，当事方应就其意欲实施的措施通知自己地区内的咨询小组。

然而，专家小组在报告中提出的相关建议，对于当事方并无约束力，仅作为其考虑对应措施的参考因素之一。

其次，依据《英欧贸易协定》第410条，若当事方之间的争端事宜与"不减损条款"相关联，则可触发《英欧贸易协定》项下的第749条暂时补偿和第750条对于暂时补偿措施的评价。依据第749条规定当事方之间应进行磋商，并且提供因违反"不减损条款"而提出的暂时补偿方案。

此种针对违反"不减损条款"行为须提供暂时赔偿的规则回应了欧盟主导的FTAs中劳工与环境规则缺少实践价值的指责。尽管就《英欧贸易合作协定》的文本来看，此种暂时赔偿机制的设定仍缺少明确的标准，但可被认为是欧盟从多方对话规制条约的路径逐渐转向赔偿机制的开始。

美国主导的FTAs与欧盟主导的FTAs在遵约机制的程序设计问题上存在显著区别。若当事方的行为违反条约项下环境条款应尽义务时，美国倾向于采取惩罚性措施如抵扣贸易优惠或处以罚金。譬如，CPTPP下第20章环境保护章节项下，第7条程序事项中第5款规定"每一缔约方应对违反其环境法律的行为提供适当制裁或救济，以有效执行这些法律。这些制裁或救济可包括直接对违反者提出诉讼以寻求损害赔偿或禁令救济的权利，或寻求政府行动的权利。"❶

相反，欧盟主导的FTAs中的劳工与环境规则并不被一般的争端解决机制覆盖，若缔约方存在违规行为，在"贸易与可持续发展"的章节内并不会将违规行为与罚金或其他惩处措施挂钩。准确地来说，欧盟倾向于通过构建不同利益相关体之间的对话，以监督与执行FTAs内各规则的实施。

以《英欧贸易合作协定》为例，其中第13条构建了国内咨询小组（Domestic Advisory Group）❷，第14条构建了公民社会论坛（Civil Society Forum）。❸ 此两条规则构建起了欧盟独特范式的条约机制，建立多方对话机制，纳入了FTAs的各方利益相关主体，以条约实施为核心展开全面对话。依据第13条，各缔约方应建立起自己的咨询小组。小组成员应包括活跃于经济、可持续发展、社会、人权、环境和其他领域的非政府组织、企业组织和贸易委员会等，以讨论《英欧贸易合作协定》的具体实施。且各缔约方必须考虑来自自己的咨询小组的意见。同时，各缔约方须资助、支持公民社会论坛召开对话。此论坛应每年召开一次，邀请各缔约方领土内的独立社会团体参与。

然而由于缺乏惩处机制，欧盟公民社会组织指出，投资者待遇与他们的预想存在极大落差。外方投资者往往可以就政府行为侵害其投资诉至法院，并最终获得经济赔偿。然而，劳工权利受损与环

---

❶ 《全面与进步跨太平洋伙伴关系协定》（Comprehensive and Progressive Agreement for Trans‐Pacific Partnership），第20.7条第5款。

❷ 《英欧贸易合作协定》 （UK‐EU Trade and Cooperation Agreement），Article 13, p. 35.

❸ Ibid., Article 14, p. 36.

境标准下降，在 FTAs 的框架下仅有有限的追索权。❶

美欧主导的 FTAs 存在进步之处，亦存在不足。然而将劳工与环境问题置于 FTAs 中加以规制，无疑是条款规制的创新，更能进一步推动全球的劳工与环境保护。

20 世纪 20 年代的经济学家就已经对环境问题产生的根源得出了一致的结论：环境问题源于经济活动的外部性，而通过对外部性的治理能够实现环境改善。贸易的扩大通过规模效应、结构效应和技术效应影响环境，而同时通过对环保型贸易政策的运用，可以对环境产生积极影响。与此同时，劳工的权益保障问题也与目前各方的贸易方式有着密不可分的关系，通过 FTAs 设立劳工标准，督促各缔约方保障劳工权利，能有效促进国际劳工法的健康发展。

三、总结

劳工保护与环境保护在贸易规制中属于较为特殊的问题，早前多由专门的国际公约进行规制。然而，因为环境法与劳工法中软法数量众多，发达国家与发展中国家对这两个问题看法存在分歧，WTO 体系中缺乏实在的保护机制，并且国家往往将经济利益凌驾于二者之上，导致劳工与环境保护的效果并不理想。目前，在 FTA 中纳入劳工与环境条款，是对于国际环境法与劳工法发展的极大突破，对于未来的 FTAs 条约构建具有借鉴意义。

本文列举了美欧最新缔结的 FTAs。无论是在 2018 年，美国退出后，由其余 11 方生效推动完成的 CPTPP，2020 年生效的 USMCA，以及 2021 年生效的《英欧贸易合作协定》都嵌入了独立的劳工与环境章节，且形成了一定的体系化特征。上述三部 FTAs

---

❶ Sam Lowe: *The EU Should Reconsider Its Approach to Trade and Sustainable Development*, Centre For European Forum, 2019.

在实质性条款方面都加强了与劳工或环境方面相关的国际公约或宣言的联结，嵌入了"不减损条款"，创立了多层次的特别争端机制。同时，三部 FTAs 也存在一定的区别，由于美欧在气候议题方面认识不一，导致了美国 FTAs 未完全形成嵌入贸易与气候规则的条约机制。在争端解决机制的设计上，美国倾向于建立特别争端解决机制加上一般争端解决机制的形式，以解决由于劳工及环境问题引发的争端，而欧盟仅适用特别争端解决机制。美欧另辟蹊径，通过倡导制定 FTAs 中的劳工和环境标准，实现自由贸易协议内贸易、劳工和环境三者之间的相互制衡。

作为负责任的大国，中国应关注世界最新 FTAs 的条约体系设计，不但要警惕欧美作为世界缔结 FTAs 数量首屈一指的西方发达国家和地区致力于打造有利于自身利益的劳工和环境保护标准，以此占领国际话语权高地，更要早日建立自己的标准。

中国现行 FTAs 中对环境条款规定弹性较大，序言条款比例高，都强调各方享有环境规制的主权权利以及开展环境保护与合作的重要性。若仔细审视可发现，中国的环境条款存在类型分布不均匀、序言部分多、缔约方实际义务少、环境条款表述用语不统一、适用标准不统一、结构安排不统一等问题。❶

2020 年中国签署的《区域全面经济伙伴关系协定》（Regional Comprehensive Economic Partnership）是由东南亚国家联盟十国发起，共计 15 个国家所构成的高级自由贸易协定。然而，此 FTAs 中却并未设立独立的劳工与环境条款。

2020 年中欧谈判完成的《中欧全面投资协定》（China‐EU Comprehensive Agreement on Investment）被誉为新一代高水平的自

---

❶ 梁咏、侯初晨："后疫情时代国际经贸协定中环境规则的中国塑造"，载《海关与经贸研究》2020 年第 5 期。

由贸易协定，并且遵循了欧盟 FTAs 的条款惯例，纳入投资与可持续章节。然而目前 CAI 暂停了批准进程。因此，中国仍欠缺一份对标世界最高水平的 FTAs。

未来中国 FTAs 的条款构建势必要对标全球最高标准，加大对劳工与环境问题的关注，抑或发展出中国规则，在成为全球尊敬的自由贸易伙伴的同时，加大自身在自由贸易规则制定上的话语权。

论国家管辖豁免中的商业活动例外

张建栋[*]

【摘要】 国际社会历史实践中一直认为平等国家之间没有管辖权,这种绝对豁免的理论从13世纪一直持续到19世纪末。随着国际社会经贸往来日益频繁,主权国家介入商业活动的数量激增,世界各国开始接受相对豁免理论,制定了《欧洲豁免公约》、《联合国豁免公约》和各国豁免法,规定国家管辖豁免中的商业活动作为豁免例外。而认定国家的一项活动是否属于商业活动,无论从性质或目的角度来判定都有失偏颇,关键在于认定该活动中国家有没有行使公权力。并进一步阐述商业活动还需要与被诉讼地国家之间存在关联,此时被诉讼地国家才能对外国国家予以管辖。在此分析基础上,结合我国实际情况建议制定中国国家豁免法,以应对他国以其本国豁免法为依据对中国发起滥诉的情况。

---

[*] 张建栋,华东政法大学讲师。

【关键词】 国家管辖　相对豁免　商业活动例外

国家管辖豁免是指国家及其财产在另一国法院享有管辖豁免。❶ 国际公约❷和有关国家立法❸都明确规定了该权利，这为一国抗辩外国国家的管辖提供了有效的法律依据；这些国际公约和各国法律在规定国家享有管辖豁免的同时，对商业活动等相关情况作出了例外的规定，这些规定赋予了一国可以在一定条件下对外国国家享有管辖权。如《联合国豁免公约》规定，一国如与外国自然人或法人进行一项商业活动，则该国不得在该商业活动引起的诉讼中援引管辖豁免；❹《美国豁免法》也规定外国国家就其商业活动而言，不能在美国法院享有管辖豁免，且该外国国家的商业财产可以被扣押以执行与外国国家商业活动有关的判决。❺

---

❶ 黄瑶：《国际法关键词》，法律出版社2004年版，第32—33页；段洁龙：《中国国际法实践与案例》，法律出版社2011年版，第10页。

❷ 如1972年的European Convention on State Immunity and Additional Protocol，2004年的United Nations Convention on Jurisdictional Immunities of States。为方便表述，下文分别简称为《欧洲豁免公约》《联合国豁免公约》。

❸ 如1976年美国Foreign Sovereign Immunities Act，1978年英国State Immunity Act，1979年新加坡State Immunity Act，1981年巴基斯坦The State Immunity Ordinance，1988年南非Foreign States Immunities Act，1984年马拉维Immunities and privileges，1985年加拿大State Immunity Act，1985年澳大利亚Foreign States Immunities Act，1995年阿根廷Immunity of Foreign States from the Jurisdiction of Argentinean Courts，2008年以色列Foreign States Immunity Law，2009年日本Act on the Civil Jurisdiction of Japan with Respect to a Foreign State，2015年西班牙Organic Law on Privileges and Immunities of Foreign States etc.，2015年俄罗斯Federal Law No.297 - FZ of 3 November 2015 on the Jurisdictional Immunity of a Foreign State and the Property of a Foreign State in the Russian Federation等。为方便表述，下文以国别＋豁免法来表示相关具体法律，如以《美国豁免法》表示美国Foreign Sovereign Immunities Act.

❹ United Nations Convention on Jurisdictional Immunities of States 2004，Art 10.

❺ 28 U.S.C. § 1602.

一、国家管辖豁免从绝对豁免到相对豁免的历史变迁

早在公元 13 世纪，罗马教皇颁布诏令，其规定"par in parem non habet imperium"，❶ 即平等者之间无管辖权，认为国家都是平等的，两国彼此不受对方管辖。此后，国际社会一直践行着这种国家间的绝对管辖豁免。1668 年，荷兰在荷兰港扣押了三艘西班牙军舰，西班牙提出抗议后，荷兰议会依据绝对豁免原则向法院发出了立即释放西班牙军舰的命令。❷ 1812 年的 The Schooner Exchange v. Mcfaddon 案，❸ 主审法官是美国联邦最高法院首席大法官马歇尔，他认为平等者之间无统治权，裁定美国法院对美国港口悬挂外国国旗的船只没有管辖权，并在判决中进一步明确了给予外国国家管辖豁免的基本理由，即各国主权完全平等和绝对独立，共同的利益促使它们互相交往并和平相交，因此在一些特殊情况下各主权国家需要放弃行使一部分属地管辖权。在 1879 的比利时国会号案中，❹ 法院认为主权国家都应尊重外国国家的主权独立和尊严，拒绝由其法院对外国国家进行管辖。从这些案例中可以看出，自 13 世纪以来，世界各国普遍信奉国家管辖绝对豁免理论，认为国家间平等主体，彼此是没有管辖权的。

19 世纪末，国际社会对国家管辖豁免的态度逐渐从绝对豁免原则向相对豁免原则转变。当时，世界各国之间的交往更加频繁，国家之间的经贸往来日趋增多，不仅私人开展商业活动，国家也在一定程度上介入了商业活动。此时，绝对豁免理论在一定程度

---

❶ Al–Adsani v. UK, Application No. 35763/97, ECHR, Judegment 21 November 2001, 123 ILR24, 40, p. 54.
❷ 龚刃韧: "国家管辖豁免的历史形成过程"，载《中外法学》1999 年第 1 期。
❸ Schooner Exchange v. McFaddon, 11 U. S. 116 (1812).
❹ The Parlement Belge: AdCt (1879) 4 PD 129.

上束缚了经贸的发展,因为一旦出现经贸纠纷诉诸一国法院的时候,主权国家可以享有豁免权,但从事商业活动的私人却不能。为改变这种状况,一些私人商业活动比较发达的国家,为保护本国私人与外国国家从事商业活动中的权益,开始对外国国家进行管辖,不让外国国家享受到国家管辖豁免权。在1903年的卢森堡列热铁路公司诉荷兰案中,比利时法院认为,外国国家除拥有政治权力外,还会凭借国家优势从事商业活动,而此时国家行使的不是公权力,而是像私人一样进行合同签订、商品买卖等行为,因此不能享受国家管辖豁免。❶

第一次世界大战以后,法国、希腊、爱尔兰、埃及等国也相继开展了国家管辖相对豁免的实践,相对豁免的理论被越来越多的国家接受。在1919年的《凡尔赛条约》的对德部分中规定,如果德国政府从事国际贸易,则将不享有属于主权的权利、特权和豁免权。❷ 1926年,在欧洲布鲁塞尔签署的《关于统一国有船舶豁免若干规则的国际公约》规定,当主权国家的国有非军舰船舶从事与私人船舶一样的商业活动时,索赔人有权向其提起诉讼,而该国不得主张豁免权。❸ 此时,不少欧洲大陆的国家都已经逐渐接受了国家管辖有限豁免的理论,但因各国尚未制定豁免法,因此在司法实践中也有出现绝对豁免的情况。在1938年的英国克里斯汀娜号案中,❹ 法官坚持认为一个国家不能对其他主权国家进行

---

❶ Joseph M. Sweeney, The International Law of Sovereign Immunity, Washington D. C.: U. S. Department of State, 1963, p. 21.

❷ Treaty of Peace with Germany (Treaty of Versailles) 1999, Art 281.

❸ Convention for the Unification of Certain Rules Relating to the Immunity of State‐owned Vessels 1926, Art 3.

❹ Compania Naviera Vascongado v. Steamship "Christina", (1938) AC 485.

管辖，也不能对该主权国家的财产进行查封或者扣押。❶

1952年，美国国务院法律顾问 Jack B. Tate 致函美国司法部，❷他分析了比利时、意大利、瑞士、法国、奥地利、希腊、罗马尼亚、丹麦这些支持相对豁免的国家实践，认为美国自身放弃其国有船舶在外国法院的管辖豁免，而外国政府经常因其本国的商业行为向美国提出豁免的要求，致使美国遭受损失，因此必须扭转这种国家管辖豁免问题上美国所处的不利局面。这封信函基于相对豁免理论，他提出就"主权或公共行为而言，国家主权的豁免是得到承认的，但不涉及私人行为"。认为国家本身并不仅限于政治角色与行使公权力，国家也可以从事商业活动。当国家行使这种功能时，并非在行使公权力，而是在行动时处在和私人一样的地位，因此不能享有豁免。自此，美国关于国家管辖豁免的态度开始从绝对豁免转向相对豁免。此后，1963年的伊朗帝国索赔案，❸ 也标志着德国法律彻底放弃了国家管辖绝对豁免。

随着相对豁免被国际社会越来越多地接受认可，以国家管辖豁免法为名的立法工作逐渐展开。1964年欧洲委员会成立了一个制定管辖豁免法的专家委员会，1968年该委员会提交了初稿，1971年颁布了欧洲豁免公约草案，1972年5月16日在巴塞尔签署《欧洲豁免公约》，❹ 该公约正是基于国际法内有一种对一国在外国法院被诉案件中有权主张的豁免权加以限制的趋势，为了促使欧洲委员会成员国相互间的团结，使得它们在相互关系中，一国得

---

❶ See Gamal M Badr, State Immunity: An Analytical and Prognostic View, The Hague: Martinus Nijhoff Publishers, 1984, p. 9.
❷ Letter from Acting Legal Advisor Jack B. Tate to the Acting Attorney General Philip B. Perman, May 19, 1952, in 26 Dept. State Bull. 984 (1952).
❸ The Empire of Iran Case, 45 ILR 57 (1963).
❹ European Convention on State Immunity. 该公约于1976年生效。

以免受另一国法院管辖的范围及有利于保证对另一国作出的判决能被遵守而制定的。该公约缔约国为奥地利、比利时、塞浦路斯、德国、卢森堡、荷兰、瑞士、英国。❶ 此后世界各国纷纷制定本国的管辖豁免法，如美国、英国、新加坡、巴基斯坦、南非、马拉维、加拿大、澳大利亚、阿根廷、以色列、日本、西班牙、俄罗斯等国先后制定了国家豁免法。

1977年，联合国大会将"国家及其财产的管辖豁免"专题列入国际法委员会的工作方案，它遵循限制豁免理论，对行使主权权力或统治权行为与商业或私法性质的行为或事务管理权行为进行区分。委员会因循1972年《欧洲豁免公约》和一些国家的国内立法，如1976年的《美国豁免法》和1978年的《英国豁免法》，规定国家及其财产享有另一国法院管辖豁免的一般规则，然后列举这一规则的例外情况。2004年12月2日由联合国大会通过《联合国豁免公约》。❷ 该公约明确规定了国家管辖豁免权，即一国本身及其财产遵照本公约的规定在另一国法院享有管辖豁免；❸ 且明确把商业活动作为国家管辖豁免的例外。❹

---

❶ 查询网址 https：//www.coe.int/en/web/conventions/full-list/-/conventions/treaty/074，访问日期：2021年3月28日。

❷ United Nations Convention on Jurisdictional Immunities of States，该公约因未达到30个缔约国的数量，目前尚未生效（查询网址 https：//treaties.un.org/pages/ViewDetails.aspx? src = TREATY&mtdsg_no = III - 13&chapter = 3&clang = _en，时间2021年3月30日。该公约已有22个缔约方，不足公约第30条规定的生效所需的30个缔约方）。但在涉及豁免问题的诉讼中，提及《公约》的规定已经成为常规作法。如2006年，Bingha法官在Jones诉沙特阿拉伯王国［2006］UKHL26（Jones诉沙特阿拉伯）案中援引《公约》作为证据，指出国家免于民事诉讼的豁免不因酷刑等违反强行法规范的行为而例外。

❸ United Nations Convention on Jurisdictional Immunities of States 2004，Art 3.

❹ See id. Art 10.

二、国家管辖豁免中开展商业活动的主体界定

上述的国际公约和各国法律都是国家管辖相对豁免的体现，在具体分析商业活动管辖豁免例外之前，有必要对商业活动主体作进一步的明晰。在国家管辖豁免中，商业活动主体在条文中的具体体现一般指外国国家（state）及其政府机构。如《美国豁免法》规定，外国国家除其本身应有之意外，还包括某一外国的政治分支机构，或外国国家机构或部门。❶ 这些外国国家都是享有管辖豁免的，除非其主动放弃，或是有《美国豁免法》中规定的例外情况出现。❷ 这些例外情况是包含商业活动例外在内的，放弃豁免例外、非法征用例外、非商业侵权例外、执行仲裁例外以及2016年新增的恐怖主义例外等。❸

在具体案件中，外国国家总是以一定的"实体"形式体现。《美国豁免法》认为，"外国国家"是指外国国家本身，以及符合下面三个条件的"实体"：一是独立的法人、公司或其他实体；二是国家政治分支机构的机关，或国家政治分支机构持有大部分股权或拥有其他所有者权益的实体；三是不能是美国人，或依据任何第三国法律建立的实体。❹ 根据美国司法实践，这个"实体""是否代表外国国家开展公权力活动"是考量该"实体"是否可以享受管辖豁免的"外国国家"❺ 的重要指标。在 Patrickson v. Dole Food Co. 案中，❻ 再次强调了，是否外国国家的"实体"，关键看

---

❶ 28 U.S.C. § 1603.
❷ Id. § 1604.
❸ Id. §§ 1605, 1608, 1610—1611.
❹ Id. § 1603（b）.
❺ 为表述的准确性，下文中出现的"外国国家"＝外国国家＋实体。
❻ Patrickson v. Dole Food Co., 251 F.3d 795, 807（9th Cir. 2001）.

该"实体"的成立目的，与其本国政府的关系，有没有受到政府的财政支持，有没有法律上的特权或优惠等。此外，如果是公司法人"实体"的话，则要看"是否大部分股权或所有者权益被国家或政治分支机构持有"，在 NXP Semiconductors USA, Inc. v. France Brevets S. A. S. 案中，[1] 法国败诉的原因之一正是因为法国政府成立的"实体"的股份，政府只占到50%，不算持有大部分股权。

《美国豁免法》中关于开展商业活动主体的规定具有一定的代表性，但也存在与国际公约和各国法律不一致的地方。一是关于持有"大部分股份"这点，其他国际公约或他国法律无论在司法实践中是否把"大部分股份"作为考量标准，但在立法中并未作专门的规定；二是关于"国家元首"的规定，《美国豁免法》中并没有体现，其他国家如阿根廷、以色列、日本、俄罗斯等国的豁免法中也没有体现，但《英国豁免法》专门规定国家包括"以其公职身份行事的该国元首"，[2] 新加坡、巴基斯坦、南非、加拿大、澳大利亚等国的豁免法中也作出了类似英国的专门规定；《联合国豁免公约》有专门关于国家元首个人的规定，[3] 此外它还规定了国家包含"以国家代表身份行事的国家代表"，[4] 上述是国际公约及各国豁免法对豁免主体规定明显不一致的地方。

上文已经提到，开展商业活动的主体包含一些特殊的"实体"，这些"实体"具有与外国国家一样的管辖豁免资格，但毕竟"实体"是有别于外国国家的。根据《美国豁免法》，两者在司法

---

[1] NXP Semiconductors USA, Inc. v. France Brevets, S. A. S., No. C 14 - 1225 SI, 2014 WL 4621017（N. D. Cal. Sept. 15, 2014）.

[2] State Immunity Act 1978, Art 14.

[3] United Nations Convention on Jurisdictional Immunities of States 2004, Art 2.

[4] Id. Art 2.

文书送达、管辖地、可被惩罚性、财产扣押等方面都有不同的规定。❶ 根据美国的司法实践，如果一个"实体"的核心功能是开展类似国家公权力相关活动的，法院会认可它是外国国家，并享有国家管辖豁免权。正如 Worley v. Islamic Republic of Iran 案中，❷ 法院认为，关于军事相关情报收集和处理的功能属于政府特有的公权力体现，不是商业性质的，因此该情报部门"实体"和外国国家一样享有国家管辖豁免资格。但如果一个"实体"的核心功能是商业性质的，而不是开展公权力活动，那该"实体"则无法像外国国家一样享有豁免。

三、国家管辖豁免中商业活动的判断标准

2004 年《联合国豁免公约》规定，商业活动是指：（1）为销售货物或为提供服务而订立的任何商业合同或交易；（2）任何贷款或其他金融性质之交易的合同，包括涉及任何此类贷款或交易的任何担保义务或补偿义务；（3）商业、工业、贸易或专业性质的任何其他合同或交易，但不包括雇佣人员的合同。❸ 这种关于商业活动的表述具有较为广泛的代表性，英国、❹ 新加坡、巴基斯

---

❶ 28 U.S.C. §§ 1608 (a) - (b) (service of process); 28 U.S.C. §§ 1391 (f) (3) - (4) (permitting venue in suits against an agency or instrumentality of a foreign state "in any judicial district in which the agency or instrumentality is licensed to do business or is doing business"); 28 U.S.C. §§ 1610 (a) - (b) (attachment of assets).

❷ Worley v. Islamic Republic of Iran, 75 F. Supp. 3d 311 (D.D.C. 2014).

❸ United Nations Convention on Jurisdictional Immunities of States 2004, Art 2.

❹ 如《英国豁免法》第 3 条第 3 款规定，本条"商业行为"系指：(a) 任何提供货物或服务的契约；(b) 任何贷款或其他提供资金和保证的行为，或有关此等行为的补偿，或其他金融债务；以及 (c) 国家除行使主权外所参加或从事的任何其他行为或活动（不论是否为商业的、工业的、金融的、职业性的或其他类似性质的行为或活动）。其他国家也都是类似的规定，就不再赘述。

坦、南非、马拉维、加拿大、以色列、日本等国的豁免法也采取了类似列举式的商业活动规定。与这些国家的列举式规定不同的是，1976年的《美国豁免法》规定，商业活动是指常规的商业行为或特定的商业交易或行为。❶ 1985年《加拿大豁免法》规定，商业活动系指特定的交易、活动或行为，或根据其性质，应认定为具有商业性质的任何经常进行的活动。❷ 相比与《联合国豁免公约》和英国等国家豁免法中关于商业活动的具体规定，美国、加拿大等国的豁免法更为抽象，将赋予这些国家的法院更大的解释空间，也将承担更大的解释压力。

关于国家管辖豁免中的商业活动的判断标准，各国不一。根据现有的豁免法，笔者以为大致有三种判断标准：一是根据商业活动的性质说；二是根据商业活动的目的说；三是兼顾性质和目的折中说。

（一）性质说

在美国、加拿大、以色列等国，判断一项活动是否属于商业活动主要依据其性质。《美国豁免法》规定，商业活动的性质应根据其行为过程或特定交易或行为的性质，而非目的来确定。❸ 加拿大也作了与美国类似规定，❹《以色列豁免法》规定，商业活动指依照其行为性质不涉及行使国家权力的任何商业交易或活动。❺ 这些国家对商业活动的性质的认定，在一定程度上是考察该活动是否"非行使国家权力"。《欧洲豁免公约》虽然没有商业目的或性

---

❶ 28 U. S. C. § 1603（d）.
❷ State Immunity Act 1985, Art 2.
❸ 28 U. S. C. § 1603（d）.
❹《加拿大豁免法》第2条规定，"商业活动"系根据其性质，应认定为具有商业特性的任何经常进行的活动。
❺ Foreign States Immunity Law 2008, Art 1.

质的条款，但在其附件中显示该公约倾向于性质标准，附件中规定了"关于某种类的合同的例外得根据其特殊的内容和性质来确定是否享有管辖权"。德国虽未制定国家豁免法，但其在实践中也坚持以性质来判断是否是商业活动，如 1993 年德国最高法院在"俄罗斯联邦诉富足公司案"案中指出国家以争取经济利益所实施的行为并不一定都是国家或者政府行为，起决定性作用的因素是该行为的性质，而不是目的。❶

（二）目的说

与上述国家相反，在英国、新加坡，澳大利亚、南非、巴基斯坦、马拉维、澳大利亚等国，判断一项活动是否为商业活动的主要依据是活动目的。如《英国豁免法》专门界定了商业目的，是指"商业交易或活动的目的"；❷并在船舶豁免方面强调了"货物和运送货物的船舶正在被用于或意图被用于商业目的"；❸补充规定中也强调了"一国中央银行或其他金融主管机关的财产不应被视为用于或意图用于商业目的"。❹其他国家的豁免法也都作了类似的目的规定。《日本豁免法》虽然没有商业目的或性质的条款，但倾向于目的标准，在船舶的运营方面规定，"对涉及外国国家所有或运营的船舶在运营中产生的争议，如果造成该争议的有关事实发生时，该船系被用于政府非商业目的之外的用途的，则该外国国家对于与该争议有关的司法程序不享有管辖豁免"。❺但

---

❶ The Russian Federation v. Pied – Rich B. V., Supreme Court, 28, May 1993, Netherlands Year-book of International Law, Vol. 25, 1994, p. 512.

❷ State Immunity Act 1978, Art 17.

❸ Id. Art 10.

❹ Id. Art 14.

❺ Act on the Civil Jurisdiction of Japan with Respect to a Foreign State 2009, Art 15.

《英国豁免法》在第 3 条规定"该国行使其主权力的行为除外",❶这感觉又是类似性质的规定。

(三) 兼顾性质和目的的折中说

第三种判断一项活动是否商业活动的依据是考察性质和目的,两者兼而有之。2004 年的《联合国豁免公约》规定,在确定一项合同或交易是否为商业交易时,应主要参考该合同或交易的性质,但如果合同或交易的当事方已达成一致,或者根据法院地国的实践,合同或交易的目的与确定其非商业性质有关,则其目的也应予以考虑。❷ 2015 年的《西班牙豁免法》规定,在界定合同是否属于商业合同时,应主要参考合同或交易的性质,但若缔约方在合同中明确了合同目的,则该目的也作为参考;当国家为缔约方时,且根据该国的法律事务,合同中明确的合同目的可确定其商业性质的,那该合同就不属于商业合同。❸ 2015 年的《俄罗斯豁免法》规定,在认定由外国国家从事的商业交易是否与其行使主权权威性权力相关的问题时,俄罗斯联邦法院会考虑该商业活动的性质与目的。❹ 这些国际公约和国家豁免法则是对商业活动兼有性质和目的的双重考察。

笔者以为,"性质"和"目的"并非两个彼此对立的词,其概念的内涵和外延都有重叠之处,故单独以其中一个来判断一项活动是否属于商业活动存在着不科学之处,两者兼而有之的规定,才能完善法律制定的周延性。以口罩买卖这事举例,从性质上看,

---

❶ Id. Art 3.
❷ United Nations Convention on Jurisdictional Immunities of States 2004, Art 2.
❸ Organic Law on Privileges and Immunities of Foreign States etc 2015, Art 2.
❹ Law on Jurisdictional Immunities of Foreign State and Property of Foreign State in the Russian Federation 2015, Art 7.

这属于典型的商业交易行为；但如一国政府为防疫目的需要而采购口罩，这就不单单是表面上的商业活动，而是政府在行使管理职能的公权力，不是以商业活动的逐利目的行事。虽然在相关法律实践中，有人认为如果法院是采取目的性考察标准的话，那么一旦法院需要考察该交易行为的动机时，很可能就会异化成为对于政治的考量，司法的公正性就有可能遭到减损。❶ 但这种观点，恰恰说明目的性考察的重要性，只是基于其考察难度和政治对法律给予了干预才使得目的性考察更为艰难，但这也正好反映了其重要性。另外在司法实践中，无论是规定"性质标准"的国家或"目的标准"的国家，也都存在着不少兼顾两者来考量的案件。1992年Weltover案中，❷ 美国联邦最高法院的判决理由是"当国家以类似私人主体的方式进行商业活动时，不问其主权国家是否有营利目的，或其他行使主权的目的，只考虑其进行的商业活动和私主体类似，那国家将无法享有国家管辖豁免资格"。但在1985年的"尼加拉瓜中央银行案"中，❸ 法院的判决意见是行为的商业性质来源于其背后"追逐营利"的目的，商业行为很大程度取决于其目的，结合该案相关事实情况分析，不认定为商业行为，可以享受到国家管辖豁免资格。与我国有关的2003年仰融诉辽宁省政府案中，❹ 法院认为虽然政府行为性质上涉及商业活动，但这种政府行为的目的是进行商业活动管理，而非参与到商业活动本身当中，故认定为主权行为，可享有豁免。因此上述无论是从性质抑或是目的角度考察一项活动是否商业活动，笔者认为，在具体

---

❶ I Congreso Del Partido, 1983, AC 244, House of Lords. Reported in Lloyd's Rep., Vol. 1, 1980, p. 23.
❷ See Republic of Argentina v. Weltover, Inc., 504 U. S. 607 (1992).
❸ See De Sanchez v. Banco Central de Nicaragua, 770F. 2d 300 (2d Cir. 1981).
❹ Rong, Yang v. Liaoning Province, 452 F. 3d 883 (D. C. Cir. 2006).

司法实践中,要综合两个角度来具体分析,关键还是看其中是否有公权力的体现。

四、商业活动区别于公权力活动的实践典型

根据上述分析,一项活动是否属于商业活动,不论其性质或目的,关键在于是否区别于公权力。如果是外国国家行使公权力的活动,则不属于商业活动,可以豁免;反之,如果外国国家并未行使公权力,则属于商业活动,那不能豁免。下面通过具体的司法实践,介绍几种特殊类型的商业活动和非商业活动。

(1)属于管辖豁免例外的商业活动,如使领馆雇佣合同、房屋慈善出租、跨国儿童收养。在 Ashraf – Hassan v. Embassy of France 案中,❶ 原告提出受到了就业歧视,被告以"实体"身份请求国家管辖豁免,美国哥伦比亚特区地方法院认为,如果法国大使馆雇用的仅仅是一名普通的文书职员,且不给予其公务员身份,也不参与法国政府相关工作,则该法国使馆的雇佣行为属于商业活动性质,而不是公权力性质,因此法国大使馆无法享有管辖豁免。在雇佣合同方面的规定,1976 年的《英国豁免法》与 1978 年的《英国豁免法》和 2004 年的《联合国豁免公约》的规定有所区别,《美国豁免法》是把雇佣行为归属到商业活动中,而后两者是单独编雇佣合同例外为一条,与商业活动例外并列。

在 650 Fifth Avenue 租赁案中,❷ 原告出租房产方认为,其以低廉的价格,甚至免费出租房屋给清真寺、非营利性的学校、伊斯兰教育机构,这种行为属于慈善捐赠行为,不属于商业活动。但

---

❶ Ashraf – Hassan v. Embassy of Fr., 40 F. Supp. 3d 94, 102 (D. D. C. 2014).
❷ In re 650 Fifth Ave. & Related Properties, No. 08 Civ. 10934 (KBF), 2014 WL 1516328 at *17—19 (S. D. N. Y. Apr. 18, 2014).

法院认为，原告的这种行为并非真正的捐赠，因为原告虽然通过优惠甚至无偿的价格出租了房屋，但这些租户也通过承担某些责任来补偿原告的经济损失，使得原告享受到了如保险、税收、水电费等实惠，因此法院裁定，既然原告通过出租房屋也得到了一定的经济补偿，那这种行为就不是纯粹的慈善捐赠，而是商业活动。

在 McEachern v. Inter – Country Adoption Bd. of the Republic of the Philippines 案中，❶ 原告诉被告禁止儿童收养，菲律宾被告提出国家管辖豁免，且菲律宾法院也认为收养不属于国家管辖豁免的商业活动例外。但美国法院认为，被告的收养行为本身的确不是商业活动，但整个收养的过程中涉及许多商业合同签订，而这些商业合同的签订会涉及资金的往来，而资金的往来这无疑是一种商业活动。因此美国法院裁定，原告要求禁止被告将儿童从原生家庭中带走的诉讼属于商业活动例外。

（2）实质上不属于商业活动的行为，如促进商业的行为、警察罚没钱财行为、公权力部门因调查报告的付费行为、为规范金属市场而进行的价格调控行为。在 Kim v. Korea Trade Promotion – Investment Agency 案中，❷ 原告 Kim 以受到就业歧视为由提起诉讼，被告是韩国的贸易投资促进机构。原告认为被告在从事商业活动，因而可以成为被告。原告指出，韩国的贸易投资促进机构在美国设立办事处，该办事处致力于促进韩国商品和服务的销售，而这种商品和服务的销售行为应该是商业活动。美国法院判决否

---

❶ McEachern v. Inter – Country Adoption Bd. of the Republic of the Phil., 62 F. Supp. 3d 187, 191—192 (D. Mass. 2014).

❷ Kim v. Korea Trade Promotion – Investment Agency, 51 F. Supp. 3d 279, 281 (S. D. N. Y. 2014).

认了原告的观点，法院认为韩国该机构虽然参与了一定的市场营销活动，但其主要从事的是促进商业的活动而不是商业活动本身，实质上该办事处从事的是韩国政府公权力的行为，因此不属于国家豁免例外中的商业活动。

在 Ezeiruaku v. Bull 案中，❶ 原告提出其在伦敦被警察扣押并罚没了他的钱财，而在他被扣押的这段时间里，警察能够用这些钱财牟利，那这就可能构成商业活动。但法院认为，首先警察并未在原告扣押期间用原告的钱财从事商业活动，即使该警察挪用了原告的钱进行了一定的商业活动，这种行为也不是依警察职权享有，而是私人所为，更关键的是罚没原告的钱财是伦敦警察行使警察的职权，而这显然属于公权力行为，而不是商业活动。

在 A Star Group, Inc. v. Manitoba Hydro 案中，❷ 原告是一家美国风险咨询和软件服务公司，被告是一家加拿大的水电部门，原告为被告的员工提供专业的咨询服务意见。此案中，原告对被告的监督管理部门提起诉讼。原告认为，其公司因与加拿大的监管管理部门达成协议，为其提供与被告相关的商业秘密等商业服务，并且加拿大的监督管理部门也支付了相关费用，因此这属于商业活动。美国法院驳回了原告的观点，认为加拿大的监督管理部门是在行使对其本国单位的监督调查权，而监督管理部门在开展调查过程中，向相关信息提供方支付一定的费用是常规做法，这只是为了促进调查工作的顺利进行。法院最终认定，这种行为并不是商业活动。

在 Aluminum Warehousing 反托拉斯案中，❸ 原告认为，伦敦金

---

❶ Ezeiruaku v. Bull, 2014 WL 5587404, at *5（D. N. J. Nov. 3, 2014）.
❷ A Star Group, Inc. v. Manitoba Hydro, No. 13 Civ. 4501（PAC）2014 WL 2933155 at *5（S. D. N. Y., June 30, 2014）.
❸ In re Aluminum Warehousing Antitrust Litigation, No. 13 - md - 2481（KBF）, 2014 WL 4211353 at *1, 14—15（S. D. N. Y. Aug. 25, 2014）.

属交易所通过监管全世界的金属铝仓库，故意压制其市场流通量，其目的是哄抬金属铝的价格。法院认为，一项活动是否商业活动，主要看其性质而不是目的，当然也不考量其目的的善恶。本案中被告是否有提高金属铝价格的目的，不是认定是否商业活动的标准。而从性质上而言，被告的该活动是一种规范金属铝市场的行为，本质上属于市场监督管理性质，是行使国家赋予的公权力的体现，而仓储活动仅仅是规范市场的一种重要手段，因此伦敦金属交易所的行为不属于管辖豁免中的商业例外情形。

五、国家管辖豁免中的商业活动要与诉讼地国家存在关联

国际条约和各国立法中，都要求商业活动与诉讼地国家之间存在联系。《英国豁免法》规定，如引起诉讼的商业活动需要在英国境内全部履行或部分履行的，则外国国家在诉讼中不享有豁免。❶ 新加坡、巴基斯坦、南非、马拉维等国的豁免法也作了类似的规定，即无论全部履行或部分履行，只要商业活动履行地位于诉讼地国的，都不得享有豁免；有些国家的豁免法规定得更加简单直接，如《以色列豁免法》规定，外国国家因其从事商业活动而引起的诉讼，不享有管辖豁免。❷ 该法中甚至没有专门规定商业活动和以色列之间的联系，加拿大、澳大利亚、阿根廷、日本等国豁免法以及《联合国豁免公约》也是类似以色列的规定。

在商业活动与诉讼地国家之间的关联上，《欧洲豁免公约》和《俄罗斯豁免法》规定得更为清楚。前者规定，缔约国不得主张免受另一国法院的管辖，如它参加了与私人，一人或若干人，共同组织的、设在法庭地国领土内或在其领土内有实际和法定所在地、

---

❶ State Immunity Act 1978, Art 3.
❷ Israel Foreign States Immunity Law 2008, Art 3.

登记事务所或主营业所的公司、社团或其他法律实体,而该诉讼涉及以该国为一方,以该实体或其他参加者为另一方之间,在由于参加了此项实体而发生的事件中的相互关系;❶ 如缔约国在法庭地国的领土上设有办事处、代理机构或其他任何形式的组织,通过它,和私人一样,从事商业、工业或金融业的活动,而诉讼与该办事处、代理机构或其他任何形式的组织的此项活动有关时,不得主张免于另一缔约国的司法管辖。❷ 后者规定,如外国国家在俄罗斯联邦领土上实施商业和其他经济活动,或其他国家实施上述活动的结果与俄罗斯联邦的领土有联系,则该国国家对与此相关的争议在俄罗斯联邦不得援引司法豁免权。❸ 这两者都规定了要么商业活动在法院地国,要么在诉讼地国有类似办事处的场所,要么商业活动的结果与法院地国存在联系。

在国际社会的立法和实践中,对商业活动和诉讼地国家之间的联系上,美国对此倾注了最多的笔墨,且有大量的司法实践对其予以确认。笔者就以《美国豁免法》为例予以详细阐述两者间的关联要求。

《美国豁免法》规定,下列任一情况下,外国国家或"实体"在美国联邦法院或州法院都不能享有管辖豁免:一是诉讼是基于"外国国家"在美国进行的商业活动提起的;二是诉讼是基于"外国国家"在美国的行为提起的,而该行为与"外国国家"在美国境外的商业活动相关;三是诉讼是基于"外国国家"在美国境外的行为提起的,但与"外国国家"在美国境外的商业活动相关,

---

❶ European Convention on State Immunity and Additional Protocol 1972, Art 6.
❷ See id. Art 7.
❸ Law on Jurisdictional Immunities of Foreign State and Property of Foreign State in the Russian Federation 2015, Art 7.

并且对美国产生直接影响。❶

(一) 商业活动在美国境内进行

外国国家或"实体"在美国境内进行商业活动,由此成为被告的话,美国法院是具有管辖权的。只要该商业活动是在美国境内进行即可,此处的美国包括美国管辖的所有领土和水域,包含陆地和岛屿。❷ 如 Atlantica Holdings, Inc. v. Sovereign Wealth Fund Samruk – Kazyna JSC 案中,❸ 原被告双方因为投资事宜,派遣代理商在美国境内进行商务会谈,并有相关实物交割,这属于典型的"外国国家"在美国进行商业活动。但如果仅仅在美国境内进行商业有关的会面,而没有实质性的内容,则不能认为是"外国国家"的商业活动。在 Odhiambo v. Republic of Kenya 案中,❹ 原告只是与肯尼亚驻美国境内的官员进行了商务会议,开会不等于商业活动。在 Schoeps v. Bayern 案中,❺ 原被告也只是在美国进行了商务会议,双方没有要约或承诺,而原被告之间实质性的关于买卖字画的商业活动并非在美国进行。因此后两个案例都不是国家管辖豁免在美国进行的商业活动例外。

(二) 商业活动不在美国境内,但根源于其在美国的行为

外国国家或"实体"在美国境外开展的商业活动,但这个商业活动是源于其在美国的前期行为,两者是有密切关联的,此时如果"外国国家"成为被告,美国法院也是具有管辖权的。但这

---

❶ 28 U. S. C. § 1605 (a) (2).

❷ See id. § 1603 (c).

❸ Atlantica Holdings, Inc. v. Sovereign Wealth Fund Samruk – Kazyna JSC, 2F. Supp. 3d 550, 558 – 59 (S. D. N. Y. 2014), aff'd in part, 813 F. 3d 98 (2d Cir. 2016), 2016 WL 403445.

❹ Odhiambo v. Republic of Kenya, 764 F. 3d 31 (D. C. Cir. 2014).

❺ Schoeps v. Bayern, 27 F. Supp. 3d 540, 544 – 45 (S. D. N. Y. 2014).

种类型的商业例外，在美国的司法实践中比较少，因为商业活动不在美国境内发生，且也没有要求需对美国境内产生直接的影响，因此"潜在的原告"极有可能无法注意到会有相关的诉权。而且"不在美国境内的商业活动"和"其在美国的相关行为"之间的关联度往往也较难把控，比如上文中讲到的 Schoeps 的案子，虽然原被告之间在美国有关于字画买卖的会议行为，但最终是否在境外交易完成和在美国的这个前期行为之间有多紧密的联系很难考究。

（三）商业活动不在美国境内，也不根源于其在美国的行为，但对美国产生直接影响

外国国家或"实体"在美国境外开展的商业活动，且这个商业活动与其在美国境内的其他行为无关，但只要这个商业活动对美国造成了直接影响，那么美国法院依然具有管辖权，这是美国长臂管辖权在国家豁免领域的体现。该种情况的关键点就在于何为"直接影响"。笔者以为商业活动中的直接影响，❶ 指的是双方已经订立商业合同或明确了要订立商业合同，而且把合同的履行地设在美国境内，那么，如果违背了这个合同，则将对美国带来直接影响；反之，如果尚未订立或尚未明确订立将履行地设在美国境内的合同，那么，如果最后的合同与原先的计划不同，也不能认为给美国带来直接影响。如 Voest–Alpine Trading v. Bank of China 案，❷ 美国法院认为，只有是作为被告的中国银行的商业活动直接造成了原告在美国的经济损失，那才构成直接后果，需要接受美国法院的管辖，而原告只是因被告的行为遭受到了间接损失，因此不属于商业活动例外。试想，在商业活动中如果仅仅是

---

❶ 此处的直接影响，仅指商业活动上的，其他诸如侵权等的直接影响在所不问。
❷ Voest–Alpine Trading v. Bank of China, 142 F. 3d 887（5th Cir. 1998）.

因为一方有违约或者侵权行为，就需要赔偿另一方的所有损失，那就违背了法律的公平正义的初衷。在 GMI, LLC v. Associacion del Futbol Argentino 案中，❶ 法院也认为，原告并没有将付款履行地设在美国的确切行为，只是有一个初步的打算，因此后续的变化也不该被认为是对美国造成直接影响。

（四）商业活动与损失之间有因果关系

在诉讼中，原告除了需要证明作为被告的外国国家或"实体"所进行的商业活动与其受到的损失有关系之外，还必须能证明，正是基于被告的这种商业活动才导致其受到了损失之间的因果关系。如果不能证明两者因果关系的存在，原告将无法受到相关的补偿，诉讼中也将无法请求国家管辖豁免的商业活动例外规则。

在 Smith Rocke Ltd. v. Republica Bolivariana de Venezuela 案中，❷ 原告 Smith Rocke 是一家英属维尔京群岛公司，由委内瑞拉股东控股，该股东与委内维拉的两家金融机构 Banco Canarias 银行和 Credican 公司合作密切。之后，这两家金融机构被委内瑞拉银行业监督管理机构认定破产，但在破产之前，这两家金融机构收购了美国金融机构 Lehman Brothers 公司发行的大量票据，因 Lehman Brothers 公司破产，现在这些票据也处于破产管理状态。因此，原告 Smith Rocke 公司积极谋求这两家金融机构能从 Lehman Brothers 公司处转让获得破产财产，预计能得到数亿美元资产。而委内维拉银行业监督管理机构得知该情况后，通知了 Lehman Brothers 公司的破产受托人，以免其向 Smith Rocke 公司付款，并最终没收了

---

❶ GMI, LLC v. Associacion del Futbol Argentino, No. 13 – 21494 – CIV, 2014 WL 2818663（S. D. Fla. June 23, 2014）.

❷ Smith Rocke Ltd. v. Republica Bolivariana de Venezuela, No. 12 – Cv – 7316（LGS）, 2014 WL 288705（S. D. N. Y. Jan. 27, 2014）.

这些资产，以偿还 Banco Canarias 银行和 Credican 公司这两家破产金融机构的储户和债权人。原告诉称，委内瑞拉政府没收了其有权从 Lehman Brothers 公司破产财产中支付的超过 4 亿美元的款项，认为委内瑞拉政府的这种行为属于商业活动，而正是基于这种商业活动，导致了原告的巨额损失。美国法院不同意这种观点，认为两者之间并不存在因果关系，委内瑞拉政府的行为属于公权力行为，即使认为该政府行为是商业活动，那 4 亿美元的款项也并非原告所有，原告对该款项没有相应的所有权，故原告的损失和被告的行为显然没有因果关系。

六、我国关于国家管辖豁免的现状及应对路径

我国尚未制定国家豁免法，因此也没有商业活动例外一说。但在国家豁免这一方面，我国坚持的是绝对豁免原则，即国家及其财产在另一国法院享有绝对管辖豁免。在司法实践中，我国官方也在多个场合表示坚持绝对豁免，如在 FG 公司诉刚果（金）案❶中明确表态中国坚持绝对豁免原则。

虽然我国坚持绝对豁免原则，但近年来，在世界各国的国家豁免法司法实践中，我国"实体"多次被告上外国的法院。1998

---

❶ 在该案中，美国基金公司在香港法院起诉刚果金政府。刚果金政府认为其作为主权国家，享有豁免权。此观点得到初审法官的认可。上诉阶段，上诉庭坚持香港主权豁免应遵循英国普通法，主张刚果金的行为属于商业交易，不能享受主权豁免。刚果金不服上诉审判，将案件上诉至香港特别行政区终审法院，并要求终审法院就主权豁免提请全国人大常委会释法。2011 年 8 月 26 日，全国人大常委会作出解释，认为国家豁免直接关系到国家的对外关系和利益，属于《香港特别行政区基本法》第 13 条第 1 款的"外交事务"，中央人民政府有权决定此事项立场并在全国范围内统一实施。基于此，2011 年 9 月 8 日，香港终审法院作出裁决，认定香港法院对刚果金政府无管辖权。

年沃斯特诉中国银行案,❶ 法院认为中国银行的行为在美国产生了"直接影响",因此判定中国银行在该案中不享有主权豁免;2007年东方矿产公司诉中国银行案,❷ 中国银行又一次被告上外国法院;2010年动物科学产品公司诉中国五金矿产进出口总公司案,❸ 中国实体被认为有垄断行为,被告上外国法院,最终被认为商业活动豁免例外,不能享有豁免。当然也有不少案件中,中国国家和政府以主权豁免为由获得了胜诉,如1982年湖广铁路债券案、❹ 2003年仰融诉辽宁省政府案、❺ 2005年莫里斯旧债案❻等。但2020年,又发生多起以疫情为由恶意将中国国家和政府告上法庭的案子,如 State of Missouri v. People's Republic of China 案。

鉴于上述屡屡发生中国政府被告上外国法庭的情况,中国有必要采取一定的措施。外国国家如无视国际法,任意侵犯我国的国家豁免权,我国可以对该外国国家采取相应的反制措施。但与此同时,笔者觉得制定适合中国国情的国家豁免法迫在眉睫,且也能以法律的武器对抗他肆意侵害我国主权的行为。2005年,我国签署的《联合国豁免公约》对限制豁免原则在一定程度上进行了确认。此外,我国政府在国家管辖相对豁免方面也有一定的立法实践经历,1999年的《中华人民共和国海事诉讼特别程序法》第23条规定了海事法院可以扣押当事船舶的情形,没有提及商船,但规定从事军事、政府公务的船舶不得被扣押;我国1980年加入了《国际油污损害民事责任公约》、1993年加入了《国际救助公

---

❶ Voest–Alpine Trading USA Corp. v. Bank of China, 142 F. 3d 887 (5th Cir. 1998).
❷ Orient Mineral Co. v. Bank of China, 506 F. 3d 980 (10th Cir. 2007).
❸ Animal Science Products v. China Nat. Metals, 702 F. Supp. 2d 320 (D. N. J. 2010).
❹ Jackson v. The People's Republic of China, 550 F. Supp. 869 (1982).
❺ Rong, Yang v. Liaoning Province, 452 F. 3d 883 (D. C. Cir. 2006).
❻ Morris v. The People's Republic of China, 478 F. Supp. 2d 561 (2007).

约》、1996年加入了《联合国海洋法公约》，都表明我国承认用于商业目的的国有船舶或国有货物不享有豁免权。因此，我国制定国家豁免法是有着一定的立法基础和实践基础的。

中国如今已经是世界第二大对外投资国，随着"一带一路"倡议的推进，中国与世界各国的贸易往来剧增，对外投资不仅增速明显，而且涉足的领域也在不断拓宽，其中不乏中国企业直接与外国国家签订合同的情况，而保护本国企业的利益不受侵犯也是我国政府理当承担的责任。当外国政府作为平等的商事主体与我国企业进行贸易时，我国司法机关应有法可依地保护我国企业的合法利益，将外国政府当作商业活动主体，主张司法管辖。因此，我国有必要明确对国家豁免制度的态度。

我国应从基本国情出发，结合已签署的《联合国豁免公约》，同时借鉴外国的立法经验，制定国家豁免法，并进一步对现有涉及国家豁免的制度进行梳理和澄清。在国家豁免法中明确我国现阶段对国家豁免制度的态度，从过去的绝对豁免主义转变为严格的限制豁免主义，明确我国法院对进行商业活动的"外国国家"具有管辖权。在原告以"外国国家"为被告向我国法院提起的诉讼中，我国法院也可根据制定的国家豁免法决定是否受理该类案件，而不是拒绝受理一切以"外国国家"为被告的案件。即便我国法院对"外国国家"的判决可能在执行上会遇到困难，但这至少体现了我国司法机关对于该类案件的态度，也使得我国司法主权在受到侵害时，有关部门采取的回应手段有法可依，而不是只能依靠行政或外交手段。同时，这将对我国众多的国有企业提出更高的要求，可杜绝国有企业以"外国国家"的身份理由在诉讼地法院提起抗辩。

论我国领事保护的重要国际法制度及其完善

潘 鑫*

【摘要】 本文从我国签订的双边领事条约、双边投资协定以及《维也纳领事关系公约》切入，分析我国领事保护工作在国际法制度方面的不足，并提出完善相关制度的建议。首先，建议推进双边领事条约的签订工作，同时对现有双边领事条约中已经不符合两国国情和实践的条文进行修订和完善，以解决现行有效的双边领事条约存在绝对数量不足、有关领事保护的内容碎片化、领事基本职务和具体职务之间不明确以及缔结双边领事条约的程序耗时较长的问题。其次，应进一步完善双边投资协定中与国民待遇、最惠国待遇与公平公正待遇相关的条款，并在双边投资协定中增设保护海外投资者及海外务工人员的人身安全的条款。最后，应明确《维也纳领事关系公约》中的领事通知和探视属于派遣

---

* 潘鑫，华东政法大学国际法学院博士研究生。

国国民的个人权利。

【关键词】领事保护　领事关系　双边领事条约　双边投资协定　《维也纳领事关系公约》

一、引言

随着全球化的纵深发展和我国"一带一路"倡议的不断推进，我国的海外利益的重要性日益凸显。领事保护是保护我国海外利益的重要手段之一，它通常指一国的使领馆以及外交或领事官员，根据派遣国的国家利益、对外政策以及加入的双边或多边国际条约，在国际法允许的限度内，在接受国保护派遣国及具有派遣国国籍的公民、法人以及其他组织的权利和利益的行为。此类行为不仅包括当派遣国及具有派遣国国籍的公民、法人以及其他组织的权益遭到侵害时，领事依据国际法与领区当局交涉、反映情况，敦促接受国当局依法并妥善地进行处理的行为，还包括向派遣国的公民、法人或其他组织提供必要的帮助以及公证、认证一类的服务。

近年来，我国驻外使领馆、外交官员和领事官员在领事保护工作中发挥了十分重要的作用。然而，我国当前有关领事保护的国际法制度仍不完善。本文将从我国签订的双边领事条约、双边投资协定以及《维也纳领事关系公约》切入，分析我国领事保护制度在国际法方面的不足，并针对这些不足提出相应的完善建议。

二、我国有关领事保护的重要国际法制度分析

（一）我国领事保护国际法制度架构

第一，我国与外国签订的现行有效的 48 份双边领事条约在"领事职务"部分规定了派遣国的领事官员在接受国境内可以行使

的职权,这些职权基本与保护派遣国及其国民在接受国的权益、向派遣国国民提供必要的协助或服务有关,可以理解为是领事保护工作在条约中的具体体现。相比一般的国际公约,双边领事条约的优越性主要体现在对两国领事关系方面权利义务的表述更加完善,并且可以根据两国领事关系的实际情况对相应的领事职务进行调整。

第二,以双边投资协定为主的国际投资法对我国投资者在境外的投资利益作出了规定,这些规定中提及的权益或待遇属于领事保护的具体权益。随着经济全球化的不断深入,我国在国际投资领域的角色也逐渐从资本输入国转变为资本输出国。❶ 由领事保护的定义可知,领事保护的内容不仅包括作为自然人的公民在境外享有的权益,还包括自然人、法人以及非法人组织在境外享有的权益,而国际投资是自然人、法人和非法人组织在境外权益的重要组成部分。然而,与双边领事条约和《维也纳领事关系公约》不同,国际投资法领域中有关领事保护的内容主要为自然人、法人和非法人在东道国应当享有的投资待遇,更偏向于对实体权利或待遇的规定。当我国的投资者在海外的投资权益受到侵害时,我国驻外使领馆可以依据相关的条文与当地政府交涉,依法向我国的投资者提供领事保护。

第三,我国是《维也纳领事关系公约》的缔约国之一,当我国与接受国没有签订双边领事条约时,若接受国也是《维也纳领事关系公约》的缔约国,则两国在领事保护方面的权利和义务可以参考《维也纳领事关系公约》第5条、第36条以及第37条。这些规定为我国保护本国国民的人身权益和财产利益提供了法律依

---

❶ 人民网:"中国实现由资本输入国到资本输出国重大转变",http://world.people.com.cn/n1/2016/0508/c1002-28333376.html,访问日期:2021年8月12日。

据的同时，促进了我国与其他国家之间的友好交流与合作，为我国在接受国帮助中国公民办理民商事的相关手续（如婚姻登记、公证认证和签发护照等）提供了法律依据。

(二) 我国的双边领事条约体系存在的不足

1. 双边领事条约绝对数量不足

从数量上看，签订的领事条约绝对数量较少，并且并不能涵盖所有重点的国家或地区。如果从地区上分类，亚洲和非洲的安全程度相对最低；欧洲和美洲其次；大洋洲相对较高。❶ 但是，在亚洲和非洲范围内，我国只与18个亚洲国家和2个非洲国家签订了领事条约。❷ 叙利亚和利比亚作为当前局势较为紧张的国家，尚未与我国签订领事条约。由此可见，当前我国签订的双边领事条约的绝对数量，与我国公民日益增长的出境需求并不相符。虽然在我国没有与接受国签订双边领事条约的情况下，若接受国也是《维也纳领事关系公约》的缔约国，可以依据《维也纳领事关系公约》以及诸如对等原则等国际法原则处理领事保护的相关问题，但《维也纳领事关系公约》以及国际法原则对领事保护的规定并不详细明确，会给我国驻外使领馆提供领事保护带来实践层面的困难。相比之下，双边领事条约可以对有关领事保护的关键问题进行约定，具有更强的灵活性和可操作性。

2. 有关领事保护的具体内容碎片化

1997年的《中华人民共和国政府和加拿大政府领事条约》相比之前的领事条约增加了一条"关于旅行方便"的条款。这一条

---

❶ 钟龙彪：“保护中国公民海外安全与权益研究综述”，载《求知》2011年第11期。

❷ 苏卡妮：“中国领事保护立法的不足与改进——以中外双边领事条约为主要视角”，载《福建师范大学学报》（哲学社会科学版）2013年第2期。

款使得公民在两国之间的行程更加便利,并且规定因接受国的司法和行政程序使得派遣国的国民不能在其签证或证件有效期内离开接受国的事实不影响该公民获得派遣国领事的会见和保护权。❶

但这一条款并未在1997年之前的条约中提及,使得中加之间的保护水平与中国和其他国家之间的出现了一定的偏差。

同时,一些早期的领事条约中未规定派遣国领事可以为双方均为派遣国国民的人办理婚姻手续和颁发结婚证书(如美国),这难以适应当前我国海外人员流动较大,民事活动种类日益广泛的现状。

3. 领事基本职务和具体职务之间的规定不明确

首先,我国现有的双边领事条约没有对领事保护作出任何详细的定义,领事保护的具体内容只能从领事的基本职务和具体职务当中体现,但未对领事保护的条件、对象以及具体程序作出适当的规定。

其次,在我国签订的领事条约中,一般会先对领事的基本职务作一个原则性的规定,然后规定领事在接受国可以履行的职务。中国和保加利亚签订的领事条约相比中国和古巴签订的领事条约,缺少了"执行派遣国授权而不为接受国法律规章所禁止或不为接受国所反对的其他职务"一项,但却在具体职务中规定"在与接受国法律不相抵触的情况下,根据派遣国法律接受有关国籍问题的申请",这样可能造成基本原则和具体职务之间存在文义上的错位。一般来说,领事在接受国进行领事保护时,应当同时遵守派遣国和接受国两国的法律,如果在基本职务中没有相对明确的规

---

❶ 苏卡妮:"中国领事保护立法的不足与改进——以中外双边领事条约为主要视角",载《福建师范大学学报》(哲学社会科学版)2013年第2期。

定,可能会影响领事或寻求保护的派遣国国民对领事协定的理解。再如,同与乌兹别克斯坦签订的双边领事条约相比,与乌克兰签订的双边领事条约中有关登记派遣国国民出生和死亡以及办理双方均为派遣国国民的结婚手续的规定增加了"在与接受国法律规章不相抵触的情况下"这一项。❶ 同时,大部分领事条约并未对"派遣国的法律规章"或"接受国的法律规章"作出界定,只有与新西兰、加拿大和美国签订的领事条约中对这一问题进行了界定。

即便规定了领事的具体职责,但有 27 份双边领事协定关于"领事通知与探视"的权利范围小于《维也纳领事关系公约》。❷ 例如,乌兹别克斯坦和乌克兰的领事条约规定"遇有派遣国国民在领区内被逮捕、被拘留或被以其他方式剥夺自由时,接受国主管当局应在发生上述情况后 7 天(乌克兰为 4 天、美国的表述为'接受国主管当局应立即通知,最迟于该国民被逮捕或受拘禁之日起的 4 天内通知派遣国领事馆。')内通知领馆。"即便是 2015 年达成的《中韩领事协定》,也只是在"拘留""通知和探视"方面作出了较为细化的规定。

其他的领事条约,要么缺乏对"若被剥夺自由的派遣国国民明示反对为其采取行动时,领事官员应避免采取探访、与之交谈或通讯及代聘法律代表等行动"及"接受国主管当局对被剥夺自由的派遣国国民致领馆之信件应迅予递交"两项权利。当然,也有 10 个领事条约在一定程度上扩展了"领事通知权"。例如,增加了领事"法律诉讼阶段的指控通知和领事旁听""向被保护的派

---

❶ 我国与乌兹别克斯坦签订双边领事条约的时间早于与乌克兰签订双边领事条约的时间。
❷ 丁丽柏:"《维也纳领事关系公约》的革新与中国的应对——以海外国民领事保护为视角",载《政法论坛》第 37 卷第 3 期。

遣国国民供给生活必需品""强迫离境或驱逐时的通知""司法判决和释放日期的通知"等数项权利和内容。❶

4. 缔结双边领事条约的程序耗时较长

双边领事条约属于一种专约,其主要处理虽然重要但不涉及一国核心政策的内容,在国际实践中,专约一般需要批准,但也存在可以约定无须批准直接生效的情况。❷ 自 1959 年我国与民主德国签订中华人民共和国史上第一份领事条约以来,我国所有的领事条约都需要经批准才能生效。并且,我国高度重视双边领事条约的签订程序,所有与他国签订领事条约都基于"决定缔约→谈判→签署→批准→生效"的程序进行。❸ 加上我国与其他国家都需要依据本国法进行相应的批准程序,使得这一过程所花费的时间更长。例如,我国与苏联签订的《中苏领事条约》从 1959 年 6 月 23 日签订到同年 12 月 19 日生效,历经约半年的时间;我国与美国签订的《中美领事条约》从 1980 年 9 月 17 日签订至 1982 年 2 月 18 日生效,历经约 17 个月;我国与加拿大签订的《中加领事条约》从 1997 年 11 月 28 日签订到 1999 年 3 月 11 日生效,历经约 15 个月;我国与菲律宾签订的《中菲领事条约》从 2009 年 10 月 29 日签订到 2013 年 7 月 13 日生效,历经约 44 个月。不难看出,当前我国订立双边领事条约的程序较为正式,花费的时间相对较长。一方面,长时间的协商和谈判可以较好地平衡我国与外国之间就领事相关问题的权利义务关系,尽可能地制作出一份符合两国共同利益的领事条约。但另一方面,领事条约一般不会触

---

❶ 丁丽柏:"《维也纳领事关系公约》的革新与中国的应对——以海外国民领事保护为视角",载《政法论坛》第 37 卷第 3 期。
❷ 李浩培:《条约法概论》,法律出版社 2003 年版,第 22 页。
❸ 梁宝山:《实用领事知识》,世界知识出版社 2001 年版,第 148 – 154 页。

及缔约两国与主权相关的核心问题，大多数情况下是对外交往过程中就双方互相合作保护本国及本国国民利益的有关内容进行规定。坚持过于正式的条约缔结程序，可能使签订领事条约所需要的时间过长，对人力及时间造成不必要的消耗，也不利于我国尽快增加双边领事条约数量的现实性需要。

（三）双边投资协定与领事保护

1. 领事保护的客体包括双边投资协定中规定的权益或待遇

双边投资协定是国际投资法的主要渊源，20世纪90年代后，双边投资协定发展迅速，数量倍增，截至2019年，全球双边投资协定总数已达2895份。❶ 自改革开放以来，我国积极参与双边投资协定的签订，希望以此吸引外资，并鼓励我国企业"走出去"占领海外市场。截至目前，我国已与104个国家或地区签订了双边投资协定，❷ 这些协定在完善我国国际投资法律制度以及改善投资环境方面，发挥了极为重要的作用。

双边投资协定确定了海外投资者可以依照协定拥有何种权利或待遇，而领事保护是保护本国海外投资者投资利益的一种方式。当我国的海外投资利益受到损害时，我国驻外使领馆及工作人员应当及时向受到损害的海外投资者提供相应的领事保护，这种保护包括但不限于：调查事件的来龙去脉、协助投资者向有关当局反应投资者的关切、敦促有关当局及时向海外投资者提供相应的补偿，甚至在争端解决的程序中为我国的海外投资者提供诸如公

---

❶ See UNCTAD, World investment report 2020, https://unctad.org/system/files/official-document/wir2020_en.pdf, p.106.
❷ 中华人民共和国商务部："我国对外签订双边投资协定一览表"，http://tfs.mofcom.gov.cn/article/Nocategory/201111/20111107819474.shtml，访问日期：2021年8月12日。

证、翻译以及出入境签证方面的协助。需要强调的是，驻外使领馆及工作人员对海外投资者的保护，在形式及职权上的根据是我国与东道国签订的双边领事条约或《维也纳领事关系公约》的规定，但在实体权利层面，海外投资者的权利更多地来自双边投资协定以及东道国依据国际投资协定制定或修改的国内法。换言之，如果双边投资协定或东道国的国内法规定并不明确，便很难确定海外投资者的何种权益受到了何种损害，此时，也很难为我国向海外投资者提供领事保护找到实体法层面的依据。

2. 双边投资协定中与领事保护相关的不足

（1）我国海外投资者在东道国享有的国民待遇条款亟待完善。2004年11月，我国与芬兰重新签订的双边投资协定中首次明确纳入了国民待遇条款，其第3条第2款规定："对已作出投资的运营、管理、维持、使用、享有、扩张、出售或处分方面，缔约一方给予缔约另一方投资者的投资的待遇应不低于其给予本国投资者的投资的待遇。"在此之前，我国尚未在双边投资协定中明确规定国民待遇条款。这主要是由于经济和科技发展水平的差异，我国的内资企业在国际竞争中一般处于弱势地位，相比之下，发达国家的企业往往拥有较为先进的生产和管理技术，一旦这些企业能够随意进入我国市场，享受与我国企业同等的待遇，将会严重冲击我国的民族工业和服务业，甚至危及国民经济。❶ 然而，随着我国经济和科技水平的不断发展，我国的部分企业已经拥有了一定的市场竞争力，迈开了"走出去"的步伐。此时，双边投资协定中"国民待遇"的缺位，反而使得我国企业在进入国际市场时无法享

---

❶ 余劲松：《国际投资法》，法律出版社2018年版，第204页。

受与东道国国民相同的待遇，得不到东道国充足的保护和支持。

（2）最惠国待遇是否适用于争端解决程序问题尚未明晰。最惠国待遇是我国自开始与其他国家签订双边投资协定以来必不可少的条款之一，其核心是缔约国一方有义务使缔约国另一方的国民在投资方面享有该国给予第三国国民在投资方面的同等权利，这一条款使得我国国民和第三国国民在东道国投资时享有平等的待遇。

当前最惠国待遇最突出的法律问题为：最惠国待遇是否应当扩及争端解决程序。在当前的国际实践中，既有认为最惠国待遇应当扩及争端解决程序的裁决，❶ 也有认为最惠国待遇不应适用于争端解决程序的案例。❷ 上述分歧的根本原因在于，缔约两国在双边投资协定的文本中没有就这一问题进行明确约定，出现投资争议时，需要对条约进行解释。然而，不同的仲裁庭会采取不同的解释方式解读双边投资协定，若仲裁庭在裁决的过程中偏向保护投资者，则会从宽解释，认为最惠国待遇应当适用于争端解决机制。然而，按照这一解释，任何一个投资东道国都可能因为曾经在某个双边投资协定中约定"出现投资争端后，投资者可以跳过向东道国法院寻求救济的程序，直接向 ICSID 申请仲裁"，而失去了对未来投资争端争议解决的预见性——大量的投资争端都会跳过本国法院而直接交由 ICSID 处理。同时，这也可能大大增加 ICSID 的工作负担，不利于高效、严谨、公平地解决国际投资争

---

❶ See Maffezini v. Spain, ICSID Case No. ARB/97/7, Decision on Jurisdiction, 5 ICSID (W. Bank) 396 (2000), available at http: //www.worldbank.org/icsid/cases/Emilio_DecisiononJurisdiction.pdf.

❷ See Plama Consortium Ltd. v. Republic of Bulgaria, ICSID Case No. ARB/03/24, Decision on Jurisdiction, Feb. 8, 2005; Salini Construciton SpA and Italstrade SpA. V. Hashemite Kingdom of Jorda, ICSID Case No. ARB/03/10, Decision on Jurisdiction (2004).

端。然而，我国当前尚未在所有的双边投资协定中明确最惠国待遇是否应当扩及争端解决程序这一问题。

（3）我国尚未明确公平公正待遇的适用条件和标准。当前，公平公正待遇最大的分歧在于公平公正待遇的标准。一方面，支持对公平公正待遇采取限制性解释的国家（如美国、加拿大以及墨西哥）认为，公平公正待遇是国际习惯法最低待遇标准的一部分，东道国对海外投资者的公平公正待遇应参考国际习惯法上对外国人的待遇标准确定。另一方面，近年来，部分 ICSID 的裁决认为，公平公正待遇不局限于国际习惯法，还应包含一般法律原则、现代条约以及其他公约确定的义务。❶ 东道国应当采取比国际习惯法上的最低待遇更高的标准，这种标准可能包含为外国投资者提供稳定的、可预见的法律商业环境；❷ 为投资者提供不影响投资者投资时所考虑的基本预期的投资待遇；❸ 恶意行为不是违反公平公正待遇的必要条件；❹ 违反公平公正待遇需要承担赔偿

---

❶ 相关的案例有：Tecmed v. Mexico (2003); MTD v. Chile (2004); CMS v. Argentine (2005); Azurix v. Argentine (2006); LG & E v. Argentine (2006); PSEG Global v. Turkey (2007).

❷ See LG&E Energy Corp. LG&E Capital Corp. LG&E International Inc v. Argentine Republic, ICSID Case No. ARB/02/1, paras. 122 – 126, Decision Liability, Oct 3, 2006. CMS Gas Transmission Company v. The Argentine Republic, ICSID Case No. ARB/01/8, paras 274 – 278, Award (May 12, 2005). MTD Equity Sdn. and MTD Chile S. A. v. Republic of Chile, ICSID Case No. ARB/01/7, Award (May 25, 2004).

❸ See Tecnicas Medioambientables Tecmed S. A. v. The United Mexican States, ICSID Case No. ARB (AF) /00/02, Award, para. 154, May 29, 2003.

❹ See Azurix Corp. v. The Argentine Republic, ICSID case No. ARB/01/12, paras. 369, 372, Award, July 14, 2006. LG&E Energy Corp. LG&E Capital Corp. LG&E International Inc. v. Argentine Republic, ICSID Case No. ARB/02/1, para. 129, Decision Liability, Oct 3, 2006. CMS Gas Transmission Company v. The Argentine Republic, ICSID Case No. ARB/01/8, para. 280, Award (May 12, 2005).

责任。❶ 按照这一理论，东道国给予外国投资者的待遇标准相对更高，更有可能被认为违反了投资协定的相关义务，招致国际责任。

我国在早期并没有将公平公正待遇与国际法或国际习惯法联系，许多的双边投资协定仅单独规定外国投资者有权在东道国受到公平公正的对待。但我国于2008年与新西兰签订的《自由贸易协定》第143条规定，两国应"按照普遍接受的国际法规则"提供公平公正待遇；2008年与秘鲁签订的《自由贸易协定》第132条规定，"应根据国际习惯法"提供公平公正待遇。由此可见，公平公正待遇的标准也成为我国在国际投资方面不可忽视的问题之一。

3. 对我国海外投资者及海外务工人员人身安全保护问题的研究

随着"一带一路"倡议的不断推进，我国企业的国际化程度也在不断提高。商务部于2020年发布的报告称，截至2019年，中国对外全行业直接投资1329.4亿美元。❷ 2020年，我国企业在"一带一路"沿线对58个国家非金融类直接投资177.9亿美元，同比增长18.3%，占同期总额的16.2%，较上年同期提升2.6个百分点，主要投向新加坡、印尼、越南、老挝、马来西亚、柬埔寨、泰国、阿联酋、哈萨克斯坦和以色列等国家。❸ 另一方面，截

---

❶ See CMS v. Argentine (2005); Azurix v. Argentine (2006); LG & E v. Argentine (2006); PSEG Global v. Turkey (2007).

❷ 中华人民共和国商务部："中国对外投资发展报告2020", http://www.gov.cn/xinwen/2021-02/03/5584540/files/924b9a95d0a048daaa8465d56051aca4.pdf，访问日期：2021年8月12日。

❸ 中华人民共和国商务部："2020年我对'一带一路'沿线国家投资合作情况", http://hzs.mofcom.gov.cn/article/date/202101/20210103033292.shtml，访问日期：2021年8月12日。

至 2020 年年末，我国在外各类劳务人员 62.3 万人，❶ 然而，由于"一带一路"沿线国家和地区的经济发展情况相对落后，部分国家政局动荡、社会治安水平较差，以及传染病疫情易突然暴发，使得我国海外投资者及海外务工人员在这些国家的人身安全状况不容乐观。因此，重视并保护海外投资者及海外务工人员的人身安全，已然成为我国领事保护工作的重要内容之一。

具体而言，我国海外投资者及海外务工人员的人身安全风险主要集中在以下领域。

（1）自然灾害。受到自然灾害冲击地区的政府，往往会失去维持社会治安和调配生产生活物资的能力，这大大增加了灾区打、砸、抢事件发生的概率，海外投资者以及在灾区的中国籍务工人员，很有可能因为不具有东道国的国籍而首当其冲，被当地的黑恶势力洗劫，受到二次伤害。

近年来，我国海外投资者及务工人员受自然灾害影响的事件时有发生。2010 年 7 月 28—29 日，中国水利水电建设集团公司在巴基斯坦科希斯坦地区承担的杜柏华水电站项目坝区营地被洪水淹没，现场有 170 名中方工程技术人员被困，在撤离厂区的过程中，三名人员不幸遇难。时任中国驻巴基斯坦大使刘健率领团队赶赴一线，并与当地政府密切交涉，会见时任总统扎尔达里，成功协调当地军警保护我国被困的技术人员。截至 2010 年 8 月 2 日，共安全转移被洪水围困的中方人员 263 名。❷

由此可见，自然灾害已经成为影响海外投资者及海外务工人

---

❶ 中华人民共和国商务部："2020 年我国对外劳务合作业务简明统计"，http://hzs.mofcom.gov.cn/article/date/202101/20210103033291.shtml，访问日期：2021 年 8 月 12 日。

❷ 佚名：《祖国在你身后——中国海外领事保护案件实录》，江苏人民出版社 2016 年版，第 3—8 页。

员的人身安全问题,不容忽视。

(2) 恐怖袭击及暴力事件。2020 年全球恐怖主义数据报告显示,恐怖主义行动在 2019 年共造成 13 826 人丧生,给全球各国共造成约 264 亿美元的损失,其中,有 63 个国家报告了由恐怖主义行动造成人员死亡的记录。❶ 由此可见,恐怖主义对全球安全的破坏能力不可小觑。同时,部分国家由于人民对政府不满、宗教冲突激烈或种族歧视盛行,境内可能会发生群体性暴力事件,这些事件往往会严重破坏当地的社会秩序。我国海外投资者及海外务工人员往往不精通当地语言,无法很好地融入当地社会,一旦发生群体性暴力事件,当地暴徒往往会先对我国海外投资者及海外务工人员这样的"外族人"施暴。

近年来,我国海外投资者及海外中资企业员工的人身安全受恐怖袭击及暴力事件影响的案例屡见不鲜。2007 年 1 月 5 日,5 名中国工程人员在尼日利亚河流州被不明身份的武装分子劫持,商务部和外交部迅速成立联合工作组,前往一线开展营救工作,当地时间 1 月 17 日晚,5 名中国同胞被成功解救。❷ 2008 年 10 月 18 日,9 名中国石油工作人员在苏丹被绑架,不幸的是,9 名人质中,只有 4 名幸存。❸ 2014 年 5 月,越南发生大规模暴力活动,在越南平阳省和河静省,有数千名不法分子对我国在越南的企业打砸抢烧,4 名我国公民不幸遇难,300 多名我国公民受伤。

综上所述,我国海外投资者及海外务工人员人身安全亟待关

---

❶ See The Institute for Economics & Peace, 2020 Global Terrorism Index Measuring the Impact of Terrorism, https://www.economicsandpeace.org/wp-content/uploads/2020/11/GTI-2020-web-2.pdf, accessed: 12th August 2021.

❷ 张兵、梁宝山:《紧急护侨——中国外交官领事保护纪实》,新华出版社 2010 年版,第 19—21 页。

❸ 同上注,第 15 页。

注和保护。

(四)从领事通知与探视的角度评析《维也纳领事关系公约》的不足

有关领事通知与探视的规定主要集中在《维也纳领事关系公约》第 36 条。这一条文最大的问题在于尚未明确领事通知与探视的性质,换言之,领事通知与探视的职责是否应当被视为派遣国国民的一种权利。而此问题在国际法院审理的拉格朗德案中尤为突出。

1982 年 1 月,德国公民卡尔·拉格朗德和瓦尔特·拉格朗德因涉嫌谋杀罪和抢劫银行罪在美国的亚利桑那州被捕。经法院审理,两兄弟被判处死刑,死刑判决被亚利桑那州最高法院及美国联邦最高法院确认。然而,美国警方在逮捕这两位犯罪嫌疑人时,既没有按照《维也纳领事关系公约》第 36 条的规定及时告知两位犯罪嫌疑人有获得德国领事官员帮助的权利,也未将此案通知德国领事官员。直到两兄弟从其他犯人口中得知自身享有领事通知和会见的权利后,才得以与派驻当地的德国领事官员联系。然而,由于德国领事官员介入案件的时间太晚,负责处理两兄弟申诉的德国联邦初审法院根据"程序失当"规则(Procedural default rule)裁定两兄弟不得在人身保护令中主张相应的权利。1999 年 2 月 24 日,卡尔·拉格朗德被处决。同年 3 月 2 日,在瓦尔特·拉格朗德被行刑的前几个小时,德国将对美国的诉状提交至国际法院。

本案中,德国控告美国侵犯了拉格朗德基于《维也纳领事关系公约》第 36 条享有的个人权利。德国方面认为,基于这一条,每一个派遣国的国民在接受国境内都有权在被采取强制措施时被提醒享有会见本国领事官员的权利。❶ 美国方面认为，即便领事通知与会见权可能对被采取强制措施的派遣国国民有利，这一权利仍然是国家的权利而非个人的权利，不构成任何"基本权"（fundamental right）或"人权"（human right）。❷ 国际法院在对《维也纳领事关系公约》第36条根据其通常含义解释后发现，该条文中包含了"他（被采取强制措施的派遣国国民）的权利"（his right）的措辞，同时，当被采取强制措施的国民明示拒绝领事提供帮助时，领事官员应避免采取行动。由此可见，被采取强制措施的派遣国国民在获得领事通知和探视时具有选择的权利，这种权利必然为一种个人权利。❸ 这一判决引起了一定的争议，时任国际法院法官的史久镛先生在个别意见中强调，《维也纳领事关系公约》的宗旨和目的是发展国际友好关系，基本没有涉及个人权利方面的问题。❹ 换言之，国际法院将领事通知与探视的职责规定为个人权利，不符合该公约的宗旨。小田兹法官秉承相似的观点，认为该公约不应当被解释成个人权利可以通过附加国家义务产生，该公约也不可能令作为外国人的派遣国国民享受比接受国国民而言更多的权利。❺ 由此可见，虽然国际法院总体认为领事通知和探视应当被视为个人权利，但在对《维也纳领事关系公约》的解读上，仍然存在一定的不足，法官们无法就个人权利问题形成统一的意见，此类分歧会在一定程度上影响对领事通知与探视性质的认定。

---

❶ See LaGrand (Germany v. United States of America), Judgment, I. C. J. Reports 2001, p. 466, p. 75.

❷ Ibid, p. 76.

❸ Ibid, p. 77.

❹ See LaGrand (Germany v. United States of America), Separate opinion of Vice-President Shi, I. C. J. Reports 2001, p. 5.

❺ See LaGrand (Germany v. United States of America), Dissenting opinion of Judge Oda, I. C. J. Reports 2001, p. 27.

三、完善我国有关领事保护的重要国际法制度

（一）发展和完善我国的双边领事条约系统

第一，建议我国不断推进与其他国家签订双边领事条约的工作，及时与有意向与我国签订双边领事条约的国家进行磋商，为共同保护本国及本国国民的合法权益努力。

第二，建议我国定期整理和审查已经签订的双边领事条约，对这些条约中已经不符合两国国情和实践的条文进行修订和完善。

第三，采取更加灵活的缔约形式。建议在两国达成一致的情况下，适当简化双边领事条约的缔约形式。具体的简化部分可以包括：

1. 可以在两国达成一致的前提下，简化双边领事条约批准生效的程序

依据我国《宪法》第 67 条及《中华人民共和国缔结条约程序法》第 3 条的规定，全国人大常委会决定同外国缔结的条约和重要协定的批准和废除。若我国依然坚持以较为正式的程序签订双边领事条约发展双边领事关系，则仍然需要遵照这两条的规定，由全国人大常委会批准双边领事条约。但在此基础上，全国人大常委会可以适当简化对双边领事条约的审查程序，适当缩短批准所需要的时间。

2. 以换文的形式对两国的领事关系进行规定

作为一种简易的缔结条约的方式，换文需要两国政府派出的代表分别发出或交换两份（及以上）内容相同或相似的文件，其中一份文件以书面形式明确对特定的事项（如领事关系）作出要约，而另一份文件以同样明确的文字对该要约作出承诺，从而视为两国政府在这一特定问题上达成一致，缔结条约。❶ 在两国达成

---

❶ 李浩培：《条约法概论》，法律出版社 2003 年版，第 22 页。

一致的情形下，换文的生效一般不需要经过批准这一程序，相对节省时间。同时，国际上也曾存在一国通过换文的方式与另一国发展双边关系的实践，例如，苏联与美国以及苏联与英国是以换文的方式建立的外交关系。两国的领事关系事务一般不涉及国家主权等核心问题，在两国协商一致的情况下，通过换文这一灵活的形式缔约，不但不会给我国的主权带来风险，还能较好地减小我国签订双边领事条约时所需要的工作量。因此，以换文的形式对两国的领事关系进行规定，不失为一种值得考虑的缔约方式。

（二）完善我国与外国双边投资协定中有关领事保护的内容

1. 完善我国与外国双边投资协定规定领域保护内容的可行性

中外双边投资协定修改程序相对简便灵活。传统的国际公约需要照顾所有成员国的诉求，而双边投资协定只需要平衡两个国家间的特殊利益，只要两国在互利共赢的基础上达成一致，成功订立双边投资协定的概率便会大大提高。修改程序也是如此，两国已经签订双边投资协定体现了两国在经济领域强烈的合作意向以及良好的合作实践，修改协定以更好地促进和保护两国间的投资，符合缔约国间经济发展的核心利益。因此，双边投资协定的修改程序相对简便灵活，并且阻力较小。我国有时以附加议定书的形式修改双边投资协定，例如，我国与瑞典、保加利亚、斯洛伐克以及罗马尼亚就通过此种方式修改双边投资协定，其中，与瑞典签订的附加议定书在签字后便生效。❶

---

❶ 中华人民共和国商务部："我国对外签订双边投资协定一览表"，http://tfs.mofcom.gov.cn/article/Nocategory/201111/20111107819474.shtml，访问日期：2021年8月12日。

由此可见，修改双边投资协定，并不是一件很困难的事情，相反，通过修改使得双边投资协定与时俱进，符合我国由资本输入国向资本输出国转型的现状，可以更好地让领事保护涵盖我国海外的投资权益。

2. 进一步加强我国海外投资权益保护

（1）完善双边投资协定中与国民待遇有关的规定。建议我国积极完善现有的双边投资协定，将国民待遇条款纳入其中。在与其他国家新订立双边投资协定时，也积极纳入国民待遇条款。如此一来，当我国海外投资者在东道国未能享有国民待遇时，我国驻外使领馆可以依照我国签订的双边投资协定，积极向海外投资者提供领事保护。

需要指出的是，截至目前，我国纳入的国民待遇规则主要指的是"有限的准入后国民待遇"，也就是在外资准入后实行国民待遇，而在准入审批手续方面，我国仍然保有较大的自由裁量权。❶一方面，我国为保护主权，在领土范围内积极监管经济发展的考量，坚持"有限的准入后国民待遇"的原则，具有法理和情理上的正当性。另一方面，基于国际法的对等原则，我国海外投资者进行海外投资时，可能受到"有限的准入后国民待遇"的影响，无法顺利开拓海外市场。我国应当结合当前的实际情况，研判将国民待遇放开为"准入前国民待遇"的必要性和可行性，而我国驻外使领馆应当区分"准入前国民待遇"以及"准入后国民待遇"之间的区别，正确判断海外投资者的国民待遇权益受到了何种损害，如此一来，才能更好地保护我国海外投资者应当享有的国民待遇。

---

❶ 余劲松：《国际投资法》，法律出版社2018年版，第202页。

（2）积极加强并保护我国海外投资者在东道国享有的最惠国待遇。从我国与东盟签订的投资协议以及我国与新西兰签订的自由贸易协定中可以看出，我国不认为最惠国待遇应当扩大到争端解决程序。❶ 为了避免这一问题影响到我国的海外投资利益，建议我国尽快在双边投资协定中明确最惠国待遇不适用于争端解决机制，出现投资争端时，投资者与东道国之间应按照双边投资协定或有关的安排解决争端。这样一来，当我国在海外的投资利益需要领事保护时，我国驻外使领馆可以依据这些明确清晰的规定，更好地保护我国的海外投资利益。

（3）积极加强并保护我国海外投资者在东道国享有的公平公正待遇。我国近期与加拿大签订的双边投资协定第 4 条规定："第一款'公平公正待遇'和'全面的保护和安全'的概念并不要求给予由被接受为法律的一般国家实践所确立之国际法要求给予外国人的最低待遇标准之外或额外的待遇。"同时，"一项对本协定的其他条款或其他国际协定条款的违反，不能认定对本条款的违反。"这一条款具有如下效果：首先，明确了不以国际习惯法的标准给予外国投资者公平公正待遇，为公平公正待遇的标准带来了一定的确定性。其次，避免了部分投资者滥用公平公正待遇条款。不得不承认，公平公正待遇条款涵盖的范围较广，东道国任何可能阻碍海外投资者实现投资权利的行为或不作为都有可能被界定为没有以公平公正的待遇对待国际投资者，而原有的双边投资协定并未规定适用公平公正待遇的条件。如果不对这一条款加以规制，海外投资者便可能滥用这一条款，在每一次投资争端中都以此要求东道国承担国际责任。可见，中加投资协定具有一定的先

---

❶ 余劲松：《国际投资法》，法律出版社 2018 年版，第 218 页。

进性，可以作为我国日后完善公平公正待遇条款的参考。

因此，建议我国参考中加双边投资协定中的公平公正待遇条款，加快修改和完善先前其他双边投资协定中的对应条款，明确我国海外投资者在海外享有公平公正待遇的权利以及待遇的标准，为我国驻外使领馆向海外投资者提供领事保护，为维护我国海外投资权益提供国际法上的保障。

3. 推动我国海外投资者及海外务工人员人身安全的保护

建议我国在双边投资协定中加入有关保护海外投资者及海外务工人员人身安全的条款，就具体条文层面，建议在双边投资协定中加入如下条款：

"对投资者及务工人员的保护

缔约各方意识到，各方在另一方境内进行投资的投资者以及务工人员的人身安全应当受到保护。在具有缔约一方国籍的投资者以及务工人员在另一方境内的人身安全受到威胁时，缔约一方有权指派驻缔约另一方使领馆及工作人员行使以下职权：（1）向有关部门或当局查证相关事实；（2）与有关部门或当局就保护本国投资者以及务工人员有关的问题进行协商；（3）敦促有关部门或当局对本国投资者以及务工人员的人身安全提供保护；（4）在东道国法律允许的范围内，向投资者提供相应的协助或服务，庇护本国投资者以及务工人员或协助他们撤离；（5）当本国的投资者以及工作人员的人身安全是因缔约另一方政府的作为或不作为受到影响时，协助遭受损失的本国投资者或务工人员向有关部门或当局申请赔偿，此类协助包括但不限于提供相应的翻译、公证文书或签发旅行证件等。

缔约另一方应当尊重缔约一方向本国投资者以及务工人员提供领事保护的权利，并依照缔约双方之间有效的有关领事关系的国际法规则提供必要的协助。"

（三）明确《维也纳领事关系公约》中领事通知和探视的权利属性

本文建议在《维也纳领事关系公约》中明确领事通知和探视的个人权利属性，理由如下。

第一，国际法院在解释《维也纳领事关系公约》时采用了文义解释的方法，这种解释方法在其之前审理的 1950 年 "联合国会员资格案"、1991 年 "1989 年 7 月 31 日仲裁裁决案" 以及 1994 年利比亚诉乍得的领土争端案时都有采用，具有连贯性，并非是为了偏袒某方而特意采用的解释方法。❶ 第二，这一解释方法带来的结果，与美洲国家间人权法院在 1999 年 10 月 1 日就 "正当程序框架下与领事帮助有关的通知权" 的咨询意见不谋而合。❷ 由此可见，将领事通知与探视权视为个人权利，在国际法实践中具有一定的一致性，并非是国际法院为了保护人权而独树一帜。第三，这一解读也符合国际法逐步开始关注个人权利的 "人本化" 趋势。领事通知和探视权，恰好体现了领事官员保护本国公民正当权益的责任以及相对接受国而言保护本国公民的权利，是国际法人本化的典型例子之一，传统的将国家权利和个人权利割裂开的思想不能对这一权利作出恰当的解读。

因此，《维也纳领事关系公约》应当明确领事通知和探视权的个人属性，为缔约国的领事官员在接受国领区内保护本国公民的

---

❶ See LaGrand case（supra note 27），p. 77.

❷ See Inter – American Court of Human Rights Advisory Opinion Oc – 16/99 of October 1, 1999 "the Right to Information on Consular Assistance in the Framework of the Guarantees of the Due Process of Law", https：//www. corteidh. or. cr/docs/opiniones/seriea_16_ing. pdf, accessed：12th August 2021. 以及顾婷："拉格朗案的国际法解读"，载《华东政法大学学报》2008 年第 1 期。

正当权益提供更详尽的国际法依据,并在必要时依据这一公约追究违约国的国家责任。

就具体条文而言,建议第36条参考如下表述进行修改:

"第三十六条　与派遣国国民通讯及联络及派遣国国民的领事探视和会见权

一、为便于领馆执行其对派遣国国民之职务:

(一)领事官员得自由与派遣国国民通讯及会见。派遣国国民与派遣国领事官员通讯及会见应有同样自由。

(二)领事官员有权探访受监禁、羁押或拘禁之派遣国国民,与之交谈或通讯,并代聘其法律代表。领事官员并有权探访其辖区内依判决而受监禁、羁押或拘禁之派遣国国民。但如受监禁、羁押或拘禁之国民明示反对为其采取行动时,领事官员应避免采取此种行动。

二、派遣国国民的领事探视和会见权

遇有领馆辖区内有派遣国国民受逮捕或监禁或羁押候审,或受任何其他方式之拘禁之情事,当事人有权由当局迅即告知本款规定之权利,并有权请求接受国主管当局应迅即通知派遣国领馆。受逮捕、监禁、羁押或拘禁之人致领馆之信件亦应由该当局迅予递交。

三、本条第一、二项所称各项权利应遵照接受国法律规章行使之,但此项法律规章务须使本条所规定之权利之目的得以充分实现。"

四、结论

综上所述,从国际法的角度看,我国在双边领事条约、双边投资协定和《维也纳领事关系公约》方面具有完善的空间。第一,我国现行有效的双边领事条约存在绝对数量不足、有关领事保护的内容碎片化、领事基本职务和具体职务之间不明确以及缔结双边领事条约的程序耗时较长的问题。第二，从我国现行有效的双边投资协定来看，我国海外投资者在东道国享有的，与国民待遇、最惠国待遇以及公平公正待遇相关的规定亟待完善。第三，我国海外投资者及海外务工人员的人身安全保护问题易受到东道国自然灾害、恐怖袭击及暴力事件的影响，应当受到重视。第四，从领事通知和探视的角度看，《维也纳领事关系公约》尚未明确领事通知和探视属于个人权利，不利于我国驻外使领馆向被接受国政府采取人身强制措施的海外公民提供领事保护。

　　针对上述问题，本文提出了以下完善建议：第一，建议在加快推进双边领事条约签订进程的同时，对现有双边领事条约中已经不符合两国国情和实践的条文进行修订和完善。第二，应进一步完善双边投资协定中与国民待遇、最惠国待遇与公平公正待遇相关的条款，并在双边投资协定中增设保护海外投资者及海外务工人员人身安全的条款。第三，应明确《维也纳领事关系公约》中领事通知和探视属于派遣国国民的个人权利，为缔约国的领事官员在接受国领区内保护本国公民的正当权益提供更详尽的国际法依据，并在必要时依据这一公约追究违约国的国家责任。

美国次级制裁在 WTO 体制下的合法性研究

——基于国家安全例外条款的思考

潘 晓[*]

【摘要】作为一种经济制裁手段，美国次级制裁对国际自由贸易流动所造成的阻碍背离了 WTO 贸易自由化的基本价值目标，其违法性能否因"安全目的"而被排除，关键在于成功援引国家安全例外条款的可能性。从 DS512 案专家组对成员国适用安全例外 b 款提出的条件来看，即使认为美国次级制裁在客观上符合三种特定情形、界定"基本安全利益"的善意能够获得肯定，也会因次级制裁措施与保护基本安全利益之间不存在合理关联而未能遵循"善意"原则的要求。此外，美国次级制裁是对安理会制裁决议的扩大化适用，又与联合国的宗旨及原则相悖，也不属于为维护国际和平与安全而采取的行动。因此，国家安全例外条款难以成为美国次级制

---

[*] 潘晓，华东政法大学国际法学院硕士研究生。

裁的正当性抗辩理由，其在 WTO 体制下的合法性存在疑问。

【关键词】 次级制裁　合法性　WTO　国家安全例外条款

一、问题的提出

长期以来，美国逐渐发展形成的一套较为完善的国内法域外适用法律体系，对现有的国际法框架和国际秩序产生了巨大冲击。次级制裁则是美国以国内经济制裁法的域外效力为依据对他国实施单边经济制裁的具体表现，并然严重侵害了他国利益并引发国际担忧，也因而产生了国际社会围绕次级制裁是否违反国际法基本原则，是否具备合法性的争议和讨论。

作为美国经济制裁体系的重要组成部分，次级制裁对国际贸易自由化产生了巨大的直接不利影响，因此应受到国际经济法的规制。从具体措施来看，美国次级制裁涵盖冻结财产、贸易禁运、拒绝交易等一系列手段，可能涉及投资者待遇、非歧视待遇、一般禁止数量限制等问题，违反了最惠国待遇、国民待遇、贸易自由化与便利化等多项 WTO 基本原则。不过，WTO 为避免国家为从事贸易活动而牺牲基本安全利益，在诸多实体性多边自由贸易协定中均设置了国家安全例外条款，美国也往往会以国家安全为借口实施次级制裁。因此，美国能否援引安全例外条款为其贸易限制措施进行辩护，就成为美国次级制裁获得 WTO 体制下合法性的关键。

国家安全例外条款共有三款规定，赋予了成员国在不同情形下为保护国家基本安全利益而暂停履行 WTO 义务的权利。其中，a 款指出成员国有权拒绝公布其认为与基本安全利益相关的信息；b 款允许成员国在三种特定情形下主动采取行动，以保护国家基本安全利益；c 款则与《联合国宪章》第 103 条❶相呼应，为成员国采取行动以优先履行宪章义务、维持国际和平与安全提供了保障。在 GATT 时期以及 WTO 成立以来的很长一段时间，虽然也出现过涉及国家安全例外条款的争议案件，但始终没有形成 GATT/WTO 的先例，也未曾有权威机构从法律上对此作出具体的解释或说明。直至 2019 年，WTO 争端解决机构才首次通过"乌克兰诉俄罗斯过境通行措施案"（DS512 案）专家组报告对这一极具争议的例外条款作出法律解释，使各成员国对其内涵和适用条件有了进一步的理解。

由于美国次级制裁不涉及拒绝信息公布的问题，而是美国主动对第三国实施的一系列经济强制措施，故本文将以 WTO 专家组对 GATT 第 21 条 b 款的条约解释为切入点，说明其对嗣后 WTO 成员方援引国家安全例外条款所具备的重要参考价值，并围绕国家安全例外 b 款和 c 款的规定对美国次级制裁在 WTO 体制下的合法性问题进行讨论。

二、DS512 案专家组报告简析

（一）DS512 案专家组对 GATT 第 21 条 b 款的法律解释

作为首个正式对国家安全例外条款作出法律解释，且已生效并具有法律约束力的裁决，DS512 案专家组报告肯定了 WTO 争端解决机构对成员方援引安全例外条款进行抗辩的行为具有管辖权，并对专家组有权客观审查的事项和程度以及成员方自由裁量的范围进行了界定，从而明确否定了成员方适用安全例外条款的完全

---

❶ 《联合国宪章》第 103 条规定："联合国会员国在本宪章下之义务与其依任何其他国际协定所负之义务有冲突时，其在本宪章下之义务应居优先。"

自决权。

首先，专家组对成员方援引国家安全例外条款进行抗辩的案件具有管辖权。专家组认为此类案件属于其授权管辖范围，行使管辖权系《关于争端解决规则和程序谅解》（DSU）所赋予的权力与职责。从 DSU 第 1 条"范围与适用"以及附件 1、附件 2 的规定来看，DSU 并未对涉及 GATT 第 21 条的争议案件设置任何特殊或附加程序规则，因此 DSU 的一般规则和程序要求对安全例外条款依然适用。❶ 此外，国家安全例外条款的文本也表明，只有在专家组对该条款进行法律解释之后，才能够最终确定其裁判权究竟属于专家组还是成员方。❷

其次，成员方所主张的 b 款所列三种特定情形是否真实存在，是可以由专家组根据实际案情进行客观审查的事项，不宜赋予成员方以主观判断权。从 b 款的逻辑结构来看，三种特定情形的列举发挥着限制性条款的功能，其目的便在于限制成员方自由裁量权的行使。❸ 就 WTO 期望促进长期稳定的互惠互利安排这一宗旨和目标而言，由成员方对三种特定情形的客观存在进行自主判断也是不合理的，或将成为其依单方意志规避 WTO 义务的借口，进而破坏 WTO 多边贸易体制的整体稳定性和可预见性。❹

最后，在遵循"善意"原则的前提下，成员方就界定"基本安全利益"以及选择采取何种行动享有较大的自主裁量权，但不得将国家安全例外条款作为规避条约义务的手段，仍需承担一定的举证责任并接受专家组的有限审查。专家组指出，"基本安全利

---

❶ See Panel Report, *Russia – Traffic in Transit*, WT/DS512/R, pp. 7.54 – 7.56.
❷ *Id.*, p. 7.58.
❸ *Id.*, p. 7.65.
❹ *Id.*, p. 7.79.

益"的范围相对较窄,一般系指与国家基本职能相关的利益,即保护领土和人民免受外部威胁,以及对内维护法律和公共秩序。成员方有责任根据客观情况的紧急程度,充分阐明其主张受到威胁的基本安全利益,并证明其真实性。❶ 同时,成员方所选择适用的必要措施应与其所欲保护的基本安全利益之间存在最低限度的关联性,相关措施与紧急情况之间的联系也不能过于疏远,否则将被认定为是在不合理地保护基本安全利益。❷

(二) DS512 案专家组报告的价值分析

从 DS512 案专家组报告的内容来看,WTO 争端解决机构存在通过条约解释限缩国家安全例外条款适用范围的倾向,并借此向广大成员方传递了 WTO 坚定捍卫多边贸易体制和反对单边主义、贸易保护主义的态度,也为 WTO 框架下国家安全例外条款的后续适用打下了良好的法律基础。

在 WTO 争端解决的过往条约解释实践中,专家组和上诉机构就曾多次在分析一般例外条款的适用条件及判断路径时,借鉴和参考先前裁决对相同或相似条约款项的分析框架及结论并据此作出裁决,❸ 形成了 WTO 框架下类似遵循先例的做法,与条约解释的国际法实践中保持"判理稳定性"的习惯做法达成了高度一致。❹ 因此,虽然 DS512 案专家组报告主要围绕 GATT 第 21 条安全例外条款进行分析,但由于这一条款已经为随后的 GATS、TRIPS、TRIMS 等诸多实体性多边贸易协定所实质性纳入或直接准

---

❶ *Id.*, pp. 7.130 – 7.135.

❷ *Id.*, pp. 7.138 – 7.139.

❸ See *e.g.*, Appellate Body Reports, *US – Gambling*, WT/DS285/AB/R, para. 291 and Appellate Body Report, *Argentina – Financial Services*, WT/DS453/AB/R, p. 6.202.

❹ 张乃根:"国际经贸条约的安全例外条款及其解释问题",载《法治研究》2021年第1期。

用，因而对于美国众多与货物贸易、金融服务、知识产权、投资限制等领域相关的次级制裁措施的合法性证成均具有重要参考价值。

更重要的是，WTO 第二起就国家安全例外条款作出裁决的"卡塔尔诉沙特阿拉伯知识产权保护案"（DS567 案）已经明显与 DS512 案形成了前后相继的现象。DS567 案专家组指出，由于 TRIPS 第 73 条与 GATT 第 21 条的措辞完全一致，DS512 案就评估成员方援引国家安全例外条款所形成的完整分析框架可以直接为本案提供指导。❶ 其中，DS567 案专家组对"国际关系中的其他紧急情况"这一条约用语的分析，甚至是在 DS512 案专家组所提出的条约解释用语的基础上所作的进一步解释，已经完全偏离了对安全例外条款本身的解释。❷ 而 DS567 案专家组报告中涉及安全例外条款的分析及论证结果部分，也已然得到了当事国的认可。❸

三、美国次级制裁是否满足国家安全例外 b 款的适用条件

作为 WTO 成员方适用国家安全例外条款问题的转折点，DS512 案专家组报告首次明确否定了国家安全例外 b 款的完全"自裁决"性质，指出成员方适用安全例外条款应受 WTO 争端解决机构的外部审查。这意味着美国将难以继续通过其在与欧盟有关《赫尔姆斯—伯顿法》争端中"美国可以单方面判断是否适用 GATT 和 GATS 中的国家安全例外条款"❶ 的主张直接为次级制裁措施进行辩护。美国

---

❶ See Panel Report, *Saudi Arabia - Protection of IPR*, WT/DS567/R, p. 7. 241.
❷ Id., p 7. 257.
❸ See Notification of Appeal by Saudi Arabia in DS567, WT/DS567/7.
❶ 杜涛："国际经济制裁法律问题研究"，法律出版社 2015 年版，第 184 页。

次级制裁措施只有在客观上符合 b 款所列三种特定情形，且遵循"善意"原则的前提下，才能够援引此款进行合法性抗辩。

（一）美国次级制裁是否符合 b 款所列三种特定情形

从时间性角度来看，国家安全例外 b 款所列的三种特定情形一方面允许成员国针对核材料与军用物品进行常态化的特殊管理；另一方面要求成员国仅在战争或出现国际关系中的其他紧急情况之时才能够采取特别行动。

就美国针对伊朗和朝鲜的次级制裁项目来看，无论是禁止第三国企业及个人与其进行贸易和经济往来，还是禁止第三国金融机构为其提供各类金融服务，美国均声称其目的是通过阻断伊朗和朝鲜的所有筹措资金渠道，以阻止其继续从事核试验或开发其他大规模杀伤性武器。❶ 安理会决议也表示"关切伊朗的核计划有扩散风险"并"最严重地关切朝鲜正在进行的核相关和弹道导弹相关活动进一步加剧该区域内外的紧张局势"。❷ 这意味着伊朗和朝鲜存在核武器扩散风险确实是国际社会公认的客观情况，并非美国依其单方调查而得出的结论。可见，美国此类次级制裁措施确实在客观上与"裂变材料或提炼裂变材料的原料"有关。此外，安理会决议指出伊朗和朝鲜所进行的核试验是"对旨在加强全球防止核武器扩散机制的国际努力构成的挑战"，并且"扩散核武器将使发生核战争的危险严重增加，进而使全人类遭受浩劫"。❸ 因此，伊朗和朝鲜的核扩散风险确实将在全球范围内造成高度的紧

---

❶ See e. g., Iran Sanctions Act of 1996, as Amended Through Public Law 114 – 277, Sec. 3. Declaration of Policy and North Korean Sanctions and Policy Enhancement Act of 2016, Public Law 114 – 122, 130 Stat. 93, Sec. 2. Findings；Purposes.

❷ 联合国安全理事会第 1737（2006）号决议、第 2321（2016）号决议序言部分。

❸ 联合国安全理事会第 2321（2016）号决议、《不扩散核武器条约》序言部分。

张和危机,并持续损害美国的国防和军事利益,足以构成"国际关系中的其他紧急情况"。

不过,美国更多的次级制裁项目往往仅以美国总统依据《美国国际紧急经济权力法》(IEEPA)和《美国国家紧急情况法》(NEA)宣告的"国家紧急状态"为基础,并不存在对相关紧急情况进行指认的安理会决议,也与核材料和军用物品无关。此时,b款第3项"国际关系中的其他紧急情况"更有可能被美国用于主张其次级制裁的合法性。不过,本文认为从DS512专家组报告来看,要成立"国际关系中的其他紧急情况",成员国应当正在面临与战争具有同质性的特定危机情况,即不可预见的或需要立即采取行动的危险或冲突,且必须涉及一国的国防与军事利益或维护法律和公共秩序利益。❶ 而由于美国"国家紧急状态"的认定十分随意、缺乏有效的外部审查机制且存续期限不定,因而此类仅依据国内法宣布的"国家紧急状态"不足以直接证明国家安全例外条款中"国际关系中的其他紧急情况"的产生。

首先,与《美国对敌贸易法》(TWEA)相比,IEEPA和NEA固然对美国总统的权力进行了限制,但也只是将造成国家紧急状态的威胁来源限于美国境外,并提出每六个月向美国国会提交进展报告的程序性要求。❷ 美国总统的实体性权力并未在根本上受到影响,其在宣布进入国家紧急状态时依然享有广泛的自由裁量权,具有较大的任意性。从美国总统为实施次级制裁措施而签署的行政命令来看,其总是用较大的篇幅具体阐释被制裁国自身出现的人权

---

❶ 丁丽柏:"论WTO对安全例外条款扩张适用的规制",载《厦门大学学报》(哲学社会科学版)2020年第2期。

❷ See International Emergency Economic Powers Act (IEEPA), 50 U.S.C. §§1701, 1703, 1706. See also National Emergencies Act (NEA), 50 U.S.C. §1621.

危机或是第三国的民主进程、和平安全、主权稳定和领土完整因被制裁国的行动和政策而遭受威胁,却丝毫不提及上述外国局势是如何对美国的国家安全、外交政策和经济利益构成"非同寻常的威胁",从而使美国陷入与战争相似的特定紧急状态的。❶ 而这一因果关系说理的缺失将极大减损美国援引 b 款第 3 项的正当性与合理性。

其次,虽然 NEA 要求参众两院在总统宣布国家紧急状态后的每六个月都对其必要性进行重新审议,并有权在审议过程中通过联合决议终止国家紧急状态,❷ 然而自 1976 年 NEA 颁布以来,美国国会在 2019 年才首次发起并通过一项"反紧急状态"决议,而这一决议随后又因美国总统行使否决权而被退回众议院。❸ 从上述立法及实践来看,美国总统宣布并维持国家紧急状态的权力缺乏必要的国内约束机制,美国国会也难以对总统权力形成有效掣肘。因此,若认为美国总统宣布的"国家紧急状态"便足以构成"国际关系中的其他紧急情况",这一特定情形的判断权将再次落入成员国的完全自决范围,变相剥夺了 WTO 争端解决机构的客观审查权,与 DS512 案专家组报告的结论相悖。

最后,自 NEA 颁布以来,美国至今仍有 30 余项生效的国家紧急状态,❹ 其中部分状态甚至已经持续了几十年之久。而若美国未

---

❶ See e. g. , Executive Order 13660 of March 6, 2014, Blocking Property of Certain Persons Contributing to the Situation in Ukraine and Executive Order 13692 of March 8, 2015, Blocking Property and Suspending Entry of Certain Persons Contributing to the Situation in Venezuela.

❷ See National Emergencies Act (NEA), 50 U. S. C. §1622 (b).

❸ Trump's official veto message to Congress, https://edition.cnn.com/politics/live-news/trump-veto-national-emergency/index.html, 访问日期:2021 年 7 月 8 日。

❹ 31 Old National Emergencies Are Still in Effect Today & Phew, That's A Lot, https://www.bustle.com/p/31-national-emergencies-still-in-effect-today-that-you-probably-dont-know-about-15955979, 访问日期:2021 年 6 月 9 日。

能在总统宣告紧急状态的同时实施次级制裁,而是在经过了一段较长时间之后才试图以曾经宣布的国家紧急状态为依据实施次级制裁,则相关情况显然不具有突发性,危机的紧迫程度也将遭到别国的挑战。

可见,部分美国次级制裁措施直接针对核材料与军用物品,并以安理会决议为相关性以及存在"国际关系中的其他紧急情况"进行背书,确实在一定程度上符合 b 款所列的特定情形。而另一部分次级制裁措施则不涉及核材料与军用物品,且仅存在美国总统依据 IEEPA 和 NEA 等国内法宣告的国家紧急状态,尚不足以被认定为存在 b 款第 3 项"国际关系中的其他紧急情况"这一特定情形。

(二) 美国适用次级制裁是否遵循"善意"原则

"善意"原则在国家安全例外条款中的适用以《维也纳条约法公约》第 31 条的条约解释规则为法律依据,在总体上向成员国提出了"不将安全例外用于规避其在 WTO 项下义务"的要求。虽然"善意"原则本身具有较为强烈的主观性色彩,专家组仍然进一步对"善意"原则所衍生出的法律标准作出了细化,具体体现为成员国在界定"基本安全利益"时的善意,以及对涉案措施与基本安全利益之间存在合理关联的证明义务。[1]

值得注意的是,WTO 国家安全例外条款的约文中并未直接提及"国家安全",而是以"基本安全利益"进行表述,似乎意在限缩安全利益的范围。然而在实践中,"基本安全利益"已经越来越多地被解释为"与国家安全相关的利益",国家安全的外延也正逐

---

[1] See Panel Report, *Russia – Traffic in Transit*, WT/DS512/R, p. 7. 132, pp. 7. 138 - 7. 139.

步扩展至经济安全、信息安全等非传统安全领域。❶ 近年来，已有包括美国在内的多个 WTO 成员方将诸如产业安全、网络安全等非传统安全问题与国家安全挂钩，并据此采取了相关贸易限制措施。美国更是将国家安全视为解决从贸易到移民等一系列问题的重要手段。❷

对于美国此种泛化"国家安全"概念并滥用国家安全例外条款的倾向，美国国内的大部分评论都集中在呼吁行政部门遏制过度援引"国家安全"的做法。❸ 我国也有学者认为"综合安全观"只是各国基于国家战略对安全的理解，WTO 安全例外条款的适用仍应限制在严格意义的安全冲突之下，并且受成员国适用这一规则的惯例限制。❹ 而国际司法实践正体现了各国以谨慎的客观文本主义态度对"安全例外"进行法制化约束的共识，对于非传统安全问题高度强调危机的紧急性与社会危害性。❺

不过，学界尚未就各类非传统安全威胁究竟需要达到何种程度才足以归入 WTO 安全例外条款的适用范围形成普遍接受的观点，WTO 争端解决机构在出具专家组报告时也回避了这一争议性问题，为国家安全例外条款的扩张适用留下了空间。出于司法克制主义的主导和对各成员国主权的尊重，WTO 专家组对"基本安全利益"这一概念的阐释依然很模糊，并且沿用了"海龟海虾案"所确定的动态解释方法，认为"基本安全利益"的具体内涵会随

---

❶ 梁咏："论国际贸易体制中的安全例外再平衡"，载《法学》2020 年第 2 期。
❷ See Heath J. Benton, National Security and Economic Globalization: Toward Collision or Reconciliation, 42 *Fordham International Law Journal* 1431 (2019), p. 1432.
❸ Id.
❹ 李巍："新的安全形势下 WTO 安全例外条款的适用问题"，载《中国政法大学学报》2015 年第 3 期。
❺ 赵海乐："一般国际法在'安全例外'条款适用中的作用探析"，载《国际经济法学刊》2021 年第 2 期。

着时代的发展而变化，应根据各国的特定国情和认知水平而定。❶

由于 IEEPA 第 1701 条对"总统权力行使"的规定相对模糊，❷据以实施次级制裁的行政命令通常只是简要地声明美国的"国家安全、外交政策和经济"受到了非同寻常的威胁，而不会作进一步阐释。不过，由于"基本安全利益"的界定仅会受到 WTO 争端解决机构的有限审查，因此即便美国的表述不够精确，也存在被认定为符合"最低限度的要求"的可能性。❸

只是如前文所述，美国以国内法为依据宣布的"国家紧急状态"并不具有"国际关系中的其他紧急情况"的典型特征，因此美国有必要对其所欲特别保护的"基本安全利益"进行具体说明，以证明该"基本安全利益"与"国际关系中的其他紧急情况"间具有充分的关联性，而这是目前美国在界定"基本安全利益"时有所欠缺的部分。❹ 不过这也意味着，即便美国为实施次级制裁而对国家安全进行了扩张解释，只要其充分阐明是何种安全利益受到了国际关系紧急情况的威胁并证明其真实性，就难以否定美国在界定"基本安全利益"时存在的善意。

即使如此，美国也还必须证明适用次级制裁措施与保护美国基本安全利益之间存在合理关联，而并非是在不合理地保护这些利益。本文认为，随着美国不断通过其国内制裁法体系扩大次级制裁的范围和程度，甚至试图管辖所有以美元进行的贸易往来，美国的次级制裁正愈发偏离"最低限度的合理性"，不符合"善意"原则的要求。

---

❶ See Panel Report, *Russia – Traffic in Transit*, WT/DS512/R, pp. 7.130 – 7.131.
❷ See International Emergency Economic Powers Act (IEEPA), 50 U.S.C. § 1701.
❸ See Panel Report, *Saudi Arabia – Protection of IPR*, WT/DS567/R, p. 7.281.
❹ See Panel Report, *Russia – Traffic in Transit*, WT/DS512/R, p. 7.135.

其一,"禁止权利滥用是善意原则的具体表述或实施方式之一",❶ 而美国适用次级制裁措施涉嫌构成权利滥用。基于WTO国家安全例外条款的规定,美国固然有权为保护国家基本安全利益而暂时停止履行其应当承担的WTO义务,并进行必要的特殊制度安排,然而"以损害另一缔约方条约利益的方式行使权利是不合理的"。❷ 美国次级制裁的逻辑系凭借其在国际经济上的优势地位,通过威胁切断与第三国的经济往来,迫使第三国放弃其根据WTO协定享有的与被制裁国进行自由贸易的权利,并配合美国开展制裁。有学者进一步指出,美国域外经济制裁法律所针对的第三国与被制裁国之间的正常贸易往来并没有对美国的国家安全构成直接危害。❸ 可见,美国为保护其本国基本安全利益而干涉第三国之间的正常经贸往来,不仅损害了其他WTO成员方的条约利益,也减损了以WTO为代表的多边贸易体制的可靠性和可预见性。

其二,由于美国次级制裁极有可能会给被制裁国造成严重的人道主义危机,其合理性是存疑的。相较于各类武力强制性措施,经济制裁虽并非更有效,却因被认为是一种更为人道的方式而成为20世纪以来被广泛运用的对外政策工具。然而从制裁实践来看,多边经济制裁曾屡次导致被制裁方出现严重的人道主义灾难,即便是所谓的"聪明制裁"也未能有效降低传统经济制裁所造成的人道主义负面伤害,而单边经济制裁对被制裁方造成的伤害通常

---

❶ 刘敬东:《WTO法律制度中的善意原则》,社会科学文献出版社2009年版,第107页。
❷ [英]郑斌:《国际法院与法庭适用的一般法律原则》,韩秀丽、蔡从燕译,法律出版社2012年版,第129页以下。
❸ 杜涛:"美国单边域外经济制裁的国际法效力问题探讨",载《湖南社会科学》2010年第2期。

是有限的。❶ 不过，美国次级制裁表面上虽属单边经济制裁，却已经在实际上产生了多边制裁的效果，危害性远高于单边初级制裁。美国一贯将自己标榜为人权的坚定捍卫者，并声称实施次级制裁的目标在于保护和促进人权并维护美国的基本安全利益，但是一些次级制裁措施所限制或禁止的经贸活动范围过于宽泛，增加了侵犯人权的潜在可能性，还有一些措施的执行结果更是实质性地加剧了被制裁方的人道主义危机，❷ 而这将使美国次级制裁的合理性受到极大的质疑。

其三，"次级制裁不因其服务的目的正当而自动取得手段正当性。"❸ 这意味着即便存在同样认可安全威胁的存在与采取制裁措施必要性的安理会决议，也不能直接被用于论证美国次级制裁措施与保护其基本安全利益之间存在"最低限度的合理性"。从安理会制裁决议的执行状况来看，美国通常是唯一一个使用次级制裁措施的国家，❹ 其中的部分措施还远远超出安理会决议的授权范围，这意味着美国次级制裁的必要性与正当性是存疑的。

因此，虽然美国次级制裁存在被认定为符合 b 款所列三种特定情形的可能性，其界定"基本安全利益"的善意也较难被否定，但从美国次级制裁手段与范围不断升级和扩张的趋势来看，美国实施次级制裁缺乏对人道主义的考量、涉嫌构成权利滥用，与保护国家基本安全利益之间的关联性和合理性也愈发微弱，故而无

---

❶ 田斌：《经济制裁：有效与人道的权衡》，中国经济出版社2019年版，第3—6页、第59—61页。

❷ See Judson Bradley, The Legality of Executive Orders 13628 and 13645: A Bipartite Analysis, 29 *Emory International Review* 705 (2015), pp. 706—708.

❸ 赵海乐："安理会决议后的美国二级制裁合法性探析"，载《国际法研究》2019年第1期。

❹ 凌冰尧："美国次级制裁的合法性分析"，载《武大国际法评论》2020年第5期。

法通过国家安全例外 b 款来主张其适用次级制裁措施的正当性与合法性。

四、美国次级制裁是否属于为维持国际和平与安全而采取的行动

根据《联合国宪章》第七章的规定，安理会是联合国唯一有权为维持国际和平与安全而采取行动（包括集体经济制裁措施）的机构。受此制约，加之尚不存在有权对安理会决议进行合法性审查的机构，国家安全例外 c 款在实践中鲜有争议。这也使得国家安全例外 c 款成为安理会制裁决议通过后，美国"为维护国际和平与安全"而实施次级制裁最为合适的抗辩理由。不过，WTO 争端解决机构依然有权审查成员国所采取的措施是否僭越了安理会决议的授权，❶ 这也为否定美国次级制裁基于 c 款的合法性留下了解释空间。

虽然有学者认为美国次级制裁的"根据"是美国国内法，因此不符合 c 款中"根据《联合国宪章》"的"根据"（in pursuance of）一词，c 款对美国而言应用价值也就不大了。❷ 不过，安理会决议所涵盖的制裁类型确实包含次级制裁，美国也不乏以接受并履行安理会决议之名而实施的次级制裁。例如，美国在 2016 年颁布的《推进朝鲜制裁与政策法》中便援引了大量安理会决议作为依据，并声称该次级制裁立法是为确保安理会的制裁决议能够得到各成员国的一致执行而制定的战略，将有助于改善当前制裁决

---

❶ 王淑敏："国际投资中的次级制裁问题研究——以乌克兰危机引发的对俄制裁为切入点"，载《法商研究》2015 年第 1 期。

❷ 赵海乐："安理会决议后的美国二级制裁合法性探析"，载《国际法研究》2019 年第 1 期。

议无法得到有效执行的困境。❶ 因此，本文认为美国依然极有可能以 c 款作为实施次级制裁措施的抗辩。

（一）美国次级制裁是对安理会制裁决议的扩大化适用

美国的次级制裁体系是以 TWEA 和 IEEPA 为基础管辖权依据，并通过专门的国内制裁法案、行政法规与总统命令，针对特定情事直接规定具体次级制裁措施的复杂国内法体系。❷ 不过，美国在各类国内制裁立法中纳入次级制裁措施时通常会频繁提及安理会制裁决议，似乎是在借此暗示其制裁行为存在充分的国际法依据。然而，美国次级制裁事实上并不是严格根据安理会决议内容而实施的制裁措施，而是对安理会决议的扩大化适用。

一方面，安理会决议通常对于贸易制裁措施所针对的具体物项、材料、设备、货物、技术和投资产业都有严格的限制。然而，哪怕是在暂且不论安理会决议的贸易制裁对象究竟是目标方国民还是第三方国民的前提下，美国贸易制裁措施所针对的行业和领域都会在安理会决议列明的制裁范围基础上有所拓展。

在安理会为解决伊核问题而对伊朗作出的制裁决议中，所列明的贸易制裁对象仅限于与伊朗发展核武器直接相关的物品和技术。具体而言，安理会禁止各国向伊朗供应、销售、转让或出口的物项，始终都只包括核材料、核设备与核技术，不过具体的物项清单有所更替而已。❸ 而美国却通过《全面制裁伊朗、问责和撤

---

❶ See North Korean Sanctions and Policy Enhancement Act of 2016, Public Law 114-122, 130 Stat. 93, Sec. 202. Ensuring the Consistent Enforcement of United Nations Security Council Resolutions and Financial Restrictions on North Korea.
❷ 杨永红：“次级制裁及其反制裁——由美国次级制裁的立法与实践展开"，载《法商研究》2019 年第 3 期。
❸ 联合国安全理事会第 1737（2006）号决议、第 1803（2008）号决议、第 1929（2010）号决议。

资法案》(CISADA)显著扩大了与能源相关的可制裁范围,将大量有助于伊朗发展炼油业的投资、贸易和服务活动视为可引发制裁的行为。❶ 2019 年,美国更是根据《伊朗自由和反扩散法案》,在不考虑货物最终用途和终端用户的情况下,一刀切地对伊朗建筑业和金属业实施制裁。❷ 而炼油业、建筑业和金属业的相关问题,从未出现在安理会决议之中。在投资方面,安理会决议也仅禁止与核材料和核技术相关的投资,❸ 而美国在《美国对伊朗与利比亚制裁法》中却增加了对伊朗石油业的投资限制。❹

另一方面,安理会决议所规定的各类制裁措施中虽然也存在次级制裁,但通常限于金融资源及服务贸易,并不涉及 GATT 所规范的货物贸易。而即使美国试图通过 GATS 的国家安全例外条款来主张其金融制裁的合法性,也会因超出安理会决议的制裁范围而无法取得成功。

以美国针对伊朗的金融制裁为例,第三方金融机构只要在伊朗金融领域开展业务,甚至仅仅是在伊朗境外大量持有伊朗货币或以伊朗货币进行交易,就会受到美国的金融制裁,而美国完全不考虑这种金融活动是否在事实上有助于伊朗的核扩散活动。具体而言,其一,联合国安理会的制裁决议仅授权成员方对其本方境内或受其管辖的金融机构,以及在伊朗境内设立或受伊朗管辖

---

❶ See Comprehensive Iran Sanctions, Accountability, and Divestment Act of 2010, Public Law 111-195, Sec. 102 (a) (1).

❷ US Targets Iran Construction Sector and Metals Industry with New Sanctions, https://sanctionsnews.bakermckenzie.com/us-targets-iran-construction-sector-and-metals-industry-with-new-anctions/,访问日期:2021 年 6 月 11 日。

❸ 联合国安全理事会第 1737 (2006) 号决议第 6 段、第 1929 (2010) 号决议第 7 段。

❹ See Iran and Libya Sanctions Act of 1996, Public Law 104-172, 110 Stat. 1541, Sec. 5. Imposition of Sanctions.

的金融机构进行制裁。而美国金融制裁则忽视安理会决议对地域和管辖权的要求,将所有与伊朗发生业务往来的金融机构全部列为次级制裁对象。其二,联合国安理会的制裁决议明确指出,仅在"有情报提供合理理由认为"某类金融服务可能有助于伊朗的核扩散活动时,才可以对相关金融机构进行制裁。而美国 CISADA 在实施金融制裁时,并不以存在确切的情报或依据为前置要件。❶

(二) 美国次级制裁与联合国的宗旨及原则相悖

主权,是国家独立自主地处理其一切内外部事务的最高权力,是国家的根本属性和固有权利。国家主权平等原则既是传统国际法的重要原则,也是现代国际法的基本原则之一,获得了国际社会的普遍认可。在《联合国宪章》中,国家主权平等原则更是位列各项原则之首。不干涉内政原则同样在《联合国宪章》第 2 条中得到了明确,其要求国家在国际关系中不得以任何借口或方式介入别国的内部事务,不得将自己的立场或意志强加于别国,是对国家间主权平等状态提出的基本要求。❷

而美国为提高其单边初级制裁的有效性,罔顾可能对其他国家产生的不利影响,通过次级制裁迫使第三方在同被制裁方进行经贸往来与接受美国制裁之间作出选择,又凭借其先进技术、广阔市场和在国际货币体系中的绝对优势地位,使第三方无力承受被美国制裁的严重后果,被迫改变对外经济贸易政策和制度。这显然违反了国家主权平等原则和不干涉内政原则,与联合国的宗旨及原则相悖,美国次级制裁也就无从谈起是根据《联合国宪章》而采取的行动了。

---

❶ 刘道纪、高祥:"美国次级制裁合法性问题研究",载《南京社会科学》2018 年第 10 期。同时参见联合国安全理事会第 1929 (2010) 号决议第 21、24 段。
❷ 王虎华:《国际公法学》,北京大学出版社 2005 年版,第 52—59 页。

出于对各国主权的尊重,《联合国宪章》第 25 条虽然指出各会员方同意依宪章之规定接受并履行安全理事会之决议,但安理会的制裁决议通常不会就成员方应当如何执行决议作出具体规定,或要求各方在履行制裁义务时采取统一的一致行动。换言之,安理会制裁决议的执行并没有一个统一的标准。在具体执行细则的制定权方面,每个成员方都有权利,也必然会在进行利益权衡后,才根据各方的特定政治、经济和社会制度,依据国内法决定采取何种程度的制裁措施以履行宪章义务。

然而,美国次级制裁却迫使第三方对被制裁方采取与美国完全相同的制裁措施,试图通过单边制裁手段实现多边制裁的效果。以美国针对俄罗斯的次级制裁为例,由于中国和俄罗斯多次在安理会依法行使否决权,阻碍美国发起的制裁决议通过,并不顾美国单边初级制裁的意图,执意保持贸易和投资往来,美国才不得不以次级制裁取而代之。[1] 可见,美国次级制裁完全是在违背联合国全体成员国协调意志的情况下,利用其国际金融和经济方面的优势地位,将本国的立场和意志强加于其他国家,与联合国的宗旨及原则背道而驰。

退一步说,即使部分国家没有完全遵守或履行安理会的制裁决议,美国也无权在缺乏安理会授权的情况下代为承担安理会维持国际和平与安全的责任,并依照其以单方意志制定的次级制裁措施敦促他国执行安理会决议。从制裁决议的监督机制来看,安理会往往会设立专门的制裁委员会以监督和促进制裁措施的执行。该特定制裁委员会有责任审查会员国提交的国家执行情况报告,向安理会报告制裁措施的执行情形,并就可能没有遵守的情况提

---

[1] See Jeffrey A. Meyer, Second Thoughts on Secondary Sanctions, 30 *University of Pennsylvania Journal of International Law* 905 (2009), pp. 924—925.

出意见和建议。不过，最终还是由安理会根据《联合国宪章》第41条、第42条的规定，决定是否有必要采取各类武力以外的办法或海陆空行动以迫使国家执行其决议。

综上，通过比较联合国安理会制裁决议与美国国内制裁法案的制裁范围，可以发现美国实施的部分次级制裁措施只是空有执行安理会决议之名，而实际上在制裁行为和对象等多个方面都超出了安理会决议的授权范围。甚至可以说，美国这些次级制裁"虽然在名义上是基于国际社会共同利益的考量，但其主要目的还是为了实现美国政治经济利益的最大化"，❶ 与联合国的宗旨及原则不相符。是故，美国次级制裁并不属于根据《联合国宪章》为维持国际和平与安全而采取的行动，也就无法通过援引 c 款获得正当性与合法性。

五、结语

次级制裁的本质是一国将其国内经济制裁法进行域外适用的强制性手段，因与传统国际法规则相抵触而始终存在合法性争议，并遭到国际社会的抵制和反对。从国际经济法的视角来看，国家安全例外条款是为次级制裁措施提供 WTO 体制下合法性来源的关键。然而，由于美国适用次级制裁措施并未遵循"善意"原则，又不属于根据《联合国宪章》为维持国际和平与安全而采取的行动，故存在滥用安全例外条款之嫌。

即便如此，美国的次级制裁立法及其适用范围依然呈现出不断扩大蔓延的态势，并屡次对中国产生不利影响。正所谓"救济先于权利"，面对美国带有明显政治意图的次级制裁，国家层面的

---

❶ 刘道纪、高祥："美国次级制裁合法性问题研究"，载《南京社会科学》2018年第10期。

保护对中国企业和个人来说显得格外重要。"经验表明,多边框架下的应对才能对美国次级制裁构成有效反制。"❶ 由于次级制裁的手段主要是经济制裁,美国次级制裁在 WTO 体制下的合法性又存在瑕疵,中国可以运用 WTO 规则积极应对,控诉美国次级制裁措施违反多项 WTO 基本原则,并将相关法案诉诸 WTO 争端解决机制。

不过,由于初级制裁的实际效果不易得到保障,发起多边初级制裁的合意又难以形成,次级制裁确实有其存在的价值。国际社会应当辩证地看待各类次级制裁措施的适用,对于在各类国际法规则合法性边界之内,如符合国家安全例外条款的适用条件、满足安理会决议授权并遵循国际管辖权原则的次级制裁措施,就可以承认其正当性与合法性。

---

❶ 杨永红:"次级制裁及其反制裁——由美国次级制裁的立法与实践展开",载《法商研究》2019 年第 3 期。

论美国联邦法院反域外适用推定原则

王 伟*

【摘要】美国联邦最高法院反域外适用推定原则由美国联邦最高法院及其下级联邦法院的一系列司法判例所确立和发展,其历史几乎与美国联邦法律的时间等同。反域外适用推定原则本质上是联邦法院对美国国会立法适用范围的解释原则,其核心内容是法院对国会立法适用范围意图的解释和判断。近年来,美国联邦法院在其判例中更多地应用、提及反域外适用推定原则,因此研究该原则的历史演进和解释规律、应用该原则为我国法人和公民应对美国法的域外适用具有重要的现实意义。该原则所使用的历史解释、参照上位法或同领域立法、参照

---

* 王伟,华东政法大学国际法学院博士研究生。本文为国家社科基金重点课题"中美贸易争端背景下我国应对美国长臂管辖权法律机制研究"(10AFX025)和国家社科基金重大项目"中国特色社会主义社会主义对外关系法律体系构建研究"(19ZDA167)阶段性成果。

与法律有关的条约文本和签订史、参照行政机构的解释等解释方法及解释规则，对完善我们的司法解释及促进个案司法中正确理解法律具有参考和借鉴意义。

【关键词】 反域外适用推定原则　法律域外适用　法律域外效力　法律解释

引言

近年来，美国在刑事、反垄断、证券、经贸、海商等领域不断扩张其法律域外适用的范围和力度，越来越多的中国法人和个人饱受美国法域外适用之苦。美国司法系统通过刑事诉讼、民事诉讼的手段为美国法域外适用提供了有力的司法支撑。2021年7月19日，美国司法部公布了对我国四名国家网络安全人员的刑事起诉状及对四人的"通缉令"就是一个典型的例子。如何应对美国法域外适用已经成为我国法律理论界和实务界亟须解决的迫切、疑难问题。

美国联邦法院反域外适用推定原则起源于1818年联邦最高法院审理的美国诉帕尔默案。其主旨是在国会立法未规定适用范围的情况下，除非国会有相反的意图，否则联邦法院推定该法仅适用于美国领土范围内的一项重要解释原则。该原则迄今已有二百多年的历史，其间虽屡经应用的低谷，但仍然处在不断地发展和演进过程中，其解释的规律性也越发明显。特别是近30年来，美国联邦法院在其司法判例中更多地应用和提及了反域外适用推定原则。本文研究介绍了反域外适用原则的历史演进过程、分析总结了该原则的解释方法和解释规则，以期为我国法人和公民个人应对美国法域外适用所带来的现实诉讼提供有效的救济途径，为完善我国司法解释和个案司法中正确理解法律提供借鉴和参考。

一、美国联邦法院反域外适用推定原则的历史演进

美国联邦法院反域外适用推定原则是美国联邦法院在国会立法没有规定法律是否域外适用的情形下,原则上推定该法仅在域内适用的法律解释原则。反域外适用推定原则由美国联邦法院的一系列判例所确立,几乎与美国联邦法律的时间一样长,有二百多年的历史和很深的根源。❶

1818 年美国联邦最高法院审理了美国诉帕尔默案。该案得出了《美国联邦刑法》第 8 条并不适用于由外国人在位于公海的外国船舶上实施的并不针对美国船舶或国民的抢劫犯罪这一结论。❷ 首席大法官马歇尔在其负责撰写的多数意见中指出:当立法表明它自身意图清晰,容易理解,这种意图由文字组成,法院受其约束。❸ 美国联邦最高法院 1824 年审理的阿波仑号案中,大法官斯托利在其负责撰写的判决意见中指出:任何国家的法律都不能扩张至其领土之外,除非针对其本国公民。它们没有力量控制任何其他国家在其自身管辖范围内的主权或权利。并且,即使我们的国内法使用一般的且综合的语言,它们在理解上必须一直限制在立法机关有权力和管辖权的地方和个人。❹ 在美国联邦最高法院 1909 年审理的美国香蕉公司诉联合水果公司案中,霍姆斯大法官在其负责撰写的多数意见中提出了更广泛的主张:一般的和最普遍的规则是行为的本质是否合法完全取决于行为发生国的法律。假如存在疑问,上述考虑将导致对任何法律理解为意图限制其实

---

❶ See William S. Dodge, Understanding the Presumption Against Extraterritoriality, 16 *Berkeley Journal of International Law* (1998), p. 85.

❷ United States v. Palmer, 16 U. S. 610 (1818).

❸ Id. p. 630.

❹ Apollon, 22 U. S. 362, 370 (1824).

施和效果于领土界限即立法者有一般立法权的地方。所有的立法推定是属地的。❶ 这一观点称为反域外适用推定原则的早期概述。多数意见还进一步指出：在本国共谋而在另一辖区实施行为并不使得那些行为非法，如果当地法律允许这些行为。❷ 此后1924年联邦最高法院审理的纽约中央铁路公司诉奇泽姆案中，大法官马克雷诺兹所撰写的判决意见指出：《美国联邦雇主责任法》并不含有明确表明国会赋予其域外效力意图的词语，情况也不要求推断出这一目的。法律推定是属地的，并且限制在立法权拥有管辖权的界限内。❸

在香蕉公司案后40年的时间里，总体上反域外适用推定原则在美国联邦法院的影响力开始减弱。1949年，美国联邦最高法院在福利兄弟公司诉菲拉德案中对《美国八小时法》的适用问题再次应用了反域外适用推定原则。里德大法官在其负责撰写的多数意见中认为除非出现相反的意图，国会立法仅在美国属地管辖范围内适用的解释原则是一个确定国会未表达意图的有效方式。❹ 这是比香蕉公司诉水果公司案的多数意见对反域外适用推定原则更为经典的表述。然而，在商标法领域，美国联邦最高法院认为该法能够域外适用。在美国联邦最高法院1952年审理的斯蒂尔诉宝路华手表公司案中，克拉克大法官在其负责撰写的多数意见中指出：解决本案的管辖权问题取决于对已经实施的国会权力的理解，而不是对国会权力的限制。❺《美国兰哈姆法》赋予美国法院广泛的管辖权。依据《美国兰哈姆法》第45节（《美国法典》第15卷

---

❶ American Banana Co. v. United Fruit Co. 213 U. S. 347, 356—357 (1909).
❷ Id. p. 359.
❸ New York C. R. Co. v. Chisholm, 268 U. S. 29, 31 (1925).
❹ Foley Bros., Inc. v. Filardo, 336 U. S. 281, 285 (1949).
❺ Steele v. Bulova Watch Co., 344 U. S. 280, 282—283 (1952).

第1127节),《美国兰哈姆法》表达的意图是"通过使欺诈性和误导性的商标使用可诉来规定国会控制的商业;保护在该商业中所使用的注册商标远离州或地方立法的干扰;保护在该商业中的个人远离不公平竞争;阻止在该商业中通过使用注册商标的复制、仿造、模仿的欺诈;提供美国与外国之间签订的有关商标、商业名称和不公平竞争有关的条约中规定的权利和救济。""商业"被定义为"国会依法规定的所有商业"。❶ 为此,《美国兰哈姆法》第32节第(1)条规定"任何人在商业中"以该条列举的方式侵犯注册商标在民事诉讼中应承担责任。依据《美国兰哈姆法》第45节(《美国法典》第15卷第1121节),"商业"的定义是"国会依法规定的所有商业"。依据《美国兰哈姆法》第39节(《美国法典》第15卷1121节),美国联邦地区法院被授予基于该节所有诉讼的管辖权,并且能根据《美国兰哈姆法》第34节(《美国法典》第15卷1116节)的规定以包括禁令的多种救济来"按照平等原则"阻止对注册人权利的侵犯。❷ 多数意见还指出:本院经常陈述国会立法不能超过美国的边界,除非存在相反的立法意图。因此问题是"国会是否意图使该法适用于"本案的事实。❸ 美国联邦最高法院在宣称《美国兰哈姆法》能够域外适用的同时,通过三个具体因素来支撑它的裁决:(1)由于伪造的手表还是进入了美国境内,被告的伪造行为对美国的商业产生了一些效果;(2)被告是美国公民;(3)墨西哥撤销了斯蒂尔在该国的"宝路华"商标注册,因此为宝路华公司提供救济不会与墨西哥的法律产生冲

---

❶ Id. pp. 283—284.
❷ Id. p. 284.
❸ Id. p. 285.

突。❶ 该三项因素被称为"斯蒂尔"测试。因此，我们不能得出斯蒂尔诉宝路华手表公司案违反反域外适用推定原则的结论，更不能认为该案没有提到反域外适用原则。美国联邦最高法院依据《美国兰哈姆法》第1127条规定的"'商业'是指国会依法规定的所有商业"。并结合《美国宪法》第1条第8款第3项规定的"国会有权规定与外国间、各州之间、与印第安部落间的商业。"将《美国法典》第15卷第1127节第3款解释为美国国会意图扩张《美国兰哈姆法》适用于美国域外的行为，从而为美国法院就域外商标侵权行为实施事务管辖权找到了法律依据。1991年美国联邦最高法院在平等就业机会委员会诉阿拉伯美国石油公司案中，首席大法官伦奎斯特在其撰写的多数意见中重申并细化了这一同样的观点。❷

40年后的1989年，在美国联邦最高法院在阿根廷共和国诉阿美拉达-赫斯航运公司案中，简单地在理解《美国外国主权豁免法》的非商业侵权例外方面应用了反域外适用推定。❸ 仅仅两年后，在美国联邦最高法院在平等就业机会委员会诉阿拉伯美国石油公司案中，首席大法官伦奎斯特所撰写的多数意见首先引用了福利兄弟公司诉菲拉德案对反域外适用推定的经典表述。❹ 随后，多数意见从成文法中的模板语言、判例法等角度全面地分析了国会的立法意图。❺ 自从平等就业机会委员会诉阿拉伯美国石油公司案后，美国联邦最高法院更倾向于应用反域外适用推定原则。在

---

❶ *Id.* pp. 285—289.

❷ EEOC v. Arabian Am. Oil Co. , 499 U. S. 244, 252（1951）.

❸ Argentine Republic v. American Hess Shipping Crop. , 488 U. S. 428, 440—441（1989）.

❹ EEOC v. Arabian Am. Oil Co. , 499 U. S. 244, 248（1951）.

❺ *Id.* pp. 249—259.

随后的近十年里，美国联邦最高法院将反域外适用推定原则应用于《美国联邦侵权索赔法》《美国移民与国籍法》等法律。❶ 在反垄断法领域，美国联邦最高法院于1993年审理的哈特福德火灾保险公司诉加利福尼亚州案中，苏特大法官所负责撰写的第三部分多数意见虽然没有明确、直接地反对《美国谢尔曼法》的域外适用，却指出尽管这一主张并非一直没有疑问，但是现在已经公认的是《美国谢尔曼法》适用于打算在美国产生效果并实际上产生一些实质性效果的外国行为。❷ 然而，在美国联邦第二巡回上诉法院1994年审理的科利亚斯诉D&G海洋维护案中，梅斯基尔法官所撰写的判决意见依据《美国沿海和港口工人补偿法》第39节（b）条建立覆盖公海的赔偿区的规定、该法第3节（a）条不明确提及公海是为了排除海员而不是为了排除域外适用以及行政解释，认为反域外适用推定原则被克服，而该法能够域外适用且适用范围包括公海。❸

2007年美国联邦最高法院审理的微软公司诉电话电报公司案，金斯伯格大法官在其撰写的相对多数意见中指出任何对微软公司的行为脱离了《美国专利法》第271条的质疑将为反域外适用推定原则所解决。❹ 美国联邦最高法院2010年审理的莫里森诉澳大利亚银行案中，斯卡利亚大法官在其负责撰写的多数意见中应用了反域外适用推定，否定了《美国证券交易法》第10节（b）条反欺诈条款域外适用。❺ 多数意见还指出当案件包含一些国内的行

---

❶ Smith v. United States, 507 U.S. 197（1993）. Sale v. Haitian Ctrs. Council, 509 U.S. 155（1993）.

❷ Hartford Fire Ins. Co. v. Cal. 509 F.3d 764, 796（1993）.

❸ Kollias v. D & G Marine Maintenance, 29 F.3d 67, 75（2nd Cir.1994）.

❹ Microsoft Corp. v. AT&T Corp., 550 U.S. 437, 454（2007）.

❺ Morrison v. National Australia Bank Ltd. 561 U.S. 247（2010）.

为，反域外适用推定原则也会应用。❶ 2013 年，美国联邦最高法院审理了基奥贝尔诉荷兰皇家石油公司案。首席大法官罗伯茨在其撰写的多数意见中指出：反域外适用推定原则的应用能够帮助确保司法不会错误地理解美国法，而这种错误的理解会造成政治部门没有明确意图的外交政策后果。反域外适用推定原则限制法院依据《美国外国人侵权法》实施权力。❷ 而且该多数意见特别提到了卡瓦诺法官在埃克森美孚公司案的异议意见中所列举的加拿大、德国、印度尼西亚、南非等国对《美国外国人侵权法》域外适用的反对，并且担心如果接受上诉人的观点将导致其他国家域外适用其法律，以致使美国公民在美国或世界其他地方实施的违反国际法的行为会面临别国法院的诉讼；因此反域外适用推定原则防止法院引发如此严重的外交政策后果，并且政治机构更适合作出这些决定。❸ 2016 年，美国联邦最高法院审理的 RJR 纳比斯科公司诉欧洲共同体案中，阿利托大法官在其负责撰写的相对多数意见中指出了莫里森案和基奥贝尔案反映了分析法律适用问题所采取的两个步骤：首先，法院判断反域外适用推定原则是否被推翻。法院无须考虑所涉法律是否规则行为、提供救济或者仅仅赋予管辖权。其次，如果法律没有域外适用，法院判断法律是否域内适用。如果与法律的重点有关的行为发生在国内，则该案包括许可的法律域内适用，即便其他行为出现在美国国外；如果与法律的重点有关的行为出现在国外，则该案包括不许可的法律域外适用，即便其他行为出现在美国国内。该意见进一步指出有关法律域外适用的范围取决于国会对该法律域外适用施加的限制（或没有限

---

❶ *Id.* p. 266.
❷ Kiobel v. Royal Dutch Petro. Co., 569 U. S. 108, 116—117 (2013).
❸ *Id.* p. 124 (2013).

制),并不取决于法律的"重点"。❶ 仅仅在两年后的西奇科公司诉离子地球物理公司案中,美国联邦最高法院放弃了 RJR 纳比斯科案公司案中法律适用分析两步骤的第一步,而直接从第二步开始分析,并且指出法律的重点是法律所关注的客体,包括它寻求保护的行为、当事人和利益。联邦最高法院认为在涉及《美国专利法》第 274 节第 (f) 条 2 款的案件中,该法第 284 节的重点是从美国出口部件的行为,即在这种情况下,该法的重点是国内侵权行为,因而得出该案系《美国专利法》第 284 节的国内适用问题。❷ 尽管如此,由托马斯大法官负责撰写的该案多数意见中还是指出了法律域外适用推定原则具有很深的根源。❸ 而该案也是近几年美国联邦最高法院判决意见中提及反域外适用推定原则应用问题的最新判例。

二、美国联邦法院反域外适用原则的解释规则

美国联邦法院反域外适用推定原则实质上是联邦法院对国会立法适用范围的解释原则。根据反域外适用推定原则,决定法律能否域外适用取决于美国国会的立法意图,而判断国会的立法意图也是一个法律解释问题;因此解释、判断国会立法意图是反域外适用推定解释的核心内容。本文以美国联邦法院对国会立法意图的解释方法为主要框架,通过归纳、分析联邦法院判例中具体对国会立法适用范围意图的解释,以实证方法得出具有参考价值的解释规则。

---

❶ RJR Nabisco, Inc. v. European Cmty., 136 S. Ct. 2090, 2101 (2016).
❷ Western Geco LLC v. ION Geophysical Corp., 138 S. Ct. 2129 (2018).
❸ Id. p. 2136 (2018).

(一) 以解释方法为主要框架的相关司法判例研析

为了解释、判断美国国会的立法意图，美国联邦最高法院在福利兄弟公司诉菲拉德案中提出了五个因素测试：(1) 法律的语言；(2) 法律的计划；(3) 法律的立法史；(4) 法律的立法目的；(5) 法律的行政解释。❶ 通过法律的语言来解释、判断国会的立法意图。如美国联邦最高法院在平等就业机会委员会诉阿拉伯美国石油公司案的多数意见中指出《美国民事权利法》第7卷一直使用"州"和州程序，从未提到外国或外国程序。❷ 又如前述斯蒂尔诉宝路华手表公司案主要依据《美国兰哈姆法》第45节（《美国法典》第15卷第1121节），"商业"的定义是"国会依法规定的所有商业"，对该法作出的能够域外适用的解释。通过法律的立法史解释、判断国会的立法意图。例如，在美国联邦最高法院在1993年审理的赛尔案中，史蒂文斯大法官在其负责撰写的多数意见中认为，美国国会1980年对《美国移民与国籍法》第243节第(h)条(1)款的修正中增加了"或者退回"并且删除了"在美国内"，该修正并不能解释为美国国会意图使该法域外适用。该多数意见还指出，国会作出如此重要的修正而没有提到可能的域外效力是非同寻常的；在该法的立法史中没有发现任何证明国会有使该法域外适用意图的证据。❸ 美国联邦第二巡回上诉法院1994年审理的科利亚斯诉D&G海洋维护案的多数意见也提到了《美国沿海和港口工人补偿法》的立法史问题，认为该法第3节(a)条未明确提及公海是为了排除海员，而不是为了排除域外适用；对该法适用于公海的理解不仅符合该法的立法史，而且符合

---

❶ Foley Bros., Inc. v. Filardo 336 U.S. 281, 285—290 (1949).
❷ EEOC v. Arabian Am. Oil Co., 499 U.S. 244, 256 (1951).
❸ Sale v. Haitian Ctrs. Council, 509 U.S. 155, 176 (1993).

国会扩展法律适用和提供一致、统一的适用的意图。❶ 又如在几家法院否认《美国就业年龄歧视法》域外适用后，美国国会修正了该法第 11 节（f）款，规定"'雇员'一词包括工作地点在外国的雇主雇佣的美国公民"，国会还修正了第 4 节第（g）条（1）款，规定："如果雇主控制了一家所在地在外国的公司，依据本节该公司被禁止的任何行为被推定为该雇主的行为。"据此，能够认定国会有使修正后的该法域外适用的意图。

通过有关法律的行政解释来解释、判断国会的立法意图。如美国联邦最高法院在平等就业机会委员会诉阿拉伯美国石油公司案的多数意见中指出：该院于 1976 年在审理通用电气公司诉吉尔伯特案中曾阐述过对平等就业机会委员会的指引适当认可的问题，认为国会制定的《美国民事权利法》第 7 卷并未赋予平等就业机会委员会制定规则的权力。法院认为认可的程度将取决于其考虑的彻底性、推理的有效性、其早期和后期声明的一致性以及所有给予其说服权力的其他因素。❷ 多数意见进一步指出：平等就业机会委员会早期的声明认为《美国民事权利法》第 7 卷仅限于国内适用，而直到该法通过约 24 年后，该委员会有关该法域外适用的立场才在其政策指引中明确反映出来。平等就业机会委员会没有为这种变化提供依据。根据联邦最高法院在 1944 年斯基德莫尔案所建立的标准，该委员会 1988 年的说服力是有限的。❸ 通过行政解释判断国会立法意图的判例还有美国联邦第二巡回上诉法院 1994 年审理的科利亚斯诉 D & G 海洋维护案。该案判决意见认为由劳工部长任命的管理《美国沿海和港口工人补偿法》的政策制

---

❶ Kollias v. D & G Marine Maintenance, 29 F. 3d 67, 74（2nd Cir. 1994）.
❷ EEOC v. Arabian Am. Oil Co., 499 U. S. 244, 257（1951）.
❸ Id. pp. 257—258.

定者对该法的理解是能够域外适用，而且该理解在过去是一致的，因此该法能够域外适用。❶ 另外，美国联邦最高法院在莫里森诉澳大利亚银行案中强调只接受依据法院通常采用的解释原则所作出的合理的行政解释。❷

通过法律的结构、体系解释、判断国会的立法意图。如在美国诉帕尔默案，法院引用了法律的标题《美国惩罚针对美国的一定犯罪法》以证明该法意图惩罚的犯罪是针对美国的犯罪，而不是针对人类的犯罪。❸ 如在美国联邦最高法院1993年审理的赛尔案中，史蒂文斯大法官在其负责撰写的多数意见中认为《美国移民与国籍法》中没有条文规定为确定难民身份或撤销驱逐的听证程序在美国外进行，并且该法第五部分和其他条款明显考虑该程序在美国进行，因此该法第243节第（h）条不能被理解为限制首席检察官在其未被授权实施听证程序的地区内行动；该法第五部分也没有提及可能的域外适用。❹ 又如，在美国联邦第二巡回上诉法院1994年审理的科利亚斯诉D＆G海洋维护案中，梅斯基尔法官在其撰写的判决意见中指出：《美国沿海和港口工人补偿法》第39节（b）条行政条款规定建立覆盖公海的赔偿区，因此该法明确地考虑了涵盖公海上的伤害。该条通过明确的语言指出了与公海上的伤害有关的民事诉讼审判地。❺ 联邦法院通过法律是否规定了域外执行机制解释、判断法律能否域外适用。例如，美国联邦最高法院在平等就业机会委员会诉阿拉伯美国石油公司案中的多数意见基于《美国民事权利法》的审判地条款仅规定与雇主有关的

---

❶ Kollias v. D & G Marine Maintenance, 29 F. 3d 67, 75 (2nd Cir. 1994).
❷ Morrison v. National Australia Bank Ltd. 561 U. S. 247, 272 (2010).
❸ United States v. Palmer, 16 U. S. 610, 631 (1818).
❹ Sale v. Haitian Ctrs. Council, 509 U. S. 155, 173 (1993).
❺ Kollias v. D & G Marine Maintenance, 29 F. 3d 67, 73—74 (2nd Cir. 1994).

一定事务发生地或雇主所在地的州司法区作为审判地而不适合域外适用等，因此认为美国国会未能为《美国民事权利法》第 7 卷规定域外执行机制而否定国会意图使该卷域外适用。❶ 此外，还有通过法律是否规定了与外国法律程序的冲突的解决条款解释、判断条款是否域外适用。前述美国联邦最高法院平等就业机会委员会诉阿拉伯美国石油公司案的多数意见对比《美国就业年龄歧视法》具体规定了与外国法冲突的解决条款，而《美国民事权利法》第 7 卷没有解决与外国法冲突的相关规定，因此否定国会意图使该卷域外适用。❷

通过法律的其他部分解释、判断该法是否单纯地关注国内事务。如美国联邦最高法院平等就业机会委员会诉阿拉伯美国石油公司案的多数意见通过《美国民事权利法》第 7 卷以外的其他条款规定了除非不符合该法的目的，该法不能排除州法的实施或使州法无效，以及规定了要求平等就业机会委员会在依据州法或地方法律的诉讼中对州或当地机构的调查结果给予实质性的重视等，认定该法关注国内事务。❸

通过同领域的立法解释、判断该法是否关注国内事务。如美国联邦最高法院 2010 年审理的莫里森诉澳大利亚银行案多数意见参照 1933 年《美国证券法》关注的是国内的交易，佐证了 1934 年《美国证券交易法》关注国内证券交易。❹

与上位法的域外效力挂钩。2016 年，美国联邦最高法院审理的 RJR 纳比斯科公司诉欧洲共同体案中，阿利托大法官负责撰写

---

❶ EEOC v. Arabian Am. Oil Co., 499 U.S. 244, 256 (1951).

❷ Id.

❸ Id. pp. 255—256.

❹ Morrison v. National Australia Bank Ltd. 561 U.S. 247, 268 (2010).

的相对多数意见中指出了美国国会并没有明确规定《美国敲诈勒索者影响和腐败组织法》第 1962 节（c）款适用于外国的敲诈勒索行为，但是定义了敲诈勒索行为，并且通过扩张敲诈勒索行为的类型涵盖了域外适用的上位法违法行为。❶

通过判例法解释、判断国会的立法意图。美国联邦最高法院在平等就业机会委员会诉阿拉伯美国石油公司案的多数意见中指出上诉人的观点没有得到判例法的支持；我们反复地认为即使法律在其定义中包含了广泛的语言"商业"是指"外国商业"，它也不会域外适用。随后，多数意见举例联邦最高法院在 1925 年纽约中央铁路公司诉奇泽姆案对《美国联邦雇主责任法》因未包含明确地揭示域外效力意图的词语而否定其域外适用以及在 1963 年麦卡洛克案对《美国国民劳资关系法》因没有任何具体的语言反映国会意图使该法域外适用而否定其域外适用，以佐证其观点。❷

通过与法律有关的条约解释、判断国会立法意图。这包括通过与法律有关条约文本和与法律有关的条约签订史两个方面解释、判断国会立法意图。通过与法律有关的条约文本解释国会的立法意图。如在美国联邦最高法院 1993 年审理的赛尔案中，史蒂文斯大法官在其负责撰写的多数意见中指出：《关于难民地位的公约》第 33 条第 1 款规定，任何缔约国不得以任何方式将难民驱逐或送回（"推回"）至其生命或自由因为他的种族、宗教、国籍、参加某一社会团体或具有某种政治见解而受威胁的领土边界。该条第 2 款规定，如有正当理由认为难民足以危害所在国的安全，或者难民已被确定判决认为犯过特别严重罪行从而构成对该国社会的危险，则该难民不得要求本条规定的利益。如果该条第 1 款适用于公

---

❶ RJR Nabisco, Inc. v. European Cmty., 136 S. Ct. 2090, 2103 (2016).
❷ EEOC v. Arabian Am. Oil Co., 499 U. S. 244, 251—252 (1951).

海，则没有国家能够引用该条第 2 款的例外规定，因为在公海被拦截的外国人并未出现在任何国家。如果该条第 1 款能够域外适用，则第 2 款将是荒谬的，因为在公海的危险的外国人享有第 1 款的权利，而那些居住在该国的人员却不享有该权利。多数意见据此得出由于公约第 33 条第 1 款仅规定了缔约国对在其领土范围内的外国人负有该义务，因此该条第 2 款仅适用于那些已经在该国内的外国人。多数意见还通过公约第 33 条第 1 款"驱逐"针对的是已经在国内的难民且"送回"针对的是已经进入该国但未居住的难民的文义解释，认为该条并不意图管制缔约国境外的行为。多数意见还认为这种理解与先前判例中法官的理解一致，且法学评论家也同意该解释。❶ 通过与法律有关的条约签订史判断国会的立法意图也存在于赛尔案中，史蒂文斯大法官负责撰写的多数意见说明了《关于难民地位的公约》中有关"驱逐""送回"乃至后来"推回"是如何经过谈判获得缔约国一致认可的，并且认为公约的谈判史支持了多数意见不认为公约第 33 条对缔约国施加了超过公约文本的义务。多数意见认为未能从公约文本中读出其适用于在公海被拦截的外国人。❷

（二）国会法律适用范围立法意图的解释规则

美国联邦法院在解释国会法律适用范围的立法意图时并非仅限于文义解释、体系解释、历史解释、目的解释等解释方法，还会参照同领域立法、上位法、判例法、与该法有关的条约甚至行政机构的行政解释等得出结论。美国联邦法院得出此种解释结论并非随意作出，而是经过慎重的考量，且具有一定的规则性和规

---

❶ Sale v. Haitian Ctrs. Council, 509 U. S. 155, 179—182 (1993).
❷ Id. pp. 184—187.

律性。

　　从文义解释的角度来说，美国联邦最高法院判决意见在确定词语定义时经常参照《韦伯斯特新国际词典》。文义解释一是非常注重影响法律域外适用的关键文字的来源。如美国联邦最高法院在平等就业机会委员会诉阿拉伯美国石油公司案中的多数意见认为《美国民事权利法》第7卷中的"商业"源于《美国劳工管理报告和披露法》，而该法于《美国民事权利法》第7卷之前制定，并已经联邦最高法院认定为不域外适用。❶ 二是成文法中的模板语言不能得出域外适用的结论。如美国联邦最高法院在平等就业机会委员会诉阿拉伯美国石油公司案中的多数意见认为国会有关本法域外适用的意图必须从任何数量的国会法模板语言中推导出来，而它们都未表明域外适用。随后，多数意见列举了《美国消费者产品安全法》《美国联邦食品、药品和化妆品法》《美国运输安全法》等法律的有关条款以佐证其观点。❷ 该案多数意见还将《美国民事权利法》第7卷更加有限的、模板语言"商业"与能够域外适用的《美国兰哈姆法》中的"商业"作比较，从而得出国会没有使其域外适用的意图。❸ 莫里森诉澳大利亚银行案中的多数意见重申了该院认为在"商业"定义中包含宽泛的语言"外国商业"的法律并不域外适用的观点，并指出在"州际商业"中一般性地提及"外国商业"不能克服反域外适用推定原则。❹ 因此，即使国会立法在其定义中包含了宽泛的模板语言"商业"是指"外国商业"，该法也未必会被联邦法院解释为能够域外适用。

---

❶ EEOC v. Arabian Am. Oil Co., 499 U. S. 244, 252—253（1951）.
❷ Id. pp. 250—251.
❸ Id. p. 252.
❹ Morrison v. National Australia Bank Ltd. 561 U. S. 247, 263（2010）.

参照行政机构的行政解释的角度来说，联邦法院对行政解释的认可的程度取决于国会是否赋予该行政机构规则制定权以及该机构考虑的彻底性、推理的有效性、早期和后期声明的一致性、行政解释的合理性，还有所有给予其说服权力的其他因素。

由于美国国会仅有少量的立法含有域外适用的规定，也仅有少量的立法含有不予域外适用的规定，因此反域外适用推定原则的应用空间还是很大的。正是因为美国国会立法几乎很少明确规定域外适用的条款，所以应用反域外适用推定原则可以减少美国法的域外适用。正如莫里森诉澳大利亚银行案中的多数意见所指出的那样："我们的职能是赋予法律其语言所含有的效力，无论是这种效力是多么适度，而不是扩张它的效力到一个它可能完成的令人钦佩的目的。"❶ 因此，尽可能地归纳、分析、掌握反域外适用推定原则的解释规则对我国公民和法人应用该原则应对美国法域外适用所带来的诉讼具有重要的现实意义，同时对我们研判美国法院解释法律的规则也有很大的益处。

三、美国联邦法院反域外适用推定原则的现实、借鉴意义

（一）对我国法人和公民应对美国法域外适用的现实意义

从前述对反域外适用推定原则的历史演进、解释规则的叙述和分析中，我们能够看出美国联邦最高法院起到主导或主要作用，而联邦下级法院也起着重要作用。如纽约南区联邦地区法院1985年审理的德·阿图查案中，拉斯克法官在其撰写的判决意见中指出：我们从这一主张开始，任何管辖权的法律仅适用于边界内的

---

❶ *Id.* p. 270.

行为，除非能够证明有相反的情况。❶ 联邦下级法院的判例在推动反域外适用原则演进和发展、丰富解释规则方面起到重要作用，因此，我们研究该原则及其解释规律时不能遗漏对联邦下级法院重要判例的研究。

反域外适用推定原则本质上是对法律适用范围的理解、解释原则，而不是法院对美国国会立法权的限制。法院不能决定法律的域外适用，而必须遵循国会的立法意图。即便国会制定的法律规定存在漏洞，也应该由国会通过立法的方式予以解决。在法院应用反域外适用推定原则后，如果美国国会认为不应该如此，则应制定更加具体的法律规定。正如有学者对反域外适用推定原则所作的总结：如果美国国会认为其法律域外适用，而超出了国际习惯法接受的范围，美国法院应确定国会的真实意图，而不应猜测它。相反，如果美国国会决定法律不能域外适用，法院不能依据国际法使该法律域外适用。❷ 反域外适用推定原则的基础比避免与外国的法律冲突更广泛，❸ 当然该原则应用的结果也可以是不顾美国法与外国法之间冲突的风险。❹

美国联邦法院反域外适用推定原则应用于联邦法，而不是州法；针对的是部门法，而不是宪法。美国联邦最高法院在刑事领域确立了反域外适用推定的例外，暗示取决于国际公法域外管辖的标准。如在美国诉鲍曼案中，美国联邦最高法院认为国会不需要明确地规定对政府系受害人犯罪的域外管辖，如此的管辖权应

---

❶ De Atucha v. Commodity Exchange, Inc., 608 F. Supp. 519 (1985).
❷ See Cedric Ryngaert, *Jurisdiction in International Law*: Oxford University Press, 2015, pp. 68 – 69.
❸ Sale v. Haitian Ctrs. Council, 509 U.S. 155, 174 (1993).
❹ Morrison v. National Australia Bank Ltd. 561 U.S. 247, 255 (2010).

该从行为的本质来推断。❶ 而在 1952 年审理的川北诉美国案中，美国联邦法院认定法律域外适用，却未提及反域外适用推定原则。❷ 美国联邦法院对反域外适用推定原则应用较多且否定法律域外适用判例主要体现在劳动法、外国人侵权法等领域；而对影响美国国家利益、经济利益、企业利益的刑法、反垄断法、证券法、商标法等领域虽然偶尔有应用，要么确立例外，要么并未提及，要么解释为法律能够域外适用。总体上讲，尽管美国联邦法院对反域外适用推定原则的应用时断时续，对反域外适用推定原则的应用结果也存在一定的不确定性；然而自 20 世纪 90 年代以来，美国联邦法院对反域外适用推定原则的应用、提及更加频繁。国外学者也曾提出美国法院对反域外适用推定适用的范围更广、反域外适用推定被推翻的难度更大。❸ 因此，我们应当充分重视、研究、利用这一原则，特别是利用联邦法院判决的先例及其形成的解释规则，为我国个人和企业涉美国法域外适用的案件服务。我国有学者提出了应用反域外适用推定原则，在美国法院寻求司法救济的观点。❹ 当然，我国学者也提醒我们应当清醒地认识到莫里森等案件这并不代表美国联邦法院管辖权的全面收缩或大撤退，我们依然要提高警惕，加强对美国诉讼制度等方面的研究。❺

---

❶ United States v. Bowman, 260 U. S. 94, 97—98（1922）.
❷ Kawakita v. United States, 343 U. S. 717（1952）.
❸ See John H. Knox, A Presumption Against Extrajurisdictionality, 104 *American Journal of International Law* 352（2010）, pp. 361—362.
❹ 韩永红："美国法域外适用的司法实践及中国应对"，载《环球法律评论》2020年第 4 期。
❺ 杜涛："美国联邦法院司法管辖权的收缩及其启示"，载《国际法研究》2014 年第 2 期。

(二) 完善我国司法解释和个案司法中正确理解法律的借鉴意义

作为成文法国家，我国相当数量的部门法规定了法律适用范围的条款。在刑事领域，《中华人民共和国刑法》第6—9条对该法的适用范围作出了规定。在民事领域，《中华人民共和国民法典》第12条规定了我国领域内的民事活动适用该法。当然，该条含有"法律另有规定的，依照其规定"的除外规定。在经济法领域，《中华人民共和国证券法》第2条第4款既规定我国境内证券的发行和交易，也规定我国境外证券发行和交易活动，扰乱我国境内市场秩序，损害境内投资者合法权益的，适用该法。因此，反域外适用推定原则在我国应用的空间较小。

然而，美国联邦法院反域外适用推定原则的解释方法、解释规则和解释思维对我们解释、理解法律具有借鉴、参考意义。如通过法律制定的历史、上位法和同领域立法的相关规定、与法律有关的条约文本和签订史、行政机构的解释来解释、理解法律。这些方法拓展了我们解释、理解法律的方法和空间。其解释规则，如对行政解释说服力如何判断等对我们参照行政法规、部门规章理解法律也具有借鉴意义。最高人民法院《关于司法解释工作的规定》关于法律解释的方法和规则没有作出规定。司法实务中，遇到法律、司法解释没有明确规定的情形，法官在个案中基本通过学理上通用的解释方法来理解法律。最高人民法院有必要在《关于司法解释工作的规定》中明确一些可以采用的解释方法或出台认可的有关理解法律的规范性或指导性文件，以进一步完善、规范我们的司法解释、确保个案中统一理解、适用法律。

涉外法定继承法律适用同一制的可行性和必要性

王思敏*

【摘要】 我国国际私法在涉外法定继承中采用的区别制，在忽视了继承关系人身性的同时，还会因继承关系可能同时受多国法律调整而造成不公平的继承结果。这使得可以解决上述弊端的同一制具有适用的必要性。各国继承实体法不区分动产与不动产予以统一规定的做法使区别制的适用进一步欠缺了合理性。就同一制的可行性而言，通过对比继承准据法与物权准据法的适用范围可知，同一制的适用不会影响不动产所在地对不动产的控制利益。此外，财产形态与价值的发展变化也使得动产与不动产之间的差别变得模糊，加之继承领域日益趋同的价值取向与公共秩序适用范围的缩减，都使得同一制的有效性增强。各国在遗嘱继承领域普遍采取同一制的做法也印证了同一制具有可行性。我国应顺

---

* 王思敏，华东政法大学国际法学院硕士研究生。

应国际社会立法趋势，完善涉外法定继承法律适用规则，统一适用以经常居住地为联结点的同一制。

【关键词】 涉外法定继承　同一制　区别制　继承准据法　公共秩序

"在涉外法定继承领域中，准据法的确定从来都不是容易的事，因为家庭关系法，财产法和债法都汇集于国际遗产继承"。❶ 在继承的法律适用问题上，同一制和区别制这两种相互对立的制度长期以来互相争锋。二者都认可动产继承应适用被继承人属人法，其争议的焦点在于不动产继承的法律选择，即是否有必要区分动产和不动产，对不动产继承单独适用不动产所在地法。

区别制因充分尊重了不动产的属地性，利于不动产所在地对境内不动产的控制，维护了不动产所在地的公共利益，以及适用该制度作出的判决有利于被承认和执行而成为被选择的重要原因。❷ 然而这一物权领域的法律适用原则在解决继承问题时不仅因忽视了继承关系的人身属性而欠缺内在合理性，还会在继承结果上造成继承人之间难以弥补的不公平。同一制可以在解决上述问题的同时还能避免区别制带来的动产、不动产识别，不动产所在地法的查明等繁杂问题。同一制在可行性上曾面临的最大问题是其有效性问题，即当被继承人属人法与不动产所在地法在不动产继承问题上的规定差异较大时，适用属人法作出的判决难以被承认和执行以及同一制国家对与本国继承法差异较大的属人法拒绝

---

❶ 李浩培："国际私法在遗产继承方面的几个新发展"，载《李浩培文选》，法律出版社2000年版，第275页。

❷ 齐湘泉：《涉外民事关系法律适用法：婚姻、家庭、继承论》，法律出版社2005年版，第200页；王克玉："国际遗产继承中的同一制和区别制辨析及对我国的立法启示"，载《吉林师范大学学报》（人文社会科学版）2005年第4期。

适用。然而，上述问题是否真是问题？同一制是否会使不动产所在地丧失对不动产的控制？下文将从继承准据法与物权准据法的适用范围、财产价值形态的变化、现代社会继承领域价值取向和公共秩序保留原则的适用范围等方面展开探讨。

一、涉外法定继承法律适用同一制的必要性

（一）法定继承问题的性质

确定法定继承的法律适用，需要把握法定继承问题的性质，从而为这一问题的解决确定适当的准据法。区别制在不动产继承的法律适用问题上选择了"不动产所在地"作为联结点，最终适用的法律指向了"不动产所在地法"。这显然是只看到了继承关系的财产性，而忽视了其人身性。❶

继承是财产所有权转移的一种方式，主要是为死亡者遗留的财产确定新的所有权人。确定新的所有权人的依据是什么？遗嘱继承中除法律规定必须留给特定近亲属的财产份额之外，立遗嘱人依其自由意志可随意处分其财产；相较之下，在法定继承中，是严格依据继承人与被继承人之间特殊的人身关系来确定的，即婚姻关系、血缘关系或抚养关系。❷ 由此可见，法定继承的发生以近代家族的共同生活为着眼点的，家庭成员关系是法定继承制度下财产转移的前提。因此继承法实为财产法与亲属关系的融合，是亲属关系之上的财产法。❸ 也就是继承法律关系是因，发生财产转移是果。正如萨维尼所说："我们应该说有关继承的法律是'人

---

❶ 沈涓：" 继承准据法确定中区别制与同一制的理性抉择"，载《国际法研究》2014年第1期。
❷ 刘文：《继承法律制度研究》，中国政法大学出版社2016年版，第91页。
❸ 史尚宽：《继承法论》，中国政法大学出版社2000年版，第14页。

法'（personal statutes），因为它们将人作为主要对象，只是间接涉及物。"❶ 有学者认为继承权是以个人财产所有权为基础的所有权的合理延伸。❷ 我们对这一观点的承认，并不等于要将关于继承的关系归于"物法"，从而在涉外法定继承中采用区别制。因为继承法所调整的实质不在于物权的转移，而在于应该以什么样的比例将遗产转移给谁，这显然与"人"而不是"物"有更密切的联系。综上所述，应将继承关系归为"人法"，进而在法定继承的问题上统一适用被继承人属人法。

相反，若采用区别制，则会产生极大的不合理性。现代社会，由父母和未婚子女组成的核心家庭已成为主要家庭类型。若被继承人配偶和子女的利益不是由死者及其家庭生活的地方的法律所决定，而由死者仅有投资和商业利益（甚至是通过邮件或电话进行投资而建立起的利益关系）的地方的法律所决定，这样的法律适用选择不免让人们感到惊讶，甚至为人们所抵制。因为通常情况下，不论是死者还是这个家庭与后者之间都没有什么重要的联系。❸ 就被继承人而言，法定继承是法律对其希望由谁取得自己的财产的意思的推定。在被继承人未通过另立遗嘱对自己的财产进行处置的情况下，往往说明法定继承的结果与被继承人所预想的其对所拥有的国内外的财产的安排相差无几。其预想所依据的通常是自身最熟悉的法律，即其生活中心地的法律，而不太可能是仅仅通过邮件或者电话的方式投资了不动产的不动产所在地的法律。在这一点上，区别制难免忽视了被继承人通常情况下的内心

---

❶ [德] 萨维尼：《现代罗马法体系（第八卷）：法律冲突与法律规则的地域和时间范围》，李双元等译，武汉大学出版社2016年版，第116页。

❷ 王利明等编著：《民法新论（下）》，中国政法大学出版社1988年版，第658页。

❸ See Eugene F. Scoles, The Hague Convention on Succession, 42 *American Journal of Comparative Law* 85（1994）.

期望，不符合最密切联系原则的要求。对于死者留下的遗产，谁可以成为法定继承人、各自可继承的份额等法定继承利益问题，自然由被继承人生活中心地的法律确定才更加合理。

（二）对公平继承结果的追求

同一制最大的优点是简单方便，它将所有的继承人置于相同的地位，不论被继承的财产性质为何、所处何地，均适用同一部法律、以同样的标准平等地对待每一位继承人；但在区别制下，因各国继承实体法的差异，不可避免地会出现在一国法律下属于继承人范围的人在另一国不属于继承人范围，或依不同的法律被继承人所处的继承顺位、被分得的继承份额不同，这对继承人来说本身就是一种不公平待遇。此外，在区别制下，即便各国法律单独看是公平的，但其叠加适用的效果可能会使部分继承人获得超过其中任何一部法律允诺的利益，而另一部分继承人则相应地失去这部分利益，从而导致不合理的结果。❶ 下面就以一个经典案例为例进行分析。

在科伦斯遗产案中，❷ 死者的继承人有其生存配偶及其与前妻所生之子女。死者的大部分财产遗留在其住所地特立尼达和多巴哥及多多巴斯，在英国遗留的一小部分财产中含有不动产。其配偶在从位于住所地的遗产中获得 100 万美元的财产后，又根据 1925 年《英国遗产管理法》第 46 条主张其就死者位于英国的财产所应享有法定遗产份额——25000 英镑；死者前妻之子女则主张该法中的"遗产"应包括死者遗留在国内外的所有财产，死者配偶已继承到的 100 万美元已经满足了其在英国法下的法定遗产份额。

---

❶ 宋晓："同一制与区别制的对立及解释"，载《中国法学》2011 年第 6 期。
❷ See *Royal Bank of Canada（London）Ltd v Krogh and another* 1986 Ch 505.

然而法官认为，由于英国法下没有关于法定继承中遗产可混同计算的条款，也即没有规定对法定继承下的继承结果要合并考虑，所以第 46 条的规定只能解释为英国的不动产应负担的法定遗产份额，而绝不能得出位于英国的不动产上的权利可以被在海外获得的财产所满足的结论。于是，法官支持了死者配偶的主张。

由此，在区别制下，死者的配偶因财产分布在多个国家而获得了过度的利益；相应地，其他继承人的利益因此受到减损。对上述结果，法官也发现了其中的不公，他认为戴西和莫里斯所主张的同一制更为公平，❶ 并在判决的最后表达了自己的无奈与惋惜："为继承的目的而使位于英国的不动产适用物之所在地法而不是被继承人属人法是不合逻辑的。可法律目前就是这样规定的，而我的工作也只能是适用现在的法律。"❷

随着国际民商事交往的繁荣，人们出于度假娱乐或投资增值考虑，在海外购买房产的情况也越来越多，而且同一个人在海外的不动产投资常常分布于不止一个国家。区别制下多国继承法在同一个继承案件中的适用会使如上述案例中的不公平结果出现的频率更高，对于部分继承人来说，这无异于是以"合法的方式"钻了法律的漏洞，违背了公平原则，也不符合现代国际私法追求案件公平正义结果的价值取向。若仅为追求判决能够被承认和执行而采用区别制，那最终只会加剧继承结果的不公平性：部分继承人因多国继承法的适用而获得意料之外的利益，其他继承人则连名义上的权利都没有了。那这种即便能生效、但却会牺牲公平

---

❶ 英国学者莫里斯在其著作中指出："在现代法中，完全没有必要对动产的无遗嘱继承和不动产的无遗嘱继承采用不同的冲突原则。"［英］J. H. C. 莫里斯主编：《戴西和莫里斯论冲突法（中）》，李双元等译，中国大百科全书出版社 1998 年版，第 998 页。

❷ See *Royal Bank of Canada（London）Ltd v Krogh and another* 1986 Ch 505.

的法律适用规则又有什么意义呢?

（三）继承实体法结构的影响

区别制兴起并盛行于西欧封建时期，这源于在封建土地所有权之下对土地分封制的保护。在这样一个不承认个人对土地的所有权的社会中，影响土地继承法律适用的唯一的决定性因素自然是土地所在地，而不是个人的住所。❶ 此外，在封建制度下，领主把采邑授予其附庸是有条件的，即后者对前者履行军事、司法役务以及支付一定的金钱。正是因为这样的社会制度的存在，所以当附庸死亡时，领主在附庸采邑的继承问题上有重大的利害关系。正如沃尔夫所言："如果他们的附庸在外国取得住所，封建领主是不可能允许他们的土地的继承因此受到影响的。"相较之下，动产在当时数量和价值都不是很大，多数人随时带在身上，也没有像不动产那样的政治重要性。

英国当时的立法中关于继承制度的规定便是受到了这一社会制度的影响，对动产继承与不动产继承作出了区分。不动产继承奉行长子继承制，在该制度下，最年长的男性继承人对不动产拥有继承权，这样安排的目的是便于在原受封之人死后即能确定履行封建义务的人；动产继承则受教会法调整，1670 年《英国遗产分配法》规定依据血缘关系，由近而疏，不分性别地在被继承人的亲属之间分配动产。❷ 英国这一继承实体法的结构促使其国际私法中对继承问题采取区别制，区分动产与不动产，分别确定继承的法律适用。

---

❶ 黄进等编著：《国际私法：案例与资料（上）》，法律出版社 2004 年版，第 651 页。

❷ [美] 约翰·G. 斯普兰克林：《美国财产法精解》，钟书峰译，北京大学出版社 2009 年版，第 462 页。

然而自 1925 年《英国遗产管理法》颁布以来，英国正式废除了不动产继承领域的长子继承制，在继承实体法中不再对不同性质的财产继承进行区分，平等对待每一位继承人。❶ 综观现今各国继承法立法，也未见有对动产继承与不动产继承在继承人范围、顺位及权利义务方面作出差异性规定的做法。既然在各国实体法中，当事人的继承权利并不因财产的动产或不动产属性而有所差别，那在国际私法的法律适用中采用不同的法律区别对待动产继承与不动产继承就少了几分合理性，对法定继承问题统一适用被继承人属人法才更有利于保护继承人利益。

二、涉外法定继承法律适用同一制的可行性

（一）继承准据法与物权准据法的适用范围

在物权领域，不动产受不动产所在地法调整一直以来都占据支配地位。坚持区别制的学者不理解为什么同一制要完全忽视不动产所在地或其他相关司法管辖区的利益。❷ 在他们看来，同一制忽略了不动产的属地性，疏于考量不动产所在地对不动产的控制利益。然而此处我们需要厘清继承准据法与物权准据法各自的适用范围，也即它们各自会在哪些法律关系方面产生影响。在涉外法定继承中，继承准据法要解决的是有关继承人的范围、顺位和继承份额的问题，这与家庭组织关系密切；而物权准据法所调整的是包括物权客体的范畴、物权的内容、物权的取得、变更和消

---

❶ ［英］F. H. 劳森、［英］伯纳德·冉得：《英国财产法导论》，曹培译，法律出版社 2009 年版，第 175 页以下。

❷ See Jeffrey Schoenblum, Choice of Law and Succession to Wealth: A Critical Analysis of the Ramifications of the Hague Convention on Succession to Decedents' Estates, 32 *Virginia Journal of International Law* 83（1991）.

灭的方式和条件及保护方法等方面的问题。由此可知，与继承有关的法律仅对人产生影响，与不动产物权相关的法律问题本就由不动产所在地法调整，因此，不论在区别制还是同一制下，不动产的相关利益始终处于不动产所在地的控制之中，不会因有关继承的法律选择被继承人属人法而受到影响。还需指出的是，区别制下不动产继承适用不动产所在地法这一规则所指向的法律是不动产所在地的继承法，而非不动产所在地的物权法，毕竟继承关系只能由继承法来调整；但继承法本身并不能实现对不动产的控制，所以意图借助区别制以实现对不动产控制的这一愿望也很难达成。

（二）财产价值与形态的发展

对不动产继承适用不动产所在地法的一个重要考量是不动产价值大，其与所在国关系密切，进而将其归属于不动产所在国的公共利益。在区别制盛行的年代，动产数量少，所盛行的普遍观念是"动产之物，低值之物"，但这种认识显然不符合当今的现实情况。自19世纪末以来，伴随着商品经济的迅速发展，动产在财产体系中的地位得到了极大的提升，无论是从数量到形态，还是从范围到价值方面都有了极大的发展，它的重要性已丝毫不亚于不动产。当今社会动产与不动产之间的区别不像以前那么重要。❶就当下社会的总体情况而言，更大量的资产的价值一方面表现为各种股票、债券及相关投资；另一方面知识产权的地位也越来越重要。普通法系国家的继承法和遗产管理制度中，因土地是一个国家或州存在的基础，由此引起强烈的归属感，所以地域主义影响深远。相比之下，如今不动产已不再仅仅局限于土地，它通常

---

❶ 彭丁带："跨国继承的法律适用问题"，载《河北法学》2004年第2期。

还包括了与不动产相关的投资利益,如不动产投资信托、石油和天然气特许权使用费及在分时度假公寓方面的投资等。❶ 这些都使得动产与不动产的界限变得模糊,而这些财产形态及其价值的发展变化是在中世纪的社会经济条件下主张区别制的法学家们所难以想象的。当这些现代化的财产利益被继承时,不能因为其价值大就随之去适用各自的财产所在地的法律,况且对无形财产而言,也很难去适用难以确定的无形财产所在地的法律。因此,在法定继承问题的准据法选择时,不去强化动产与不动产之间的分别,而是将其作为遗产整体统一适用被继承人属人法或许是一种更好的选择。

(三) 继承领域价值取向趋同化

继承法所调整的继承关系涉及家庭制度、财产制度和民众生活领域,基于每个国家各自的文化、习惯和风俗,各国民法在继承领域的规定有较大差异。在这种带有强烈民族特性的法律领域是很难形成像合同法或商法一样能为世界范围内多数国家所普遍接受的统一继承法实体法规范的。然而近现代以来,家庭法的发展呈现国际化趋势,❷ 婚姻家庭领域的价值取向趋同化明显。❸ 尽管在法定继承的立法方面,各国关于继承人的范围、顺位、继承份额等具体问题的规定不尽相同,但关于继承的一般原则已普遍地体现于世界各国的继承法律规范之中,具体表现为以下三个方面。

---

❶ See Eugene F. Scoles, The Hague Convention on Succession, 42 *American Journal of Comparative Law* 85 (1994).

❷ [美] 凯特·斯丹德利:《家庭法》,屈广清译,中国政法大学出版社2004年版,第5页。

❸ 袁发强:《人权保护与现代家庭关系中的国际私法》,北京大学出版社2010年版,第154页。

第一,性别平等。继承人之间男女平等、配偶间的继承权平等已成为普遍的潮流,即使是原先在继承人的继承权利方面由于性别原因而存在歧视的国家也有了极大的进步。它们仍承认男女双方均得享受父母和至亲所遗财产的一部分,并没有完全剥夺女性的继承权,对男子与女子可继承的财产的性质与类别也没有区别对待。由此可以看出,在国际民商事交往的影响下,男女平等观念也有了进一步的提升。此外,在承认配偶相互间有继承权的前提下,也仅有少数国家在配偶的应继份上公开主张男女不平等,但即使是这样的国家也有了明显的改进。韩国 2005 年修订民法典后夫妻间的继承权由原来的丈夫继承妻子的遗产份额多于妻子继承丈夫的遗产份额转变为相互间继承权平等。❶

第二,扩大对配偶继承权益的保护。近百余年来,各国在立法中或将配偶置于第一继承顺位,或为配偶规定高于其他继承人的应继份额,这都体现了对配偶权益的重视。

第三,对非婚生子女在继承权利方面的歧视逐渐消除,其与婚生子女处于同一继承顺位,拥有相同的继承份额;养子女与生子女亦享有同等的继承权。

随着人权理念的发展,现今各国继承法对法定继承领域继承人的能力与权利保护呈现趋同化倾向,由于宗教信仰、种族等原因而被剥夺继承能力的情况更是罕见。由此看来,一般情况下,无论是依照被继承人属人法还是依照不动产所在地法,在整体继承结果上或者说在关于不动产的继承结果上,即便不完全相同也不会有太大差异,更不会与不动产所在地国关于继承的法律原则或一般法律价值、社会秩序相违背,也就不会有损不动产所在地

---

❶ 刘文:《继承法律制度研究》,中国政法大学出版社 2016 年版,第 145 页。

国的公共利益。

(四) 公共秩序保留制度适用范围缩减

反观区别制对同一制有效性的质疑,区别制的支持者认为同一制最大的缺陷在于因财产所在地法没有得到考虑,适用属人法作出的判决会遭到不动产所在国的抗拒,尤其在两国关于不动产继承的实体法有较大差异时,该判决难以得到不动产所在国的承认和执行。然而从承认和执行的外国法院判决的一般条件来看,原判决国法院是否适用了适当的准据法并不是一国法院在决定是否承认和执行外国判决的考量因素,相比之下,判决作出国法院是否具有管辖权、诉讼程序是否正当、国家间是否有互惠关系、判决是否确定、是否违反承认和执行国的公共秩序才是域外判决执行的必要审查条件。❶ 那依照属人法作出的判决难以实现其有效性的原因何在？对比上述审查条件,不动产所在地国应是以适用被继承人属人法作为继承准据法得出的判决结果与本国法律规定不一致,进而认为该判决中对不动产的处置有违当地公共秩序为由予以拒绝的。同理,同一制国家对外国人位于本国的不动产继承可能拒绝适用与之规定差异较大的被继承人属人法也是基于相同的理由。各国法律对私法上的某一问题有不同规定是正常的,因此也才需要在涉外案件中通过冲突法来确定所应适用的法律,但在涉外继承问题上适用不同准据法带来的继承结果差异是否达到了违背不动产所在地国家公共秩序的程度呢？这一问题值得进一步探讨。

公共秩序被看作是国际私法中的安全阀,消除隐含在冲突规

---

❶ 马德才:《国际私法中的公共秩序研究》,法律出版社2010年版,第161页以下。

范中的某种危险是它的优点所在。❶ 在继承问题上沿用公共秩序保留，也是采用同一制和区别制两种制度的国家普遍允许的。然而公共秩序的本质内涵具体是什么，在什么情况下可以援用，理论和实践中对此并没有得出一个定论。不过随着国际民事交往的快速、深入发展，世界各国逐渐意识到公共秩序保留制度的滥用不仅会极大地削弱国际私法在协调各国法律冲突中的积极作用，更有违人们对安稳的国际民商事秩序的追求。而"国际社会是一个以互利和公益为基础的社会"，❷ 所以在全球发展一体化的大趋势下，限制公共秩序保留制度的运用成为国际社会的普遍意向。这种限制一方面体现于对公共秩序本身内涵的理解上。公共秩序可以说是表达良好的道德、社会基础价值或为根植于基础的社会秩序中的价值观，是一国法律秩序中的核心法治原则或为该法律体系所确立的基本权利，它并不能在细小的事情上或社会制度的基础价值既未受到威胁也未受到侵害时被适用。❸ 如欧盟法院对公共秩序保留制度的援引规则作出了严格的限制，不仅在性质上要求是对基本人权和基本法律原则的违反，还要求这种违反必须达到不可接受的程度。❹ 另一方面体现在越来越多的国家对公共秩序保留的运用采取了新的做法，即适用"结果说"代替了之前的"主观说"。这意味着外国法的内容或外国判决本身与法院地公共秩序相违背还不足以导致公共秩序保留原则被启用，因为"结果说"更加关注的是对外国法的适用结果或承认外国判决的结果是否会实质性地危及本国利益。

---

❶ 李双元：《中国与国际私法统一化进程》，武汉大学出版社2016年版，第116页。
❷ 沈涓：《冲突法及其价值导向》，中国政法大学出版社2002年版，第182页。
❸ 马德才：《国际私法中的公共秩序研究》，法律出版社2010年版，第44页。
❹ 肖永平、朱磊："论欧共体法院对公共秩序规则的解释——基于判决承认与执行的视角"，载《西北大学学报》（哲学社会科学版）2009年第1期。

公共秩序制度的存在与运用，是为了解决各国法律制度中的不相容部分。然而在涉外法定继承领域中，正如前文所述，各国在继承实体法中对动产与不动产的继承并没有区分对待，也没有对这两类财产享受继承权利的继承人作出不同规定，诸如性别平等的价值观念也已为世界上绝大多数国家所接受，因此，对不动产继承适用被继承人属人法与不动产所在地法的差异也远不会达到违反其基本法律原则以致"不相容"、需要动用公共秩序保留制度的地步。在欧洲议会于 2009 年 10 月 14 日接受的欧共体委员会作出的《继承和遗嘱绿皮书》中的相关表述也支持了上述结论。其草拟的条例中将被继承人死亡时经常居所地法作为涉外继承案件的准据法并规定拟议的条例虽允许会员国在他国法律与本国公共政策不符的情况下拒绝适用另一国法律，但是这一拒绝的理由不能是仅仅基于两国关于特留份的规定有所不同。❶

随着国际公共秩序概念的出现，国际私法上的公共秩序制度也将迎来新的发展阶段。❷ 越来越多的有关民事法律关系的国际公共秩序的确立，使各国所遵守的公共秩序的内涵也会趋向统一化，这意味着在民事领域乃至继承领域适用不同法律导致不相容的概率会进一步降低。

综上所述，在严格限制公共秩序制度适用成为世界各国的普遍选择与继承领域价值观念、公共秩序含义发展趋同化的态势

---

❶ Aidan Christie, Transnational inheritance, http：//www.europarl.europa.eu/RegData/etudes/BRIE/2010/100027/LDM_BRI（2010）100027_REV2_EN.pdf，访问日期：2020 年 11 月 21 日。

❷ 国际公共秩序是指有关整个国际社会或人类生存、和平与发展的共同利益或根本利益之所在。国际私法意义上的公共秩序的适用对象是涉外民事法律关系，其适用范围虽比纯粹适用于纯国内民事关系的国内法上的公共秩序要窄，适用条件更严格，但相对于国际公共秩序而言，其仍是基于各国自己的利益和目的予以决定的。

下,同一制的有效性会得到极大的提升,不论是依属人法作出的判决在不动产所在地国的承认和执行,还是一国法院在审判中对外国人遗留在本国的不动产适用被继承人属人法,都不至于达到继承结果差距过大,以致需要经常运用公共秩序保留条款的地步。

三、各国涉外遗嘱继承法律适用制度对比研究

从各国国际私法立法可以看到,即使是在涉外法定继承领域采用区别制的国家,在涉外遗嘱继承领域却大都一致地选择了同一制。在法定继承采用区别制的国家中,❶《比利时国际私法典》第 83 条规定:"遗嘱及遗嘱撤销的形式适用 1961 年 10 月 5 日在海牙缔结的《关于遗嘱方式的法律冲突公约》。"❷ 该法第 84 条规定:"遗嘱及其遗嘱撤销的解释适用立遗嘱人依据第七十九条的规定选择的法律。……如果不存在这一选择,对遗嘱及其撤销的解释适

---

❶ 当今在涉外法定继承中仍然坚持采用区别制的国家有:中国、英国、美国、加拿大、法国、塞内加尔、俄罗斯、比利时、卢森堡、泰国、保加利亚、玻利维亚、加蓬以及一些英联邦国家。该总结参见黄进主编:《中华人民共和国涉外民事关系法律适用法建议稿及说明》,中国人民大学出版社 2011 年版,第 70 页;李双元、欧永福主编:《国际私法学》,北京大学出版社 2015 年版,第 325 页。

❷ "比利时国际私法典",梁敏、单海玲译,载《中国国际私法与比较法年刊》第八卷(2005),法律出版社 2006 年版,第 585—587 页。下文援引该法律文本,出处略。1961 年 10 月 5 日订立的《遗嘱处分方式法律冲突公约》第 1 条规定:"若被继承人所立遗嘱的形式符合以下任一法律的规定,均为有效:a) 立遗嘱行为地法;b) 遗嘱人立遗嘱时或死亡时国籍国法;c) 遗嘱人立遗嘱时或死亡时住所地法;d) 遗嘱人立遗嘱时或死亡时惯常居所地法;e) 就不动产而言,还包括不动产所在地法。" http: //www. pkulaw. cn/fulltext_form. aspx? Db = eagn&Gid = 48012acd5c31f631ed6c0110950974e1bdfb&keyword = % e9% 81% 97% e5% 98% b1% e5% a4% 84% e5% 88% 86% e6% 96% b9% e5% bc% 8f% e6% b3% 95% e5% be% 8b% e5% 86% b2% e7% aa% 81% e5% 85% ac% e7% ba% a6&EncodingName = &Search_Mode = accurate&Search_IsTitle = 0,访问日期:2020 年 11 月 21 日。

用与其有最密切联系的国家的法律，除非有相反证据，该最密切联系地推定为遗嘱成立或撤销时立遗嘱人的惯常居所地。"❶ 从上述规定可以看出，在比利时的国际私法中，判断遗嘱的形式是否有效，除关于不动产的部分其遗嘱形式符合不动产所在地法也可有效之外，其余情况下无须区分动产与不动产，只需符合其规定的联结点中任意一个国家的法律即可；在遗嘱的解释问题上，不论遗产性质为何均适用立遗嘱人属人法予以解释。《泰国国际私法》中关于遗嘱的能力，适用立遗嘱时遗嘱人本国法；遗嘱的方式，依遗嘱人本国法或依遗嘱地法；遗嘱的效力与解释以及遗嘱的无效、撤销与失效，均是依据遗嘱人的住所地法，只不过是不同情形下选择的遗嘱人住所地法的时点不同。❷《保加利亚关于国际私法的法典》中也允许被继承人选择其所有财产的继承顺位均依其选择法律时的国籍国法。❸ 美国《路易斯安那州民法典》中虽表面上仍然采取区别制，但在其最新修订的法律中也已将遗嘱处

---

❶ 《比利时国际私法典》第 79 条规定："被继承人可以选择适用其所有财产的法律。被选择的法律只能是被继承人选择法律时或其死亡时的惯常居所地法或本国法。但是，被继承人选择的法律不能剥夺根据本法第七十八条确定的准据法赋予继承人的特留份额。"

❷ 《泰国国际私法》第 39 条规定："遗嘱的能力，依遗嘱当时遗嘱人的本国法。"第 40 规定："遗嘱的方式，依遗嘱人本国法，或依遗嘱地法。"第 41 条规定："遗嘱的效力与解释以及遗嘱全部或部分无效，依遗嘱人死亡时住所地法。"第 42 条规定："撤销全部或部分遗嘱，依撤销时遗嘱人住所地法。遗嘱全部或部分条款失效消灭，依遗嘱人死亡时之住所地法。" http://www.pkulaw.cn/fulltext_form.aspx? Db = iel&Gid = bd8090b14b2631cee4fa31fc98d6c42fbdfb&keyword = 泰国国际私法 &EncodingName = &Search_Mode = accurate&Search_IsTitle = 0，访问日期：2020 年 11 月 21 日。

❸ 《保加利亚关于国际私法的法典》第 89 条第 3 款规定："被继承人可以选择其所有财产的继承顺位均依其选择法律时的国籍国法。"邹国勇译，载《中国国际私法与比较法年刊》第十一卷（2008），北京大学出版社 2008 年版，第 602 页以下。

分的形式有效性、立遗嘱能力与同意的瑕疵、对遗嘱的解释从不动产所在地法的适用范围中移除。❶

相比法定继承而言，在遗嘱继承的法律适用中有更多的国家承认同一制。然而前文中区别制对同一制的质疑与担忧不仅仅在法定继承领域会遇到，在遗嘱继承中同样需要面对。既然在遗嘱继承时不动产自身的价值以及其与所在地的联系与在法定继承中相比都并没有任何不同，那为何许多在法定继承中采用区别制的国家会在遗嘱继承领域作出截然不同的选择呢？或者说一些国家既然在涉外遗嘱继承领域能够接受同一制，为何在法定继承领域一定要坚持区别制呢？那是因为对采用同一制会引发的一系列问题的这一担忧本身可能就是过虑的，以及区别制国家自身也认识到了区别制自身存在的严重缺陷。❷

四、国际社会同一制的发展趋势

（一）各国国际私法中区别制向同一制的转变

从各国的国际私法立法来看，不少在涉外法定继承领域原先采用区别制的国家逐渐改为采用同一制，但却未曾见同一制国家向区别制转向的态势。在2011年10月1日起生效的《罗马尼亚民法典》中，关于涉外法定继承的国际私法立法发生了转变。其《第七卷 国际私法》第2633条规定："继承适用被继承人死亡时经

---

❶ 《美国路易斯安那民法典》第4编《法律冲突》第4题《继承》第3533条第一款规定："除非本题另有规定，对位于本州的不动产的遗嘱继承以及无遗嘱继承，受本州法律调整。"但本题中对遗嘱处分的形式有效性（第3528条）、立遗嘱能力与同意的瑕疵（3529条）、遗嘱的解释（第3531条）另外做了规定，且上述问题并不由不动产所在地的法律调整。

❷ 沈涓："继承准据法确定中区别制与同一制的理性抉择"，载《国际法研究》2014年第1期。

常居住地法律",❶ 取代了 1992 年的《罗马尼亚关于调整国际私法法律关系的第 105 号法》中对涉外继承采用区别制的规定。❷ 沃尔夫认为 1986 年《德国民法典施行法》第 2303 条的规定是同一制国家在特定情形下对区别制作出的让步,❸ 即在不动产所在地采用区别制的情况下,德国冲突规范中同一制下不动产继承也适用被继承人本国法的做法会让位于不动产所在地法。然而 2015 年 6 月 29 日修订后的《德国国际继承程序法》第 25 条规定:"因死亡而发生的权利继承,只要其不在《(欧盟)第 650/2012 号条例》的适用范围之内,则参照使用该条例第三章的规定。"❹ 若因死亡发生的权利继承在该条例的适用范围内,自然应适用该条例,即有关继承问题均适用被继承人死亡时惯常居所地的法律。❺ 由此可见,在德国当前涉外继承的国际私法立法中,已不存在原先的例外规定。澳大利亚法律改革委员会 1992 年提出的《法律选择法案》中

---

❶ 《罗马尼亚民法典》,杜涛译,载《中国国际私法与比较法年刊》第十五卷(2012),北京大学出版社 2013 年版,第 723 页。

❷ 《关于调整国际私法法律关系的第 105 号法》第 66 条规定:"对于动产,无论其位于何处,适用被继承人死亡时本国法;对于不动产及企业资产适用财产所在地法。" http: //www. pkulaw. cn/fulltext _ form. aspx? Db ＝ iel&Gid ＝ b7720ca920f5383e858adc72ae56c541bdfb&keyword ＝ 罗马尼亚 &EncodingName ＝ &Search _ Mode ＝ accurate&Search _ IsTitle ＝ 0,访问日期:2020 年 11 月 21 日。

❸ 《德国民法典》第 2303 条规定:"对于坐落在死亡者本国以外的财产,如果根据财产所在地的法律冲突规则应该适用财产所在地通行的国内法,那么,德国的统一规则(根据这规则,应该适用死亡者本国法)就不适用。"[德]马丁·沃尔夫:《国际私法(下)》,李浩培、汤宗舜译,北京大学出版社 2010 年版,第 633 页。

❹ 《德国〈民法典施行法〉(节录)》,邹国勇译注,载《外国国际私法立法选译》,武汉大学出版社 2017 年版,第 118 页。

❺ 《(欧盟)第 650/2012 号条例》第三章第 21 条第 1 款规定:"除非本条例另有规定,适用于继承整体的法律应当是死者死亡时拥有惯常居所的国家的法律。"

第 144 条中也表明了其同一制的倾向。❶

（二）国际条约对同一制的接受与认可

与继承有关的国际公约在法律适用问题上也大都选择了同一制，从早期19世纪20年代第六届泛美会议通过的《布斯塔曼特法典》、1934年斯堪的纳维亚半岛5国签订的《北欧遗产继承和管理条约》，到20世纪中叶的《比卢荷公约》，再到近年来影响较大的1989年《死者遗产继承法律适用公约》（以下简称《公约》）、《（欧盟）第650/2012号条例》（以下简称《条例》）均是如此。❷

在《公约》的制定商讨过程中，一向明确坚持区别制的英国也表示对不动产继承从遗产继承中分割开来，单独适用不动产所在地法这一做法在实践中时常会遇到困难，并认为需要寻求新的方法来解决这一问题。❸ 这次会议对确定了同一制的《公约》最终以19票赞成，3票弃权通过。❹ 在协调属人法领域长期冲突的国籍国与住所地两个标准时，公约在第3条折中地选择了"惯常居所地"，旨在通过将当事人的生活中心作为联结点，来确定与被继承人有最密切联系国家的法律作为继承关系的准据法。尽管公约中

---

❶ 《澳大利亚法律选择法案（1992年）》第144条规定："法定继承和遗嘱继承，包括继承顺序、继承权利的数量及其规定的内在效力，不论遗产的性质及其所在地，均受权利所有产生的人的属人法支配，但下面另有规定者不在此限。"载李双元等编著：《国际私法教学参考资料选编（上册）》，北京大学出版社2002年版，第557页。

❷ 《（欧盟）第650/2012号条例》中文版全称为：《欧洲议会和（欧盟）理事会2012年7月4日关于继承问题的管辖权、法律适用、判决的承认与执行和公文书的接受与执行以及创设欧洲继承证书的2012年第650号条例》，欧福永、吴小平译，载《中国国际私法学会2013年年会论文集》。下文援引该法律文本，出处略。

❸ 李双元主编：《中国与国际私法统一化进程》，武汉大学出版社2016年版，第448页。

❹ 李浩培："国际私法在遗产继承方面的几个新发展"，载《李浩培文选》，法律出版社2000年版，第297页。

还存在着一些例外可能导致同一制的分裂,如《公约》第 6 条中允许当事人为其部分财产继承问题指定法律。若当事人为其财产中的动产与不动产分别指定了不同的法律,就会产生区别制下法律适用不一致的结果,但是这种范围极小的例外并不能成为同一制被否定的理由。

相较之下,《条例》中更为坚定地确定了同一制的基础性地位,并强调继承的整体性。在确定准据法时,条例规定适用于继承整体的法律应当是死者死亡时拥有惯常居所的国家的法律,不论该规则指向的是否为成员国的法律。❶ 在法律选择方面,允许当事人对适用于继承整体事项准据法在作出选择时或死亡时的国籍国法中进行选择。❷ 此外,为了保证同一制有效性的实现,公约还作出了相应的规定以解决涉外继承管辖权的冲突以及判决的承认和执行的困难。如《条例》确立了由死者死亡时有惯常居所的成员国法院进行管辖的普遍管辖和不动产所在成员国进行管辖的附属管辖等管辖规则;❸ 在条约项下,一个成员国的判决在另一成员国被承认时无须任何特殊程序;还严格限定了不予承认判决的理由。❹

五、我国涉外法定继承法律适用制度的立法完善

从《中华人民共和国涉外民事关系法律适用法》第 31 条的规定可知,❺ 我国当前在涉外法定继承领域实质上仍延续了 1985 年

---

❶ 《条例》第 20、21 条。
❷ 《条例》第 22 条。
❸ 《条例》第 4 条规定了普遍管辖规则,第 10 条规定了附属管辖规则。
❹ 根据《条例》第 40 条的规定,判决仅在明显地违背寻求承认国的公共政策、缺席判决存在程序上的瑕疵、就相同当事双方的诉讼判决存在抵触的情况下才不应当被承认。
❺ 《中华人民共和国涉外民事关系法律适用法》第 31 条规定:"法定继承,适用被继承人死亡时经常居所地法律,但不动产法定继承,适用不动产所在地法律。"

《中华人民共和国继承法》与1986年《中华人民共和国民法通则》中区别制的立场。基于前文对涉外法定继承法律适用同一制的可行性与必要性分析可知，采取同一制既可以避免法律适用的繁杂，又能够保证继承结果的公平，且其可行性与有效性也日渐增强。因此在《中华人民共和国涉外民事关系法律适用法》修改时，应顺应世界立法趋势，对涉外法定继承法律适用与涉外遗嘱继承一样，统一采用彻底的同一制，具体表述建议修改为："法定继承，适用被继承人死亡时经常居所地法律。"

在不区分遗产的动产与不动产属性，法定继承统一采取同一制的前提下，法律适用的联结点选定为"经常居所地"。这一选择与国际社会近年来为缓解普通法系与大陆法系在属人法领域联结点的长期对峙而发展出来的"惯常居所"内涵相近。与属人法领域传统的两大联结点——国籍与住所——相比，经常居所地有着独特的优越性。一方面，经常居所地实操性更强。于本国法主义而言，经常居所地可以解决在以国籍为联结点时因多国籍或无国籍所引发的国籍冲突情况；于住所地主义而言，经常居所地不像住所一样过分强调当事人的久居意图，其判断标准更为客观，只要求是当事人"连续居住一年以上且作为生活中心的地方"即可，所以法官在案件中更容易衡量。另一方面，经常居所地更符合"最密切联系原则"的要求。❶ 随着经济全球化的发展以及交通技术的变革，日渐频繁的人员流动使得原住所或国籍与当事人之间的联系都日益淡化，难以被认定为当事人的生活中心。而人们往往与他们生活重心所在地有更为直接和本质的联系，对该地的社会状况与法律制度也更为熟悉，故以经常居所地这一当事人社会

---

❶ 杜新丽："从住所、国籍到经常居所地———我国属人法立法变革研究"，载《政法论坛》2011年第3期。

关系中心地作为确定继承准据法的考量因素，更符合当事人对自身财产处理的心理预期，更能反映当事人的内心真实意图，是处理继承问题时贯彻最密切联系原则的体现。

六、结语

从各国立法和国际条约现状来看，同一制已成为继承法律适用中的主流选择，它对于化解各国继承实体法中的法律冲突具有重要的作用。同一制的适用不仅体现了法定继承的"人法"属性，而且可以避免人为地割裂法定继承中所应适用的法律，实现继承结果的公平。各国继承实体法的规则中并没有因财产是动产或不动产这一属性上的差异而规定不同的继承规则，这使得区别制的适用进一步欠缺了合理性。有关不动产物权的法律问题本就属于物权准据法的涵摄范围，继承关系中属人法的适用并不会影响不动产所在地对不动产的控制。现代社会财产形态多元化的发展更加凸显了区别制的不合理，世界范围内继承领域价值取向的趋同化以及公共秩序适用范围的缩减都使得同一制的有效性更加有保障。所以我们可以得出结论，在涉外法定继承领域采取同一制的法律选择方法既是可行的，也是必要的。今后我国在涉外继承法律适用的完善上，也应契合世界发展潮流，在涉外法定继承准据法的确定上与遗嘱继承一样，采用同一制。

涉外案件中董事损害公司利益之过错认定及"商业判断原则"的适用

——上海泰琪房地产有限公司与迈克·默里·皮尔斯（MICHAEL MURRAY PIERCE）、兴业银行股份有限公司上海市西支行损害公司利益责任纠纷案

何 云 及小同*

【摘要】在涉外商事案件中，对于高管损害公司利益责任纠纷，首先应根据我国的冲突法规范将公司登记地法律作为准据法进行审理。我国公司法上的损害公司利益责任，实质系一种商事侵权责任，当事人首先应证明行为人存在侵害公司利益的主观过错，其次应审查行为人是否存在违反《中华人民

---

* 何云，华东政法大学国际法学院博士研究生，上海市第二中级人民法院商事审判庭副庭长。及小同，上海市第二中级人民法院商事审判庭法官助理。

共和国公司法》第149条规定的违反法律、行政法规或公司章程规定，给公司造成损失的情形。对于董事违反信义义务责任的认定及免除可参考适用国际商事交易中的"商业判断原则"，考察董事行为是否系获得足够信息基础上作出的合理商业判断，是否基于公司最佳利益，及所涉交易的利害关系及独立性等因素进行综合判断。

【关键词】 商业判断原则 合理商业判断

【案情】

上诉人（原审原告）：上海泰琪房地产有限公司（以下简称泰琪公司）

被上诉人（原审被告）：迈克·默里·皮尔斯（MICHAEL MURRAY PIERCE）（以下简称迈克）

原审第三人：兴业银行股份有限公司上海市西支行（以下简称兴业银行）

泰琪公司系中外合资公司，该公司董事会由5名董事组成，其中中方股东委派两名，外方股东委派3名。迈克在泰琪公司担任法定代表人及董事长。

根据泰琪公司章程规定，董事会是合资公司最高权力机构，决定合资公司的一切重大事宜。除下列重大问题，应一致表决通过外，其他事宜由参加董事会的董事或代表的半数以上表决通过：(1)合资公司章程的修改；(2)合资公司的清算、终止或解散；(3)合资公司注册资本的增加与转让；(4)合资公司与其他经济组织的合并；(5)年度利润分配方案。第5.10规定，由参加董事会的董事或代表以半数以上通过表决决定的事宜，包括（但不限于）下列各项：(1)总经理提出的年度和长期的有关建筑、销售、财务、劳务、设备投资等经营管理的计划和实施报告；（2）流动资金贷款的最高限额的决定和超过该限额的借款、设备投资资金的借款、对合资公司拥有资产设定担保或提供保证；（3）发展基金、储备基金、职工福利和奖励基金提取比例、数额以及使用方案；（4）决定和修改有关合资公司经营管理的重要规章制度；（5）制定董事会会议规章；（6）董事会认为需要讨论的其他问题。

从 2017 年下半年开始，泰琪公司总经理成某勇通过电子邮件征得迈克、外方股东代表 Benny、Jennifer 同意后，将泰琪公司在兴业银行开立的账户内资金办理结构性存款。每次存款到期后，对是否办理结构性存款续期及存款的天数，成某勇均会通过电子邮件征询 Benny、Jennifer 的指示。自 2018 年下半年，就案涉泰琪公司账户的资金使用，5 名董事之间存在较大争议。最后一次结构性存款期限为 2018 年 7 月 12 日至 8 月 10 日，存款金额为人民币 2 亿元。2018 年 8 月 1 日，成某勇通过电子邮件征询 Benny、Jennifer 是否办理结构性存款续期。8 月 8 日，Jennifer 回复成某勇：不续了，预备分红。8 月 10 日，Benny 回复成某勇：董事会并没有就公司分红通过任何决议，请跟银行安排结构性存款续期。

2018 年 8 月 7 日，泰琪公司向兴业银行申请预留签章由财务专用章和郑某俊、Benny 的签字变更为财务专用章和财务总监刘某的私章。10 日，变更完成。13 日，迈克发函兴业银行称，泰琪公司账户的指定签字人未经泰琪公司董事会批准被更改是严重且未经授权的行为，截至发函日，泰琪公司未通过任何决议将账户内的资金提出、对外划转，董事会亦未通过任何决议案同意授权变更账户印鉴、指定签字人，请兴业银行于次日确认账户内的当前余额等信息，泰琪公司保留一切因未经授权从泰琪公司账户提出资金而要求赔偿的权利。13 日、14 日，兴业银行与泰琪公司、迈克商谈后暂停了泰琪公司账户的对外结算支付功能。8月10日之后,泰琪公司账户内的人民币2亿元办理了"7天智能存款"。

2018年8月29日及9月7日,成某勇两次向迈克发送电子邮件建议尽快安排购买结构性存款事项。迈克均未予回复。同年9月17日,迈克向上海市静安区人民法院提起诉讼,请求确认泰琪公司、兴业银行、郑某俊变更账户预留签章的行为无效,恢复原先预留签章,并对账户申请了财产保全。其在起诉状上称:涉案银行账户系泰琪公司中外方股东共管账户,任何划转指令需要同时取得中外方股东代表签字同意。自2018年5月开始,中方董事郑某俊企图实施由合资公司对其关联公司上海永生房产开发经营有限公司进行投资的提案。在外方董事明确反对、董事会未经决议的情况下,郑某俊向兴业银行出具公章、法定代表人章和营业执照,将预留签章从中外双方代表共同签字变更为中方刘某单独签字,意图通过变更预留签章实现擅自对外划款转移资金的目的。迈克因此提起诉讼,并同时申请将该账户冻结。

上海市静安区人民法院于9月17日裁定泰琪公司、兴业银行、郑某俊暂停依照预留签章对泰琪公司账户内的任何资金办理划转或其他付款结算操作,并于11月30日以迈克不是储蓄存款合同当事人,不具有诉讼主体资格为由,裁定驳回了迈克的诉请。迈克不服提起上诉,上海金融法院于2019年3月22日裁定驳回上诉,维持原裁定。2019年3月27日,迈克向兴业银行发出律师函,要求兴业银行恢复原先预留签章或暂停依照预留签章对迈克账户内的任何资金办理划转或其他付款结算操作。

2018年12月10日,泰琪公司中方股东上海凯时赢投资管理有限公司向公司监事王某发送书面函件,请求其以公司名义对迈克干涉公司经营管理、违反董事勤勉义务的行为提起诉讼。2019

年 2 月 1 日，泰琪公司监事王某遂以公司名义提起本案诉讼。

泰琪公司认为：（1）结构性存款的办理系公司日常经营管理事项，属于总经理的职权范围，无须进行董事会决议，结构性存款的办理也为泰琪公司带来了可观的存款收益。迈克以保护资金安全为由，屡次要求兴业银行冻结公司账户的行为严重妨碍泰琪公司正常经营，给泰琪公司造成经济损失，其应负有赔偿责任；（2）迈克未尽到董事对公司的勤勉义务。其作为公司的董事长，负有召集董事会会议的职责和义务，在泰琪公司经营决策出现争议以后，迈克拒不召开董事会，存在过错。其次，其擅自向兴业银行发函要求变更印鉴安排、冻结账户对外支付功能，还对公司恶意提起诉讼，滥用保全手段，不正当的保全行为导致涉案账户在 2018 年 9 月 17 日至 2019 年 4 月 9 日持续处于被法院冻结的状态，进一步阻碍了泰琪公司办理结构性存款的续期，导致账户内存款年化利率大幅下降。对此，迈克亦应予以赔偿。

迈克认为：（1）公司实际运营中，结构性存款的首次办理和续期都需要中外股东一致同意才能实施。而此次办理，两位外方股东显然并未达成一致意见。公司资金的使用与其他经营决策一样，属于商业判断范畴，不能据此认定高管违反了公司法上的忠实勤勉义务。（2）迈克没有侵权的主观意图，不存在侵权过错。外方股东在泰琪公司中持股95%，假设结构性存款事宜导致公司利益受损，迈克代表的外方股东将承担绝大部分的损失，故迈克作为外方股东委派的董事，没有任何动机侵害泰琪公司的经济利益。迈克作出的两项行为均具有正当性。涉案银行账户由中外双方联合控制。2018 年 8 月 7 日，公司管理层在未获得董事会授权的情况下，擅自使用迈克私章，变更银行预留印鉴，中方企图对涉案账户进行单方控制。2018 年 8 月 8 日，在董事长明确暂时不考虑借款提议后,仅三名董事同意就强行作出向中方股东的关联公司上海永生房产开发经营有限公司借款人民币 1.5 亿元的决议。因此,在此种异常情况下,为了阻止中方非法转移资金,保护泰琪公司利益,迈克不得不采取一系列措施,其采取的措施无非就是为了保持涉案账户和资金的现状。

【裁判】

上海市黄浦区人民法院经审理认为:首先,根据泰琪公司章程,董事会是公司的最高权力机构,涉及公司经营管理的较为重大的事项,原则上应由董事会决议通过,或董事会已授权的总经理决定,或中、外方股东达成一致决定。根据已查明的事实,迈克向兴业银行发函的原因在于泰琪公司账户的预留签章变更,预留签章变更意味着账户控制权变动,关系到账户内人民币 2 亿元资金的支出和转移,无疑属于公司的重大事项,在该变更并无董事会决议通过,或董事会明确授权总经理决定,或中、外方股东达成一致决定的情况下,迈克作为外方委派的董事和公司法定代表人,发函通知兴业银行暂停账户的对外结算支付功能,并无明显不当。

其次,是否为账户内的人民币 2 亿元资金办理结构性存款,属于公司的商业决策范畴,且因涉及大额资金的管理、使用,亦构成公司的重大事项,应由董事会决议通过,或董事会已授权的总经理决定,或中、外方股东达成一致决定。迈克提供的电子邮件证据亦证实,历次结构性存款的办理均是由总经理和外方股东代表迈克达成一致后办理,并非由总经理单方决定。泰琪公司主张办理结构性存款系总经理决策事项,缺乏事实和章程依据,不能成立。现就办理结构性存款事宜,泰琪公司并无董事会决议,或董事会授权总经理决定，或中、外方股东达成一致决定的情形，公司内部就资金的使用亦存在较大争议，迈克在此情况下根据自己的判断决定不办理结构性存款，未违反法律、行政法规或者公司章程的规定，亦不足以认定迈克违反了董事的忠实和勤勉义务。

综上，一审法院判决驳回了泰琪公司的诉讼请求。泰琪公司不服一审判决，向上海市第二中级人民提起上诉。

上海市第二中级人民法院经审理认为：本案当事人之一系涉外主体，涉案纠纷为董事损害公司利益责任纠纷，根据《中华人民共和国涉外民事关系法律适用法》第14条的规定，本案应适用法人属人法即公司登记地中华人民共和国法律进行审理。一审中各方当事人均援引了我国法律、二审中亦同意适用我国法律，故对此应予以确认。

本案的争议在于迈克作为泰琪公司董事长有无违反高管忠实勤勉义务、有无损害泰琪公司利益。

首先，董事损害公司利益责任纠纷，实质系一种侵权责任，当事人首先应证明行为人存在主观过错。根据本案查明的事实，迈克向兴业银行发函要求暂停账户对外支付功能的行为，是在泰琪公司中方、外方股东就账户控制权发生争议、账户预留印鉴发生变更的背景下实施；迈克向法院提起诉讼的原因亦是基于泰琪公司目前的股东争议，希望通过诉讼恢复账户的联合控制。因此，不论是向兴业银行发函还是提起诉讼，迈克的两项行为，主要的目的均是防止账户发生单方变动，保持账户和资金现状并等待进一步协商处理。况且，诚如迈克所述，其所代表的外方股东在泰琪公司持股95%，在非获取个人利益下，其作为外方股东委派的董事，尚缺乏侵害泰琪公司利益的主观动机。故从本案目前情况来看，迈克并不具备侵权过错。

其次，就行为本身来讲，《中华人民共和国公司法》第149条规定，董事执行公司职务时违反法律、行政法规或公司章程规定，给公司造成损失的，应当承担赔偿责任。本案中，迈克被诉两项行为，并没有违反法律、行政法规规定，且鉴于泰琪公司章程并未对办理存款及账户控制问题进行规定，故亦不能认定为违反公司章程，行为违法性不能成立。从行为的合理性来看，根据前述分析，迈克向兴业银行发函、提起诉讼要求恢复预留印鉴和保全账户属于特定情形下采取的救济措施，从该措施的目的和实际效果来看，并未超过合理的限度和范围，也没有违反正常的商业道德和职业伦理，既不属于故意实施侵权行为以侵害公司利益的行为，也未违反我国法律规定的董事应尽的忠实义务和勤勉义务。

再则，关于泰琪公司上诉提出的有关迈克拒不召开董事会等意见，一则其未提供证据加以证实，二则该事项与本案所争议的办理结构性存款及发生利息损失等事实并无直接关联，不能佐证其诉请成立。泰琪公司在二审中提交的2019年12月18日董事会决议，因迈克及其代表的外方股东对该董事会决议的效力持有异议，且该董事会决议形成于本案所诉两项行为之后，故不影响本案处理结果。泰琪公司该项上诉意见，亦不能成立。

二审法院进一步认为，泰琪公司作为中外合资经营企业，其中方、外方股东本应按照公司章程，本着真诚合作、互惠互利的原则共同经营合资公司。即便在经营过程中发生矛盾和争议，也应在相互尊重和信任的前提下进行友好协商，或者采取合法、正当手段主张权利，防止因单方不当行为破坏合营双方之间的信赖基础，并最终对合资公司及股东利益造成损害。

据此，上海市第二中级人民法院判决驳回上诉，维持原判。

【评析】

一、损害公司利益责任纠纷案件的准据法选择

损害公司利益责任纠纷，是指公司股东滥用股东权利或者董事、监事、高级管理人员违反法定义务，损害公司利益而引发的纠纷。在涉外案件中，对于该类案件的审理首先应当确定准据法。对此，存在两种观点，一种观点认为损害公司利益本质是一种侵权，应当适用侵权行为地法律，另一种观点认为该类案件属于与公司有关的纠纷，应适用法人登记地法律。

在现代国际私法中，冲突规范是依法律范畴分类的，如合同、侵权、婚姻、继承等，分属不同的法律范畴，其对应的冲突规范也不相同。根据国际私法中准据法确定的一般规则，法院要选择正确的冲突规范，首先必须对当事人提供的事实和问题进行法律分析，进行定性与识别，并将其归入确定的法律范畴。根据《中华人民共和国涉外民事关系法律适用法》第8条规定，涉外民事关系的定性，适用法院地法律。因此，对于我国法院受理的涉外案件法律关系的定性，首先应当根据我国法律进行准确识别。而按照我国民事案件案由规定，损害公司利益责任类纠纷属于与公司有关的诉讼，而法人国籍是确认民事法律行为和民事诉讼地位的重要依据，故首先应当考虑法人属人法是否能够作为本案确定法律适用的原则。根据《中华人民共和国涉外民事关系法律适用法》第14条规定，法人及其分支机构的民事权利能力、民事行为能力、组织机构、股东权利义务等事项，适用登记地法律。这是我国法律首次在冲突规范层面对法人属人法作出明确规定，但这里并没有明确列举本案所涉有关股东及董事、监事、高级管理人

员违反公司法规定损害公司利益的情形。

从法人属人法的发展历史来看,其调整范围进行过一些变化。早期的国际私法立法一般仅关注法人的权利能力和行为能力的法律适用,晚近的国际私法立法则呈现出扩大法人属人法适用范围的明显趋势,如1966年《葡萄牙民法典》、1979年《匈牙利国际私法》等,特别是1987年《瑞士联邦国际私法法规》第155条规定,调整公司的法律性质、公司的成立和解散、公司的民事权利能力和行为能力、公司的名称或商号、公司的组织、公司的内部关系特别是公司与其成员之间的关系、违反公司法的规定所应承担的责任、公司承担债务的责任、为公司进行活动的人员的代表权限,均适用法人属人法。这种扩大适用法人属人法适用范围的做法为许多国家立法所采用。❶ 概括一下,关于法人的成立以及法人的法律性质、法人的权利能力与行为能力;法人的内部管理问题,法人决策机构的产生方式、管理权限、权力行使方式;董事及其他职员的权利与义务;法人与其股东或者董事、监事与股东之间的关系等,以及法人的解散、清算即合并、分立等问题,均可以纳入法人属人法的调整问题。结合以上理论与国际通行做法,《中华人民共和国涉外民事关系法律适用法》第14条在列举权利能力、行为能力、组织机构、股东的权利义务之后,又使用了"等事项"的用语,其实是赋予了法院进一步扩大法人属人法适用范围的裁量权。因此,就本案情形而言,从最能体现法律关系本质、最有利解决不同国家法律冲突的角度,有关股东或高管损害公司利益责任纠纷,应当适用法人属人法作为准据法进行审理。

---

❶ 于喜富:"法人属人法的确定及其调整范围",载《山东审判》2011年第4期。

二、中国法下商事侵权行为的过错认定

董事、监事及公司高管损害公司利益行为在法律性质上属于商事侵权范畴。我国对于商事侵权行为并没有明确的司法界定，原《侵权责任法》未将商事侵权作为特殊侵权种类予以区分，2020年6月1日发布的《民法典》侵权责任编亦未就此加以明确。对于商事侵权，一般观点认为是商事主体在从事商事经营活动中侵害他人合法权益的行为。❶ 可以达成共识的是，原《侵权责任法》是规制民商事侵权行为的一般法律规范，❷ 虽然商事侵权行为之主、客体与规则理念较之传统民事侵权有所区别，但仍应在原《侵权责任法》的框架内予以司法评价。

民事侵权领域倾向于对绝对权的保护，商事侵权制度保护的系商事利益而非权力。商事领域法律规则与民事领域法律规则的价值取向有所不同，区别于民事责任的等价有偿原则，商事侵权制度的目的并非是通过惩罚行为人对商主体予以利益补偿，而更重要的在于厘清商事主体的权利、义务范围以及明确商事侵权行为的规制及救济方式，以实现法律的规范及预测功能，使商事主体得以自由、无顾虑、有合理期待地从事经营行为，以更高效率地创造更多财富。基于以上对自由价值及经济效率价值的考量，过错责任原则及有限责任原则在商事侵权领域应得以贯彻。

具体到董事损害公司利益责任纠纷中，对于其行为正当性应首先遵循侵权责任的审查路径，从侵害行为、主观过错、侵害结

---

❶ 刘道远："商事侵权责任对侵权责任法的挑战及其对策"，载《法商研究》2010年第1期。
❷ 张平华："商事侵权与民事侵权的'形似神异'，以连带责任为中心"，载《法学》2016年第11期。

果及因果关系几个方面进行考察。应严格认定行为人的主观过错要件,只有行为人存在故意或重大过失时,才会导致董事承担损害赔偿责任。而事实上,在德国,日本等大陆法系国家,早已不乏通过成文法将主观过错规定为董事责任承担前提的立法实践。如《日本公司法》将董事勤勉义务描述为"注意、善管义务",当董事违反法令或玩忽职守造成公司损失时,依据《日本民法典》及其他法律中的相关规定,还需行为人对过错持有故意或重大过失方可追究其损害赔偿责任。❶

对于这种主观过错的认定应基于客观事实,如侵权行为系基于关联交易等为董事个人牟利的利益冲突行为,如侵权行为系基于对严重股东矛盾的消极、恶意的处理等情形。对方当事人对行为人主观过错亦应负有相对严苛的举证或说明责任。本案中,基于两点事实可以认定迈克的行为不具有损害公司利益的故意或重大过失。首先泰琪公司系中外合资公司,外方股东在泰琪公司持股 95%,停止办理结构性存款造成的是利息损失也即纯粹经济利益损失,在非获取个人利益目的下,其作为外方股东委派的董事,迈克缺乏损害泰琪公司经济利益的主观动机。其次根据迈克在本案中的陈述,其行为是基于在董事长明确暂时不考虑借款提议后,仅三名董事同意就强行作出向中方股东的关联公司上海永生房产开发经营有限公司借款人民币 1.5 亿元的决议。因此,在此种异常情况下,其行为目的是阻止中方企图对涉案账户的单方控制,非法转移资金。迈克对于其行为动机的上述解释可以与其在上海市静安区法院关联诉讼中的诉请相印证,本案审理过程中对于上述借款决议等事项泰琪公司亦未提供事实依据予以推翻或给予合理

---

❶ 佐藤孝弘:"董事勤勉义务和遵守法律、公司章程的关系——从比较法的角度",载《时代法学》2010 年第 3 期。

解释，泰琪公司亦无法举证证明或说明迈克存在其他可能的损害公司利益的行为动机。故对于上述中外双方股东争议的事实虽然未在本院事实查明部分予以进一步展开，但是该事实亦成为法官对于考察迈克主观过错要件进行心证的重要依据之一。事实上在此类案件处理中，依据侵权责任构成要件的路径进行审查时，当事人双方的争议焦点及行为人的主要抗辩集中于主观过错要件及因果关系上，主观过错要件应作为首要审查因素，损害赔偿责任承担的前提性因素一旦被排除，可以大大提高审查效率。

三、董事损害公司利益纠纷中勤勉义务规则的司法适用

（一）董事违反勤勉义务问责的司法审查依据

我国对于董事忠实勤勉义务的法律规定移植于英美法中的信义义务规则，信义义务包括忠实义务与勤勉义务。根据最高人民法院发布的《民事案由规定》及其相关解释，损害公司利益责任纠纷的责任主体包括公司股东、董事、监事及高级管理人员。而本案所涉的董事损害公司利益的情形，是指董事执行公司职务时违反法律法规或章程规定，造成公司损失的行为。该情形对应的是《中华人民共和国公司法》（以下简称《公司法》）第148条、第149条规定的董、监、高忠实、勤勉义务。其中，第148条对应的是忠实义务，第149条对应的是勤勉义务。评价董事违反忠实、勤勉义务损害公司利益的一切行为应以上述两个条款作为基础法律依据。《公司法》通过第148条对董事违反忠实义务的行为模式进行了较为详尽的列举，为此类侵权的司法认定提供了较为明确的审查依据，但对勤勉义务仅作原则性规定，除《公司法》第149条外，仅有《中华人民共和国破产法》第125条规定了与勤勉义

务有关的内容,❶ 但上述关于勤勉义务的规定均未对违反勤勉义务的行为方式作出解释或列举。

(二) 忠实义务与勤勉义务的甄别

忠实义务与勤勉义务有所区分,具体案件审理中应针对案件事实及当事人诉请加以甄别和释明,以明确其请求权基础。忠实义务要求董事基于诚实、善良的信念不得从事不公平的利益冲突行为,而使公司利益受损。而勤勉义务要求董事勤奋、谨慎的管理与决策,对于公司经营事项尽到合理注意义务。由此看来,忠实义务更加倾向于基于信赖利益从道德层面提出要求,而勤勉义务更加倾向于基于董事的经营管理地位从职业层面提出要求。❷

在本案中,泰琪公司主张迈克损害公司利益的两个行为分别是发函给兴业银行暂停泰琪公司账户的对外结算支付功能,停止办理结构性存款及向上海市静安区人民法院提起诉讼请求确认泰琪公司变更账户预留签章的行为无效,并对账户申请财产保全。其所主张的上述迈克的两项行为均非为个人获利而实施的利益冲突行为,不符合《公司法》第 148 条规定的违反董事忠实义务的任何情形。其主张的依据应落入第 149 条违反勤勉义务的范畴。而迈克的两项行为并不存在第 149 条所规定的违反法律、法规的情形,就是否违反公司章程而言,根据泰琪公司章程规定,董事会是合资公司最高权力机构,决定合资公司的一切重大事宜,涉及公司经营的重大事项应首先经董事会表决通过,据此,对高达两亿元的流动资金安排结构性存款应属于涉及公司经营的重大事项,

---

❶ 《中华人民共和国破产法》第 125 条规定:"企业董事、监事或者高级管理人员违反忠实义务、勤勉义务,致使所在企业破产的,依法承担民事责任……"

❷ 翁贞、朱敏:"公司高级管理人员违反勤勉义务的司法认定",载《人民司法》2013 年第 6 期。

泰琪公司变更预留签章等行为实际上先违反了公司章程，而迈克的两项行为并未脱离公司章程规定的董事长职权。

（三）董事违反勤勉义务责任的司法豁免

勤勉义务规则作为董事侵犯公司利益的问责依据，其价值目的一方面在于为董事的经营管理及决策行为划定范围，提出要求；另一方面，很重要的是，勤勉义务规则亦是公司问责机制的规范，可以科学保护已经做到勤勉履职的董事在公司遭受损失时可以通过合理抗辩免除责任。勤勉义务与一般过失责任中的注意义务有所区别，应兼具保护商事主体行为自由之功能，鉴于此，其反映在公司法中应对董事违反勤勉义务予以一定豁免空间。即使董事决策客观上造成了公司损失，其只要尽到善管之注意义务，则在诉讼中得以已经履行勤勉义务为合理抗辩免除责任。❶

各国司法实践中，对于董事责任豁免主要依据三种方式：公司决议豁免，公司章程豁免及司法豁免，司法豁免主要是司法案件审判过程中由法院对董事行为通过生效裁判免除责任。世界银行作出的《营商环境报告》将董事责任程度亦作为营商环境评价的指标之一，而我国的此项指标实际处于较低位置。事实上我国立法中并未就董事责任免除作出任何规定，而美、英、日等国家在立法中均对董事违反信义义务赔偿责任的限制与免除制定了相应规则，并对违反勤勉义务的赔偿责任范围界定为任意性规则，公司可在章程中予以规定。❷ 我国公司法并未授权公司决议或章程可以免除董事损害公司利益赔偿责任，现有相关立法短期内不会有

---

❶ 潘玮璘、戴红兵：“董事高管勤勉义务的豁免功能与责任构成”，载《中国应用法学》2019 年第 4 期。

❷ 王艳梅、祝雅柠：“论董事违反信义义务赔偿责任范围的界定：以世界银行营商环境报告'董事责任程度'为切入点”，载《北方法学》2019 年第 2 期。

较大更新，故在此情况下，司法审判中通过稳定的裁判规则依法妥善处理此类案件，对于董事责任的司法豁免做到适法统一则显得尤为重要。

四、董事问责的司法豁免路径——比较法中"商业判断原则"的引入

（一）"商业判断原则"之立法实践

对于董事高管在经营管理事务中是否履行了勤勉义务，英美法中广泛遵循"商业判断原则"，该原则源于判例法，在英美法国家关于董事高管违反勤勉义务问责的司法实践中已被普遍适用。依据商业判断原则，如果公司董事所作出的经营决策是基于其已经充分获取相关信息，且其诚实、善意地认为该判断符合公司的最佳利益，该判断与董事自身无交易利害关系，那么法院应当尊重董事的上述商业判断，不作司法干预。即使为公司造成了一定损失，亦应予以司法豁免。

在德国及日本等大陆法系国家，虽然并未将董事责任豁免规则归纳为商业判断原则，但其成文法中亦存在与商业判断原则相呼应的法律规定，如《德国股份法》第93条确认的"一个正直、勤勉的经理"的标准，如《日本民法典》第644条确认的"善良管理人之注意义务"规则等均明确了与商业判断原则相类似的豁免规则。❶ 我国法律中未有涉及商业判断原则之法律规定，但学界对于引入该规定的呼声很高。实际上，在司法实践中我国许多类似案件的审判均已经采取或借鉴了该原则的判断标准，在判决书

---

❶ 叶金强："董事违反勤勉义务判断标准的具体化"，载《比较法研究》2018年第6期。

说理部分多有体现，本案中亦不例外。

(二) 商业判断原则适用的考量因素

1. 基于获取足够信息之考量

商业判断原则实际上包含了对董事道德层面及职业层面的双重考量，其核心在于要求董事被豁免的行为系在获得足够信息的基础上基于公司最佳利益之考虑。获得足够信息代表董事需要勤勉地对交易之背景、事实进行合理调查，以免轻率地滥用职权。在本案中，迈克实际知晓结构性存款的利息比所谓"7天智能存款"的利息高，但其了解到仅3名董事同意的情况下，公司强行作出向中方股东的关联公司上海永生房产开发经营有限公司借款人民币1.5亿元的决议。因此，在此种异常情况下，为了阻止中方非法转移资金，其作出两项应急行为。基于以上抗辩，法院有理由相信迈克作出的商业判断系在对交易背景充分了解，获取了足够信息的情况下作出的。

2. 基于公司最佳利益之考量

更为关键的是董事行为对公司最佳利益的认知和指向。本案中泰琪公司系中外合资公司，迈克实际系代表外方股东利益的"选民董事"。在股份较为复杂的公司中尤其是本案涉及的中外合资、中外合作类企业中公司僵局较为常见，董事高管损害公司利益责任纠纷极为多发。董事由于代表的股东阵营利益不一致，董事行为难免存在差异性。董事为股东之利益行事天经地义，但董事不管代表何方利益，其均由股东会统一任命，按多数决原则产生，是各方利益平衡的结果。基于此，董事不直接对任何股东负有义务，其只直接对公司负责，董事会决议及董事行为作为公司集体决策的一部分，应指向公司之整体利益、最佳利益。

我国公司法并未对公司利益进行合理、明确的定性。公司利益应是多元化概念，根据德国法中对于董事损害公司利益的解释，董事应同时兼顾股东、职工及其他利益相关者的利益并以这些利益的持续增加也即公司价值的持续增加为目标。❶ 据此，简单地将公司利益等同于股东利益或将公司财产视为公司利益的表征都是较为片面的理解。

具体到本案中，停止办理结构性存款牺牲的是短期经济利益，属于财产利益范畴，但迈克行为的动机是避免公司大量资产非经董事会表决而流入中方股东关联公司，从维护公司整体利益、长期利益的价值取向出发，迈克的行为实际系保障公司资本维持，提升公司持续经营价值的行为。基于以上分析，虽然迈克的行为导致泰琪公司停止办理结构性存款，客观上确实造成了短期的经济利益的损失，但仍可依据商业判断原则免除迈克的损害赔偿责任。

3. 基于商业决策内部性之考量

在司法实践中，对董事损害公司利益责任纠纷案真正认定公司利益受损的裁判并不多，绝大部分案件主要涉及的还是公司控制权的争夺问题。公司法具有私法性质，对于董事侵权案件的法律适用应贯穿尊重商事主体意思自治，维护交易安全与交易秩序，促进交易繁荣的商事审判理念。与此同时，商事领域奉行有限责任原则，建立风险分配机制的目的就在于提高商主体的运行效率，从而促进整个社会经济发展。根据董事行为的内部性，司法应基于商业判断原则对于董事会决议、董事行为对应的商业决策事项

---

❶ 杨大可：" 德国法上的公司利益及其对我国的启示"，载《清华法学》2019 年第 4 期。

保持谦抑。对于不是故意或重大过失严重损害第三人利益、公共利益及某一个公司参与方利益的董事行为，不宜从司法层面主动予以否定性评价。

本案所涉纠纷根源在于中外双方对于公司控制权及公司现有利益的争夺。泰琪公司内部规定了明确、完备的公司章程，公司表决机制亦未陷入僵局，其股东争议系其内部争议，办理结构性存款及银行预留印鉴变更等事项均系其内部事务。根据商业判断原则，当事人若主张董事行为应承担损害赔偿责任，其应对其行为的主观过错及造成的公司利益损失承担相对严苛的举证责任。本案中泰琪公司列举的事实及法律依据都远没有达到能证明迈克存在主观恶意并造成公司实质利益损失的标准。故依据商业判断原则司法亦不宜过度干预泰琪公司的内部商业决策。

国际商事格式仲裁条款的司法审查路径

——上海埃斯埃医疗技术有限公司诉莱茵技术（上海）有限公司服务合同纠纷案

何 云 及小同*

【摘要】在国际商事交易中，采用格式条款订立仲裁协议的方式非常普遍。格式仲裁条款兼具格式合同的定型化特征以及仲裁条款的争议解决功能。在中国法语境下，对格式仲裁条款效力的认定应当依据原《中华人民共和国合同法》（以下简称原《合同法》）第39条、第40条，现《中华人民共和国民法典》（以下简称《民法典》）第496条规定对其进行形式审查及内容审查。形式审查中，应对格式条款提供者信息披露义务的履行以及缔约双方仲

---

* 何云，华东政法大学国际法学院博士研究生，上海市第二中级人民法院商事审判庭副庭长。及小同，上海市第二中级人民法院商事审判庭法官助理。

裁合意真实性进行重点查明。未经合理披露，且条款提供者难以证明双方达成了明确仲裁合意的，将导致格式仲裁条款无法被确认有效。内容审查中，应对给付均衡度进行考量，审查格式仲裁条款提供方是否通过该等条款排除或限制了合同相对方的程序权利。

【关键词】 格式条款　信息披露义务　仲裁合意

【基本案情】

上诉人：上海埃斯埃医疗技术有限公司（以下简称埃斯埃公司）

被上诉人：莱茵技术（上海）有限公司（以下简称莱茵公司）

2018年9月4日，埃斯埃公司与莱茵公司签署《根据EN ISO 13485：2016换证和医疗器械指令附录二监督和公司搬迁审核的报价》一份，就莱茵公司为埃斯埃公司提供欧盟认证证书换证等服务进行了报价和权利义务约定。在该报价单尾部的双方当事人签署栏下方，载明："德国莱茵关注环境并且施行纸张节省方案，其中一项努力是鼓励我们客户接受电子版报告并且即时起只会应客户要求而颁发纸质报告。《莱茵TüV大中华区一般商业条款和条件》为本报价不可分割的重要组成部分，对贵司和我司均具有约束力。当贵司确认本报价单并以要求的方式同传给我司之后，即视为贵司已经认真阅读并完全理解《莱茵TüV大中华区一般商业条款和条件》的全部内容，并同意受其各项条款和条件的约束。本报价单及其所有的附件构成贵司与我司就提供报价单项下的服务所达成的全部书面合同……以上条款，请见TüV网上信息（http：//www.tuv.com〉关于莱茵〉文件下载）。"后双方就上述服务合同履行发生争议，埃斯埃公司起诉至上海市静安区人民法院，请求判令莱茵公司按照合同约定继续向原告履行医疗器械产品的欧盟认证服务。莱茵公司在提交答辩状期间提出异议称，双方合同中约定有仲裁条款，应将争议提交至中国国际经济贸易仲裁委员会仲裁解决。

本案审理中，莱茵公司提交了上述网络链接指向的《莱茵TüV大中华区一般商业条款和条件》（2013年版）中文文本。该文本第13.4条约定："与合同及本条款和条件及其执行有关的任何争议，双方应通过友好协商解决。除非合同中有不同约定，如自争议发生之日起两个月内协商不成或无法就延长协商期限达成一致，双方同意：a）若作为合同一方的莱茵公司为在中华人民共和国合法注册和存续的实体，应将争议提交至中国国际经济贸易仲裁委员会（CIETAC）按照其当时有效的仲裁规则进行仲裁。仲裁地点由提请仲裁的一方从北京、上海、深圳或重庆四个地点中酌情选择一个适合的仲裁地点……"

就案涉仲裁协议的查阅路径及方式，双方当事人在庭审中进行了当庭演示：在电脑上登录 http：//www.tuv.com 网址，进入莱茵公司的"文件下载"页面，页面上显示了"TUV Rheinland LGA Product Gmbh""德国莱茵 TüV 北美""德国莱茵 TüV 大中华区"等栏目。点击"德国莱茵 TüV 大中华区"一栏，显示包括《莱茵 TüV 大中华区一般商业条款和条件》在内的多个文档链接。点击"《莱茵 TüV 大中华区一般商业条款和条件》"一栏，显示该文档内容（2019年5月版），其中第19.4条约定了前述与莱茵公司在本案诉讼中提交的2013年版第13.4条相同的仲裁条款。

【裁判结果】

上海市静安区人民法院于2020年4月26日作出（2020）沪

0106民初10679号民事裁定：驳回原告埃斯埃公司的起诉。埃斯埃公司不服一审裁定，向上海市第二中级人民法院提起上诉，上海市第二中级人民法院于2020年11月26日作出（2020）沪02民终4718号民事裁定：一、撤销上海市静安区人民法院（2020）沪0106民初10679号民事裁定；二、本案由上海市静安区人民法院继续审理。

【裁判理由】

上海市第二中级人民法院经审理认为：本案的争议焦点为双方当事人之间是否存在合法有效的仲裁协议。根据案件查明的事实，本案的特殊性在于，双方当事人签署的《根据EN ISO 13485：2016换证和医疗器械指令附录二监督和公司搬迁审核的报价》书面文本中并没有直接载明仲裁条款，而是通过约定链接于网络平台上的一份《莱茵TüV大中华区一般商业条款和条件》为报价单不可分割的重要组成部分的方式指向了当中的一项仲裁协议。

首先，承载案涉仲裁条款的合同文本系为不特定交易对象所设定的通用、一般条款，属于预先拟订而可重复使用，且在订立合同时未与对方协商的条款，符合《中华人民共和国合同法》第39条规定的格式条款法律特征。第二，对于采用格式条款方式订立仲裁协议的，对其效力的审查应当依据《中华人民共和国合同法》第39条、第40条规定，判断提供格式条款的一方是否已采取合理方式提醒对方注意、有无限制或排除对方主要权利之情形。

关于提示与说明义务。本案中，莱茵公司与埃斯埃公司签订系争报价单时，双方对争议解决方式未进行过协商，报价单虽提及《莱茵TüV大中华区一般商业条款和条件》，但并未将包括仲裁条款在内的该一般条款和条件内容载入报价单文本或作为附件进行显示,故在签署报价单时,埃斯埃公司未能实际看到或知晓仲裁条款,莱茵公司除了报价单约定内容之外亦未提交证据证明其已采取任何合理方式提醒对方注意或进行说明。

关于排除或限制主要权利问题。诉讼与仲裁为我国法律规定的两种民事争议解决方式,两者在性质、审理程序、救济途径及维权成本等方面均存在显著差异。选择仲裁还是选择诉讼,这些程序性事项也将不可避免地对当事人的实体权利义务产生重要影响。仲裁的基础是当事人意思自治,当事人之间的仲裁合意是提请仲裁的前提。若将以格式条款订立的仲裁协议完全排除在格式条款的效力评价范围之外,将有可能排除当事人在发生纠纷时选择争议解决方式的权利,也违反《中华人民共和国仲裁法》第4条所规定的仲裁自愿原则,亦有悖于仲裁所遵循的意思自治和仲裁合意基础。

综上,仲裁作为争端解决的方式之一,是合同当事人依法享有的重要程序性权利,对于当事人的实体权益亦具有重要影响,仲裁协议的达成必须基于当事人真实意思表示。本案莱茵公司采用网络格式条款方式订立的仲裁协议,在协议签订时未向埃斯埃公司作出合理的提示与说明,难以认定莱茵公司与埃斯埃公司之间就系争合同的争议解决达成了仲裁合意,根据我国仲裁法及合同法相关规定,该仲裁条款依法对上诉人埃斯埃公司不发生法律效力。双方当事人就本案纠纷应通过诉讼解决,一审法院对本案依法享有管辖权。

【评析】

格式条款因其在交易效率和交易安全等方面的优势,得以在国际商事各个交易场合被普遍应用。除交易场合的逐渐泛化之外,该等条款的定型化效应正由传统的权利义务事项扩展到程序事项,乃至交易的各个层面。因个别磋商的缺失以及缔约者交易地位的失衡，无限泛化的格式条款带来一系列负面效应。对于争议解决领域适用格式条款的正当性以及效力情形，人民法院应做审慎认定。对于适用我国法律认定仲裁协议效力的情形下，对于格式仲裁条款的司法审查应遵循形式规制—特殊解释规制—内容规制的规范路径。在形式审查层面上，应明确信息披露义务以及仲裁合意真实性的审查标准，解释规则上，应在支持仲裁原则和保护弱者原则之间寻找平衡，在内容审查上，应以系争协议的给付均衡性作为审查重点，对格式仲裁条款是否公平，是否构成排除缔约相对人的主要权利作出认定。

一、形式审查——格式仲裁条款的订入效力认定

（一）缔约模式异化下的订入审查需求

格式条款的核心特征在于个别磋商的缺失，尤其是无纸化交易盛行的今天，磋商模式进一步简化，部分新型交易中，缔约基础已逐渐由传统的"合意"异化为"同意"，由"同意"再度简化为"拟制同意"，甚至由"拟制同意"异化为"内容告知"。缔约模式的转化使得交易更具灵活性和适应性，但也意味着合意基础被严重削弱。[1] 尤其是网络平台协议或以互联网微链接形式承载的协议，相对方基于时间的紧迫、条款的冗长以及对平台的信赖，难以对格式条款中的具体权责分配予以充分关注。

司法实践中，基于契约自由原则，裁判者倾向于对当事人的意思自治事项保持谦抑，不对条款内容作实质性干预。这种情况下，明确表意行为的真实性和完整性则尤为重要，尤其是在合意

---

[1] 安晋城："类型化建构与格式条款提示标准的确定"，载《吉林大学学报》（社会科学版）2021年第3期。

基础薄弱的格式合同中。《民法典》规定格式条款的内容后最重要的一个变化在于明确未合理履行披露义务的法律后果为条款无法订入，区分了格式合同的内容控制及成立控制。❶ 对原《合同法》中订入规则与效力评价规则之间的错位进行了纠偏。基于格式合同制度的立法旨意，应将形式审查作为前提性的审查措施，无法满足形式审查需求将导致格式仲裁条款无法订入，也即缔约相对方可主张格式仲裁条款不属于合同内容。

（二）信息披露义务审查

基于我国格式条款制度的立法旨意，格式合同的合意质量应当通过"强制披露"规则予以补强，"强制条款提供者披露"即相当于"相对人知悉"。❷ 具体到原《合同法》第 39 条、第 40 条之中，披露义务表现为提示注意义务及内容说明义务两项要求。对于披露程度及披露方式，现有法律规范中仅有原则性规定，司法机关具有较大的自由裁量空间。对此，在将交易相对方预设为一般理性人的前提下，提供格式条款的一方应当以明确且显而易见的方式使对方得以正常知悉并充分理解与其权益密切相关的信息。司法实践中，对于是否尽到合理提示义务，主要通过载体形式、提示方式、内容清晰度等多个标准予以考量，具体的衡量要素大同小异，一般通过字样、颜色、位置、特殊标记等予以突出显示或通过口头书面予以另行告知；对于说明义务，根据国际交易惯例，格式条款应采用对于一般经济人而言通俗易懂的用语，格式

---

❶ 王天凡："《民法典》第 496 条（格式条款的定义及使用人义务）评注"，载《南京大学学报》（哲学社科版）2020 年第 6 期。
❷ 宁红丽："平台格式条款的强制披露规制完善研究"，载《暨南学报》2020 年第 2 期。

条款表意应遵循透明度原则,❶ 向简化、缩短、标准化的方向发展,披露模式应从全面披露转为要点披露,从专业披露转为平实披露。

基于以上披露义务履行的审查标准,未在合同正本中予以约定,而以微链接、合同附件、补充协议等形式承载的格式争议解决条款,且条款提供者无合理依据证明履行了提示义务的格式仲裁协议,将不符合披露要求。本案中,莱茵公司将仲裁条款以微链接形式列明于一份冗长的合同附件中,根据庭审中的操作流程,埃斯埃公司需要另行点击网络链接后,在诸多栏目中选择"德国莱茵 TüV 大中华区"一栏,然后在多个文档链接中进一步点击《莱茵 TüV 大中华区一般商业条款和条件》方能阅看案涉格式仲裁协议,且莱茵公司并无任何依据证实其曾提醒埃斯埃公司微链接中包含有相关仲裁条款。

(三)仲裁合意审查

格式仲裁条款与一般主管或管辖协议的区别在于其成立以明确的仲裁合意为基础,《中华人民共和国仲裁法》第 16 条第 2 款第 1 项规定的"请求仲裁的意思表示"应是缔约各方一致的表意行为而非单方行为,意味着各方缔约时对于将未来争议提交仲裁解决具有理性预期。格式仲裁条款的形式审查中,应就缔约过程中仲裁合意的真实性、完整性进行重点审查。司法实践中,仲裁协议载体形式的合理性经常成为推定仲裁意思表示的重要事由。仲裁协议涉及当事人重要的程序选择权,格式仲裁条款一般应以清晰显著的形式列明于书面合同正本中,若以附件、微链接等其他形式承载的

---

❶ See Directive 93/13/EEC of 5 April 1993 on Unfair Terms in Consumer Contracts (Unfair Terms Directive) [1993] OJ L95/29.

格式仲裁条款，无法以直观、显著的方式呈现在缔约相对人的认知范围内的，应当另行合理披露，且条约提供方应就此举证，否则难以认定缔约相对方与条款提供方就仲裁协议内容达成过合意。❶

本案二审审理中，埃斯埃公司提出其直到一审诉讼中莱茵公司提出管辖权异议时才知晓仲裁条款的存在，因此其根本不存在仲裁意思表示，且其于 2020 年 4 月 28 日登录报价单所载明的链接地址，并未找到莱茵公司所称的《莱茵 TüV 大中华区一般商业条款和条件》。经莱茵公司在二审中当庭演示，其在服务合同中载明的微链接仍未直接指向《莱茵 TüV 大中华区一般商业条款和条件》，需要多次操作后，在多个栏目，多个链接文件中寻找并查阅案涉仲裁条款。以上复杂的操作流程实际对埃斯埃公司获知仲裁内容造成了一定障碍，其抗辩具有一定合理性。

二、解释规则——条款有效性与实质正义观之抵牾

当格式仲裁条款发生争议时，缔约双方因立场不同对于合同解释的侧重点有所不同，但裁判者应在解释条款时保证客观中立。实质正义观下，保护弱者的司法理念贯穿始终。根据限制解释原则，尤其在消费者保护等传统的磋商能力失衡的交易场合中，当对格式仲裁条款内容产生争议时，应当作出不利于格式条款提供方的解释。对缔约弱势方予以倾斜保护；而在支持仲裁（pro-arbitration）的发展趋势之下，无论是缔约主体对于契约的自主解释，还是诉讼或仲裁程序中裁判者对于仲裁条款的解释，都将遵

---

❶ 如最高人民法院在（2013）民四他字第 1 号就《关于连云港祥顺矿产资源有限公司海上货物运输合同纠纷管辖权异议一案的请示》复函中提到：尽管提单背面约定了租船合同中的仲裁条款并入提单，但提单背面约定不足以引起受让人充分关注，难以认定缔约方之间存在仲裁意思表示。

循善意解释的路径，尤其是对于轻微瑕疵的仲裁条款，倾向于采用有利于仲裁条款效力的解释原则以及排除严格解释的原则。❶

一旦倾向性选择支持仲裁或保护弱者的解释路径可能将条款效力指向相反结果。对于格式条款的解释应以缔约方平均而合理的理解能力为基准，保持统一性和可循性。❷ 对于格式仲裁条款的解释仍应以通常解释为首要原则，以上述限制解释及善意解释等作为特殊解释原则予以补充，避免滥用与误用。本案中，莱茵公司系国际知名大型基础设施及能源供应服务商在中国设立的全资子公司，该公司在相关设施出口认证及检测服务方面具有行业优势，根据双方当事人在本案中的陈述可推知其在案涉服务合同缔约中处于强势地位，根据莱茵公司合同文本中的阐述，其基于"关注环境并且施行纸张节省方案"而未向对方提供书面仲裁协议。但无纸化契约的使用更应当兼顾契约内容的合理披露，尤其是本案中的仲裁协议，系莱茵公司在交易中反复使用的标准化条款，且涉及合同相对方的重要程序权利，二审判决中裁判者综合考量本案交易背景、仲裁协议的载体形式以及具体内容，遵循了限制解释原则，依法对仲裁协议作出了不利于格式合同提供者的解释，保护了弱势缔约方的权益。

三、内容审查——格式争议解决条款的公平性评价

（一）不合理的格式争议解决条款构成"排除主要权利"

根据原《合同法》第 39 条之规定，提供格式条款的一方应当遵循公平原则确定当事人之间的权利与义务。合同效力的法定基础由

---

❶ 季境："仲裁协议效力认定及解释原则"，载《人民司法》2019 年第 26 期。
❷ 崔建远："论格式条款的解释"，载《经贸法律评论》2019 年第 3 期。

意思自治与给付均衡构建，格式条款这种合意基础薄弱的情形必须通过给付均衡度的校正来提升正当性。❶ 这也是格式条款公平性审查的首要因素，具体到我国的格式条款制度中，给付失衡表现为不合理地免除或减轻己方责任、加重对方责任、限制对方主要权利。

争议解决条款涉及缔约者重要的程序权利，对于选择将争议提起诉讼或由仲裁解决，以及选择解纷方式之后具体的裁决地点、时间、事项范围等，直接关系缔约者的实体权利义务处理，与缔约者具有重大利害关系。《民法典》将对格式合同的内容作出规定之后的重要调整之一是将提示说明义务的范围由"免除或限制其责任的条款"扩大为"与对方具有重大利害关系的条款"，争议解决条款当然落入重大利害关系条款的范围。❷ 因此，缔约相对方对于救济权利的处分及让渡必须基于其意思自治，且应避免存在明显的权利义务失衡情形，否则将视为被排除或限制了主要权利。诚如埃斯埃公司所辩称，诉讼和仲裁是两种独立的民事纠纷解决机制，仲裁与诉讼在解决纠纷的适用上有着各自的优势与局限，但莱茵公司所提供格式仲裁条款排除了埃斯埃公司的争议解决方式选择权，具体包括将未来争议诉诸人民法院的权利，以及仲裁机制下仲裁机构、仲裁地点等仲裁因素的选择权。

（二）延展思考——显失公平制度在格式争议解决条款领域的适用

从行为经济学角度出发，将缔约相对方视为一个"理性经济人"

---

❶ 胡安琪、李明发："网络平台用户协议中格式条款司法规制之实证研究"，载《北方法学》2019 年第 1 期。

❷ 根据立法者观点，《民法典》第 470 条列举的合同标的、数量、质量、价款或者报酬、履行期限、地点和方式、违约责任、解决争议的方法等条款均属于与对方有重大利害关系的条款。参见最高人民法院民法典贯彻实施工作小组：《中华人民共和国民法典合同编理解与适用》，人民法院出版社 2020 年版，第 246 页。

的前提下，一旦格式条款内容直观、显著地呈现于其感知范围之内，疏于阅读该等条款将视为其对审查机会的自动放弃或对条款内容的自愿接受。一方面，我国传统合同法理论中，只要不存在欺诈、胁迫等严重违法情形，则很难以公平性标准作为条款效力的判断依据。但另一方面，虽然经济主体在创设合同内容方面具有高度自治，但若法律过度忽略合同公平性，则可能对公序良俗造成冲击。

我国司法实践中，对于格式争议解决条款的公平性审查较为审慎，即使是对单方性排除弱势缔约方的程序选择权，权利义务显著失衡的单方选择性争议解决条款（unilateral option resolution clause），仍鲜少在协议效力确认之诉中作出否定性评价。❶ 实际上比较法中已不乏以显失公平为由否定格式争议解决条款效力的立法及审判实践。笔者认为，司法实践中，对于条款是否存在严重的给付失衡情形，除条款内容本身外，还应充分考量基础关系、缔约表现等交易背景，如果一方缔约者处于明显的弱势地位，且契约提供者存在利用优势地位刻意压制缔约相对者的非善意情形，则该条款应符合显失公平情形，即使履行了披露义务，裁判者仍可以显失公平为由否定条款效力。尤其在消费者保护、劳动者保护等典型地位悬殊的交易场合中，如果在争议解决条款既有的程序权利配置中进一步对缔约相对方施加不合理的限制将可视为典型的非善意，如针对格式争议解决协议的解释权归属条款、保留变更权条款、附条件生效条款、单方选择机构或地点条款等。

---

❶ （2012）浦民二（商）初字第 S3375 号民事判决书，（2020）粤 09 民特 10 号民事裁定书。

互联网平台国际反垄断规则构建研究

王振谦*

【摘要】 网络平台经济下新的竞争态势推动互联网平台反垄断规则之革新。各国的反垄断立法使得互联网平台国际反垄断规则初步形成。基于国际共同利益,数字时代的互联网平台国际反垄断规则的统一构建是国际共同利益的需求。因此,在相关市场界定、垄断协议认定、滥用市场支配地位、经营者集中审查等制度中,国别立法需要相互借鉴以完善自身不足,以确保互联网平台国际反垄断规则的统一构建。

【关键词】 互联网平台反垄断 相关市场界定 滥用市场支配地位 最惠国待遇条款 轴辐协议

一、引言

近年来,世界各国都有意将市场竞争的监管视

---

* 王振谦:华东政法大学国际法学院硕士研究生。

野聚焦于互联网平台经济领域,强调对互联网平台经济领域的竞争监管及革新。欧盟在发布《数字时代的竞争政策》后,❶ 随后通过《欧盟数字市场法(草案)》;❷ 德国通过并实施了《反限制竞争法第十修正案》(以下称为《第十修正案》);❸ 日本通过了《数字平台交易透明化法案》。❹ 随着我国电商平台经济的迅猛发展,在讨论修改《中华人民共和国反垄断法》(以下简称《反垄断法》)的背景下,2021年2月7日,国务院反垄断委员会印发了《国务院反垄断委员会关于平台经济领域的反垄断指南》(以下简称《指南》)。根据中国、德国、日本和欧盟的最新立法,互联网平台经济已实质推动国际反垄断规则之革新;互联网平台国际反垄断规则已初具规模,本文拟从相关市场界定、垄断协议认定、认定滥用市场支配地位以及经营者集中审查等内容进行比较和分析;以国际反垄断规则的统一为视角,针对各立法文件存在的不足提出完善建议,以推进互联网平台国际反垄断监管的更高效进行。

---

❶ J. Crémer, Y. de Montjoye, and H. Schweitzer, *Competition Policy for the Digital Era: Final Report*, Publications Office of the European Union, Luxembourg, 2019, pp. 1 – 133.

❷ European Commission, Directorate – General for Communications Networks, Content and Technology, Proposal for a REGULATION OF THE EUROPEAN PARLIAMENT AND OF THE COUNCIL on contestable and fair markets in the digital sector (Digital Markets Act), at https://eur – lex.europa.eu/legal – content/EN/TXT/PDF/?uri = CELEX:52020PC0842&from = en.

❸ Bundeskartellamt(联邦卡特尔局):《德国反限制竞争法修正案》,at https://www.bundeskartellamt.de/SharedDocs/Meldung/EN/Pressemitteilungen/2021/19_01_2021_GWB%20Novelle.html。

❹ 公正取引委员会:《特定デジタルプラットフォームの透明性及び公正性の向上に関する法律》,来源于:https://elaws.e – gov.go.jp/document?lawid = 502AC0000000038,2021年8月22日访问。

二、互联网平台经济推动反垄断规则之革新

数字化经济时代背景下，网络平台经济有以下显著特征：第一，正向网络外部性特征。即考虑到同一网络或兼容性网络间的交互便利性，用户从产品中能够得到的效用与用户的总数量是呈正相关的。这意味着新设立的互联网平台企业想要进入市场竞争，除降低价格之外，还需要克服消费者对先设立的互联网平台企业的使用黏性，支出消费者转而使用其平台需花费的转移成本，包括兼容成本、接触交易成本、学习成本等。❶ 对正向网络外部性效应所产生的竞争优势、对市场支配地位的塑造该如何评估，现有的市场份额判定法是否仍有效适用，尚待明确。❷ 第二，因交叉网络外部性，互联网平台企业存在双边市场、多边市场的情形，几个单边市场之间相互影响并产生叠加的正向效益。互联网平台的一项限制竞争行为发生在某一单边市场的同时，也将可能作用于另一市场上。❸ 行为和效果跨越不同市场时，限制竞争行为所在的相关市场该如何界定；"无成本的销售行为"下假定垄断者测试缺失价格计算基础的问题如何解决。❹

第三，因数据已成为互联网平台经济领域市场竞争的核心资源，互联网平台数据成为反垄断监管需要关注并协调的重要利

---

❶ 吴汉洪、王申："转换成本视角下互联网企业的创新竞争策略"，载《经济理论与经济管理》2019年第3期。

❷ 杨建辉："数字经济动态性特征对现行反垄断规则的挑战"，载《竞争政策研究》2018年第5期。

❸ 郭琏、王磊、王丹："互联网平台监管的基本研究框架"，载《价格理论与实践》2021年第1期；林子樱、韩立新："数字经济下平台竞争对反垄断规制的挑战"，载《中国流通经济》2021年第2期。

❹ 王磊："互联网平台竞争监管研究最新进展"，载《价格理论与实践》2020年第2期。

益。数据经采集、处理、利用后，可用于服务、产品的创新以吸引消费者，从而维护"注意力经济"下互联网平台企业可得的流量，为互联网平台企业创造商业机会。数据更能体现一家互联网平台企业在相关市场中的竞争力和市场支配地位，互联网平台企业有限制数据外流的倾向，这将导致争夺数据的"圈地运动"，如腾讯诉抖音、脉脉诉新浪等。❶ 易促使大平台利用数据优势，形成正网络效应下的双轮垄断，需要被《反垄断法》纳入规制。❷

第四，互联网平台经济领域的竞争具备动态性。❸ 数字经济动态性强调了互联网平台企业发展和竞争的过程性，对于市场结构和集中度的静态认定方法将遭受到巨大冲击。❹ 例如，由于颠覆性创新的可能存在，先设立企业的市场支配地位可能不易于维持。再例如，新兴互联网平台企业可能已具备较大的客户群体和数据资源，但营业额、交易量未得以体现，先设立互联网平台对新设互联网平台的收购行为是否应被纳入经营者集中审查，反垄断执法机构如何认定潜在的集中可能性。第五，科技隐蔽性。大数据杀熟和算法合谋等行为很难被察觉，需要考虑加强对互联网平台限制竞争行为的严格规制，如举证责任倒置。

---

❶ 袁昊："新兴权利视域下互联网平台数据垄断的法律规制"，载《西北民族大学学报》（哲学社会科学版）2020 年第 5 期。
❷ 李勇坚、夏杰长："数字经济背景下超级平台双轮垄断的潜在风险与防范策略"，载《改革》2020 年第 8 期。
❸ 陈兵："互联网市场固化趋态的竞争法响应"，载《江汉论坛》2020 年第 3 期；蔡红君、方燕："技术动态性、市场多边性与互联网反垄断认识误区"，载《财经问题研究》2020 年第 5 期。
❹ 陈富良、郭建斌："数字经济反垄断规制变革：理论、实践与反思——经济与法律向度的分析"，载《理论探讨》2020 年第 6 期。

三、互联网平台国际反垄断规则的初步构建

为了维护平台经济领域公平有序的竞争，充分推动互联网平台经济领域的资源配置优化、技术进步、效率提升，各国立法加强和改进反垄断监管，增强对互联网平台领域反垄断执法的针对性、科学性。与反垄断法律法规的一般规定对比，互联网平台反垄断规则在相关市场界定、垄断协议认定、滥用市场支配地位、经营者集中审查等内容中有很多共同创新之举，但也存在若干差异。

（一）平台反垄断的适用范围

第一，不同国家对"互联网平台"的解释不同，主要分为抽象概念阐释和具体类型列举。一方面，《指南》和《数字平台交易透明化法案》采用抽象概念形式。《指南》第2条第1款规定："本指南所称平台为互联网平台，是指通过网络信息技术，使相互依赖的双边或者多边主体在特定载体提供的规则下交互，以此共同创造价值的商业组织形态。"此外，《数字平台交易透明化法案》第2条规定："本法所称数字平台，是指利用计算机进行信息处理而构建的供大量人群使用的场所，一般表现为商品、服务或权利等的交易人提供交易撮合信息，或者其他先进的信息和通信网络服务（不包括广播法的广播服务）。"另一方面，《欧盟数字市场法（草案）》不对平台予以抽象释义，而是直接列明何种服务属于需要规制的平台服务。《欧盟数字市场法（草案）》第2条规定："守门人是提供核心平台服务的企业，核心平台服务包括：在线中介服务、在线搜索引擎、在线社交服务、视频分享服务、数字独立的交流通讯服务、开源系统、云计算服务、广告服务。而各服务的含义都由欧盟通过的条例予以具体解释。"

第二，不同国家和地区对于反垄断规制对象的规定不同。《欧盟数字市场法（草案）》和《数字平台交易透明化法案》采用仅对事先确定的特定对象予以规制的方式，而《第十修正案》和《指南》普遍适用所有互联网平台企业。《欧盟数字市场法（草案）》采用的"守门人"概念，要求互联网平台企业达到一定的数量或质量标准并经由欧盟委员会的反复审查和认定，并且要求"守门人"履行特定义务以避免其垄断行为的发生。此外，《数字平台交易透明化法案》采用的"特定数字平台"的概念与《欧盟数字市场法（草案）》的"守门人"的概念本质相同，其判断标准以"内阁令"为准，参考要素包括数字平台在人民生活中广泛使用的情况、数字平台使用集中的情况、数字平台和平台内商户之间交易的实际情况和趋势以及根据本法保护平台内商户的必要性等。❶相反，《指南》和《第十修正案》并不事先规定法律适用的对象，其规制与反垄断一般法相同，仅在具体规则要素中加入互联网平台经济的发展特性。

第三，各国对互联网平台反垄断立法之域外适用都明示或默示地予以规定。一方面，《欧盟数字市场法（草案）》第1条第2款明确了域外适用效力，即"守门人"只要向在欧盟设立的企业用户或在欧盟设立或位于欧盟的最终用户提供核心平台服务，其竞争行为就应被规制，不考虑"守门人"的设立地或住所地及其法律如何规定。另一方面，中国的《指南》默示表达了其域外适用的想法。结合根据《指南》第4条规定，根据平台特点相关地域市场根据个案情况可以界定为全球市场，而结合《反垄断法》第2条的规定，在中国境外的垄断行为对境内市场竞争产生排除、

---

❶ 杨东："日本近期反垄断法修法动向及对我国的启示"，载《中国市场监管研究》2021年第7期。

限制影响的，可以适用《反垄断法》。

（二）平台企业的相关市场界定

任何竞争行为均发生在一定的市场范围内，因此界定相关市场成为审查垄断协议行为、滥用市场支配地位行为和经营者集中行为的重要前提，也通常是反垄断执法机构执法实践中的分析起点和重要步骤。相关市场界定的分析，一般分为对相关商品市场和相关地域市场的分析和需求替代分析和供给替代分析。如前述，《欧盟数字市场法（草案）》和《数字平台交易透明化法案》采用平台类型列举和特定对象规制的方式侧面确定了相关市场，且对于《欧盟数字市场法（草案）》和《数字平台交易透明化法案》的适用对象可分别根据欧盟委员会修订决定和日本内阁令的形式予以补充，因此，互联网平台国际反垄断的相关市场界定仅在中国、德国等国家个案认定。

首先，在界定相关市场时，各国立法文件普遍将"平台功能、商业模式、应用场景、用户群体、多边市场、线下交易、市场进入、技术壁垒、网络效应、锁定效应、转移成本、跨界竞争"等互联网平台经济领域的新特征纳入考量，打破了单一市场认定的传统逻辑，此举在于更加综合全面地推进互联网平台经济领域的反垄断执法实践。其次，互联网可以低成本、低代价覆盖全球，无额外的运输成本、价格成本或者技术障碍，因此，在界定相关地域市场时，相关地域市场除通常界定为特定区域市场外，还可能根据个案情况界定为全球市场。最后，相关市场依个案需求是否可予以不予认定是一项重要的议题，因为传统反垄断执法实践是以相关市场界定为必要前提的，❶ 中国反垄断委员会反复进行考

---

❶ 李平、郝俊淇："互联网行业滥用市场支配地位认定中相关市场界定问题研究——基于'奇虎诉腾讯垄断案'终审判决的思考"，载《西部法学评论》2015年第4期。

虑。最终，因"依直接证据可不需要明确界定相关市场"规则的科学性还未经学术研究和司法实践的充分论证，不应轻易略过相关市场的界定，❶《指南》删去了《关于平台经济领域的反垄断指南（征求意见稿）》（以下简称《意见稿》）的相关规定。❷

但是，因为传统定量分析测试方法的局限性，传统的 SSNIP 测试法被认为不适用于免费商品、以非价格为主要竞争力的商品、具有双边市场特性的商品市场领域，❸ 一味单一适用已不合时宜，日本公正交易委员会 2017 年 6 月发布的《数据与竞争政策调研报告》在其第三部分 "考虑竞争政策与反垄断法问题的基本方法"中指出"有些情况下可以进行 SSNDQ 质量下降测试和 SSNIC 成本上涨测试方法"，❹ 而《指南》并未规定可适用的新工具。SSNDQ 质量下降测试、SSNIC 成本上涨测试方法等定量分析方法较适合互联网平台经济领域。❺ 一方面，因平台领域竞争的实质不

---

❶ 陈兵："平台经济领域相关市场界定方法审视——以《国务院反垄断委员会关于平台经济领域的反垄断指南》第四条为中心的解读"，载《法治研究》2021 年第 2 期。

❷ 根据《关于平台经济领域的反垄断指南（征求意见稿）》第 4 条的规定，"相关市场界定在各类垄断案件中的作用坚持个案分析原则，不同类型垄断案件对于相关市场界定的实际需求不同。对于固定价格、分割市场等横向垄断协议和固定转售价格、限定最低转售价格的纵向垄断协议，反垄断执法机构在违法性认定上可不明确界定相关市场。尽管滥用市场支配地位、经营者集中反垄断审查一般都需提前界定相关市场以判断支配地位和集中度，但在符合以下条件的情形下，也可不予以明确界定相关市场，即直接事实证据充足；只有依赖市场支配地位才能实施的行为持续了相当长时间，且损害效果明显；并且准确界定相关市场条件不足或者非常困难。"

❸ 丁春燕："论我国反垄断法适用中关于'相关市场'确定方法的完善——兼论SSNIP方法界定网络相关市场的局限性"，载《政治与法律》2015 年第 3 期。

❹ 公正取引委员会：《データと競争政策に関する検討会報告書》，来源于：https://www.jftc.go.jp/cprc/conference/index_files/170606data01.pdf，2021 年 8 月 22 日访问。

❺ 龙振彪："假定垄断者测试关于相关产品市场界定思路之修正——以奇虎360诉腾讯滥用市场支配地位纠纷案为例"，载《中山大学法律评论》2014 年第 1 期。

再是价格竞争，而是对质量、创新的竞争，SSNDQ 质量下降测试方法更适宜。❶ 另一方面，互联网平台用户支付的注意力成本和信息成本较易量化，一般包括用户使用的时间长短和需同意付出的数据信息量，SSNIC 成本上涨方法也很契合互联网平台经济领域。但是，SSNIP 和 SSNIC 的量化标准不统一、不明确的问题需要被考虑。另外，有学者主张可以将"产品质量测试"和"盈利模式测试法"应用拓展至互联网平台市场，但是其操作复杂性或有效性问题亟待检验。❷ 因为定量分析经济学工具在互联网平台上的运用遭遇"瓶颈"，可以考虑回归"以遵循消费者需求为原则的定性方法"。❸ 总而言之，对新型、反传统的相关市场界定方法的积极探索，有利于反垄断执法机构在互联网平台领域的依法执法，推动科学高效监管。

（三）平台企业的垄断协议规制

垄断协议是指排除、限制竞争的协议、决定或者其他协同行为。垄断协议分为横向垄断协议和纵向垄断协议。横向垄断协议是指具有竞争关系的经营者之间形成的垄断协议，包括价格固定、商品数量限制、新技术开发限制、联合抵制交易等。纵向垄断协议是指经营者与下游交易相对人达成的垄断协议，包括固定向第三人转售的价格、限制向第三人转售的最低价格等。因《欧盟数字市场法（草案）》和《数字平台交易透明化法案》以指定对象必须履行特定义务为模式，只需要对行为是否构成对需履行义务的

---

❶ 崔海燕："大数据时代'数据垄断'行为对我国反垄断法的挑战"，载《中国价格监管与反垄断》2020 年第 1 期。

❷ 王璐、方燕："互联网领域垄断行为界定与市场力量测度"，载《中国流通经济》2021 年第 2 期。

❸ 陈兵、徐文："规制平台经济领域滥用市场支配地位的法理与实践"，载《学习与实践》2021 年第 2 期。

违反予以认定，因此执法机构往往不需要依个案对垄断协议是否构成进行认定。但是，在中国等国家仍需要进行个案认定。因此，相关立法予以创新规制。

首先，《欧盟横向垄断协议竞争规则的评估文件》中强调了新时代算法、大数据等新技术对竞争规则的可能影响。❶《指南》考虑到科学技术的复杂性和保密性，平台经济中平台规则、数据或算法合谋等协同行为难以被反垄断执法机构查证，明确添加了"根据直接证据或逻辑一致间接证据，认定经营者知悉情况以判定协同行为的存在与否"。

其次，根据欧盟对《纵向限制竞争豁免条例的审查文件》的审查意见，《欧盟运行条约》第101条对于最惠国待遇条款的规制是否构成纵向垄断协议是不明确的。第一，平台代理关系是否可以被纳入上下游交易关系中，缺乏明确解释；第二，因最惠国待遇条款可能同时具备促进和限制竞争的效果，如何认定最惠国待遇条款是否构成纵向垄断协议，考量因素有哪些。❷ 同样的问题也发生在我国《反垄断法》身上。根据《反垄断法》，典型的纵向垄断协议行为一般限定于上下游交易相对人间对转售价格的维持协议。但是，互联网平台公司和商品供应商构成的是平台展销的代理关系，而不涉及上下游直接商品交易的经销关系，代理关系协议中的最惠国待遇条款不能构成《反垄断法》的典型纵向垄断协

---

❶ EU commission: *Factual Summary of the Contributions Received During the Public Consultation on the Evaluation of the Two Block Exemption Regulations and the Guidelines on Horizontal Cooperation Agreements*, https://ec.europa.eu/info/law/better-regulation/have-your-say/initiatives/11886-Evaluation-of-EU-competition-rules-on-horizontal-agreements/public-consultation，2021年6月30日访问。

❷ EU commission: *Commission Staff Working Document Valuation of the Vertical Block Exemption Regulation*, https://ec.europa.eu/competition/consultations/2018_vber/staff_working_document.pdf，2021年6月30日访问。

议,仅可被纳入《反垄断法》第 14 条兜底条款的其他垄断协议中。对此,《指南》直接明确了最惠国待遇条款的纵向垄断协议属性,提供了明确的考量因素,而欧盟立法仅停留在方向拟定阶段。一方面,可以有效避免反垄断执法机构对兜底条款的怠惰行使,另一方面,纵向垄断协议应考虑涵盖互联网平台与供应商之间的代理关系,体现了立法者修订《反垄断法》时对互联网平台经济领域的考量。

最后,《指南》对轴辐协议❶的明确规制,有利于突破《反垄断法》条文缺陷导致的执法窘境。❷ 而欧盟未对轴辐协议进行明确规制,只是在《欧盟横向垄断协议竞争规则的评估文件》表示"横向与纵向垄断协议的界限模糊化"问题亟待解决。❸ 根据 2020 年 1 月的《反垄断法》修订草案征求意见稿的规定,"禁止经营者组织、帮助其他经营者达成垄断协议",轴辐协议以"组织、帮助达成垄断协议"形式呈现,不再局限于《反垄断法》横、纵向二分法。考虑到《反垄断法》立法先行、《指南》后续跟进的情形,反垄断执法机构对轴辐协议中"有限制竞争之实,却无主体可以

---

❶ 将垄断协议按照经验类型划分,其典型样态是具有竞争关系的经营者之间达成的横向垄断协议,以及具有经销关系的上下游经营者之间达成的纵向垄断协议。但在市场经济活动中,协议安排并非总是泾渭分明,有的同时具备横向与纵向的要素或维度,这些纵横交错的协议安排,构成垄断协议的混合形式,可称为"轴辐协议"。参见江山:"论轴辐协议的反垄断规制",载《社会科学研究》2021 年第 4 期。

❷ 郭传凯:"美国中心辐射型垄断协议认定经验之借鉴",载《法学论坛》2016 年第 5 期。

❸ EU commission: *Factual Summary of the Contributions Received During the Public Consultation on the Evaluation of the Two Block Exemption Regulations and the Guidelines on Horizontal Cooperation Agreements*, https://ec.europa.eu/info/law/better-regulation/have-your-say/initiatives/11886-Evaluation-of-EU-competition-rules-on-horizontal-agreements/public-consultation,2021 年 6 月 30 日访问。

被罚"的实践窘境仍无法解决。❶ 因为《指南》虽纳入了独立的轴辐协议类型,却只能将轴辐协议定性为横向或纵向垄断协议类型。虽然我国当前尚没有发生诸如互联网平台企业组织、帮助平台内经营者从事轴辐协议的实际案例,但因互联网平台在组织、帮助平台内企业进行竞争方面具有天然的优势,这一问题在我国互联网经济快速发展过程中是客观存在的。❷

然而,互联网平台国际反垄断的垄断协议规制仍存在以下问题:

首先,在价格体系相对公开透明的互联网平台市场中,平行行为与共谋行为在外观上混淆而不易识别。❸ 此外,例如《指南》对认定"知悉"采取直接证据或者"逻辑一致"间接证据的证明标准,即根据执法者认可的经验法则进行逻辑推理的主观擅断可推定一致结论,❹ 而经验法则在算法合谋等新问题面前是否适用,还未明确。

其次,《指南》对"最惠国待遇条款"的回应不甚严谨:第一,最惠国待遇条款在平台分销代理模式下,卖方与平台间不是纵向交易相对人关系,不构成纵向协议,而可能构成横向垄断协议。❺ 第二,互联网平台竞争者扮演轴心主体时,仅具备核心的参与、促进地位,而不具备垄断协议的竞争当事人地位,而反垄断

---

❶ 王先林:"论我国垄断协议规制制度的实施与完善——以《反垄断法》修订为视角",载《安徽大学学报》(哲学社会科学版)2020年第1期。
❷ 戴龙:"论组织帮助型垄断协议的规制——兼议我国《反垄断法》的修订",载《法学评论》2021年第1期。
❸ 王俣璇:"格式条款标准化的垄断协议认定",载《法学论坛》2020年第2期。
❹ 包冰锋:"民事诉讼间接证明的机理证成与模型应用",载《法律科学》(西北政法大学学报)2020年第5期。
❺ 谭晨:"互联网平台经济下最惠国条款的反垄断法规制",载《上海财经大学学报》2020年第2期。

一般法仅处罚当事人，或者具备组织权能的行业协会。反垄断执法机构面临的实践窘境将可能在平台经济领域重现，如中国的"湖南娄底保险业垄断协议案"和"安徽信雅达等三家密码器企业垄断协议案"。❶ 第三，反垄断一般法对纵向非价格垄断协议的分解规制，容易造成法律适用障碍与冲突，不足以解决纵向非价格垄断协议的竞争风险。❷ 非价格的最惠国待遇条款也可能面临相同问题。

最后，《欧盟数字市场法（草案）》对"平台二选一"协议行为明确禁止的同时，《指南》未予以特殊规制，却有疏漏。一方面，"平台二选一"协议行为不易被归入传统纵向垄断协议中，需要适用兜底条款予以认定。但是，纵向垄断协议兜底适用易导致"打击面过宽"，执法机构也因反垄断谦抑性避开兜底适用，限制、阻碍竞争的"平台二选一"行为可能缺乏有效规制。❸ 另一方面，"平台二选一"协议行为仅在《指南》滥用市场支配地位制度中适用，则在仅具备相对优势而并非市场支配地位的情况下，即使协议产生限制竞争效果也不能被规制。

（四）平台企业的滥用市场支配地位认定

认定互联网等新经济业态经营者的市场支配地位，需要参考相关行业竞争特点、经营模式、用户数量、网络效应、掌握数据和处理数据的能力等因素，以确保国际反垄断中具有细致的、可

---

❶ 王先林："论我国垄断协议规制制度的实施与完善——以《反垄断法》修订为视角"，载《安徽大学学报》（哲学社会科学版）2020年第1期。

❷ 宁立志、贺敬林："纵向限制的反垄断法规制"，载《法律适用》2021年第1期；也可参见焦海涛："纵向非价格垄断协议的反垄断法规制：困境与出路"，载《现代法学》2019第4期。

❸ 袁波："电子商务领域'二选一'行为竞争法规制的困境及出路"，载《法学》2020年第8期。

操作的规则指引。

首先,对市场支配地位的认定应结合互联网平台经济领域的特点。第一,《欧盟数字市场法(草案)》与《指南》都对平台经济竞争的动态性予以关注,"活跃用户数"就是其中例证。此外,《欧盟数字市场法(草案)》认为核心平台服务企业有可能逐渐成为"守门人"。第二,平台依靠数据资源可以产生控制市场的能力,因此数据的掌握、处理能力成了重要考虑因素。与《指南》不谋而合,《第十修正案》第19a条将"该企业获取与竞争相关的数据的渠道"厘定为企业具有市场支配地位的参考依据之一。❶ 第三,因互联网平台使用者对平台具有极强的依赖,其他平台与其竞争需要支付使消费者转移的成本,因此,用户转化成本构成互联网经营者市场支配地位的重要考察指标。❷ 用户转化成本一定程度上取决于使用者平台多栖性程度、平台间技术壁垒大小以及平台间数据开源程度,等等。❸

其次,把握保护市场竞争利益和保护市场主体商业利益的平衡。《指南》分别规定了一般情形和可豁免处罚的正当理由。相比于《欧盟数字市场法(草案)》第9条给出的公共利益豁免理由和《禁止滥用市场支配地位行为暂行规定》的第17条"产品安全要求、保护知识产权、保护针对交易进行的特定投资所必须、其他理由",《指南》新增了"为维护合理的经营模式所必须"的豁免理由,适当对社会公共利益和互联网平台企业的商业利益予以

---

❶ 翟巍:"《德国反限制竞争法》数字化改革的缘起、目标与路径——《德国反限制竞争法》第十次修订述评",载《竞争法律与政策评论》2020年第6期。
❷ 陈兵:"互联网市场支配地位认定方法再探",载《安徽大学学报》(哲学社会科学版)2020年第6期。
❸ 孙晋、赵泽宇:"互联网平台经营者市场支配地位界定的系统性重构——以《反垄断法》第18条的修订为中心",载《科技与法律》2019年第5期。

平衡。

最后，因数据资产的重要性愈发突出，企业的滥用市场支配地位可以围绕数据展开。《第十修正案》就规定："滥用行为包括：没有正当理由，该经营者利用其在其具有市场支配地位的市场上搜集到的竞争相关数据，与其在其他市场上搜集到的数据相组合，去设立或提高另一市场的市场进入门槛，或者对其他经营者进行阻碍或者要求其他经营者允许其利用竞争相关数据；没有正当理由，妨碍产品或服务的互操作性，或影响数据的可携性，并由此妨碍竞争。"❶ 此外，《指南》明确规定："合理保护企业数据安全和数据竞争优势被认可数据竞争限制行为的反垄断豁免理由"，而《第十修正案》并不对正当理由予以解释，以德国的数据保护法为依据进行合理解释。

此外，《第十修正案》对于差别待遇的例外，只是要求比较模糊的"正当理由"。而《指南》放宽差别待遇行为的豁免要求，即《禁止滥用市场支配地位行为暂行规定》的抗辩理由为"在合理期限内针对新用户首次交易展开的优惠活动"，而《指南》的抗辩理由为"针对新用户在合理期限内开展的优惠活动"。由于个性化定价是持续性的商业行为，"首次交易"的要求致使互联网平台企业实际援引成功的概率较低。❷《指南》删去"首次活动"限制，肯定了互联网平台对新用户采取一定时间内激励补贴政策的合理性，有助于有效解决正当理由抗辩实际成功概率低的问题。

但是，互联网平台反垄断的各国立法之间仍存在不平衡，互

---

❶ 袁嘉："数字背景下德国滥用市场力量行为反垄断规制的现代化——评《德国反限制竞争法》第十次修订"，载《德国研究》2021 年第 2 期。

❷ 承上："人工智能时代个性化定价行为的反垄断规制"，载《中国流通经济》2020 年第 5 期。

联网平台国际反垄断的统一规则还需要各国立法予以自我完善。

首先,《指南》提供的更多是参考因素,简单罗列要素仅能提供方向指引,而不能提供具体操作指引,执法活动全由执法机构主管裁量。《欧盟数字市场法(草案)》不仅作出细致的认定方案,还给予了欧盟委员会修改标准的空间,以确保标准的灵活性。❶ 其次,滥用市场支配地位案件中证明市场份额、财力、技术条件等的关键证据属于被告公司的内部商业秘密,提请审查者不太可能获取。❷《指南》没有扫清举证障碍,执法实践中的操作可能性不高。但是,《欧盟数字市场法(草案)》第19条、第20条、第21

---

❶ 《欧盟数字市场法(草案)》的规定如下:"1. 如具备以下条件,委员会应指定核心平台服务的提供者为守门人:(1)在欧盟内部市场具备重大影响力;(2)它运营一项核心平台服务,该平台服务是企业用户与终端用户联系的重要渠道;(3)它在业务中享有牢固和持久的地位,或者可以预见到它将在不久的将来享有这一地位。2. 前述条件具体可以量化为如下:(1)在欧盟内部市场具备重大影响力包括该核心平台企业在欧洲经济共同体区域内过去3个会计年度的某一年度总营业额大于等于65亿欧元,或者该企业的平均市值或同等公平市场价值在上一个会计年度至少达到650亿欧元,并在至少三个欧盟成员国中提供核心平台服务;(2)运营一项作为企业用户与终端用户重要联系渠道的核心平台服务,是指欧盟范围内的月均活跃终端用户数超过4 500万人,或者上一会计年度内企业用户数超过10 000家;(3)现在或将来可能持有的牢固持久地位,是指在过去三个会计年度内的每个会计年度中,终端用户数或企业用户数达到2.(2)中的要求。3. 如若未符合全部定量条件,委员会应进一步参考以下因素进行认定:(1)规模,包括营业额、市值、平台服务提供企业的地位及运营情况;(2)企业用户数取决于核心平台服务可及的终端用户范围和终端用户数量;(3)网络效应和数据优势产生的市场准入门槛,特别服务提供企业接触、收集、处理个人和非个人数据的能力;(4)因数据等资产,核心平台服务企业可能有范围、成规模地盈利;(5)企业用户或最终用户的锁定效应;(6)其他系统性的结构特征。4. 前述其他因素的参考,需要以可预见的发展眼光看待。对于守门人的认定,欧盟委员会应至少每两年进行审查。欧盟委员会对于认定标准有权补充调整或修订。"

❷ 喻玲、兰江华:"滥用市场支配地位诉讼举证困境及对策研究——基于67份判决书的实证分析",载《江西财经大学学报》2020年第4期。

条的规定给出了较好的建议。❶ 最后,《第十修正案》规定了"必需设施原则"的适用范围将扩大到"数据",数据本身构成《第十修正案》的必需设施。❷ 而《指南》仅将互联网平台本身认定为必需设施,但是其他企业需要的是数据而非平台本身,《指南》对必需设施的限缩理解可能是不合理的。此外,《指南》规定平台不得拒绝以合理条件交易,但何种交易条件算作合理是一项难题。即在竞争双方对使用费等条件的合理性产生争议时,反垄断法执法机构该如何裁量交易价格和条件的合理性。❸《欧盟市场法(草案)》第6条在列举守门人的义务时,明确了开放平台接口时,可以参照 FRAND 条款,并结合 FRAND 的实践予以解释,而《指南》缺乏明确指引规则或原则。

(五)平台企业的经营者集中审查

互联网平台公司的经营模式一般为"短期投入成本,远期收回回报"。此外,为了获取网络效应和吸引用户注意力,互联网平台公司会采取免费或低价模式,短期内往往无法盈利或盈利较小,交易额或营业额也难呈较大数额。因此,一家新设互联网平台企业虽然很可能已经掌握了某一细分市场领域的用户群以及相关数据,但交易数或交易金额不足以达到经营者集中申报标准,但是

---

❶ 《欧盟数字市场法(草案)》第19、20、21条规定,反垄断执法机构拥有以下职权:要求被审查者在一定时间内提供所有必要的信息,如有陈述缺漏、虚假陈述、不陈述等行为,被审查将被予以处罚;要求进入其企业数据库,由企业自身讲解算法;采访任何愿意提供相关信息的人;可以在审计人员和专家协助下,对企业进行住址检查,对于组织、运作模式、IT系统、算法、数据处理、商业行为等内容,企业应该提供检查渠道并予以解释。

❷ 杨东、周鑫:"数字经济反垄断国际最新发展与理论重构",载《中国应用法学》2021年第3期。

❸ 陈兵、赵青:"互联网平台封禁行为的反垄断法解读",载《法治现代化研究》2020年第3期。

该互联网平台企业在将来较长时间内完全可能占据重要的市场份额。例如，在"滴滴出行和优步中国合并案"中，在出行领域两者具备突出的优势地位和大众认可度，由于优步中国 2015 年会计年度的营业额为零而不满足 4 亿元的申报门槛，这导致了滴滴出行与优步中国于 2016 年 8 月宣布的合并案无须提前进行经营者集中申报。❶ 然而，根据《国务院关于经营者集中申报标准的规定》设有的兜底条款，即使不符合第 3 条申报标准，国务院商务主管部门认为集中具有和可能具有排除、限制竞争效果的，可依法进行审查。在兜底条款下进行审查，而该合并案三年内却无实质进展和审查结论，原因可能在于执法机构对兜底条款适用无从下手，以及某种程度上的怠惰性。❷

随着各国立法者对平台经济领域市场份额、市场控制能力认定的科学认知逐渐成熟，对此，互联网平台国际反垄断规则逐渐地明确了以下审查标准：首先，在计算经营者相关市场份额时，不仅在申报标准中增加了用户数、点击量、使用时长等要素，还允许反垄断执法机构采用"动态分析"的测试方法，可以视情况对较长时间段内的市场份额进行综合评估，体现了反垄断领域法律法规对于科技爆炸时代的适应。其次，对于经营者市场控制力的认定也更加贴合平台经济领域的特征。即用户黏性、多栖性、数据获取控制能力、技术创新频率和颠覆性创新的可能等因素；考虑到市场支配地位的传导效应，❸ 还考察经营者在关联或非关联市场上的影响力，以此作为判断经营者市场支配地位的第三维度。

---

❶ 张翕："滴滴出行并购优步中国之反垄断法分析"，载《金融法苑》2020 年第 1 期。
❷ 河渊主编："数据法学"，北京大学出版社 2020 年版，第 156 页以下。
❸ 詹馥静："大数据领域滥用市场支配地位的反垄断规制——基于路径检视的逻辑展开"，载《上海财经大学学报》2020 年第 4 期。

此外，数据因素贯穿经营者集中审查的全过程。例如，对数据接口的控制能力可以体现互联网平台的市场控制力；数据被认为是必要资源和必要设施时，集中之后对于数据的获取和利用也将严重影响消费者的数据安全，等等。

但是，各国的互联网平台反垄断立法之间仍存在不平衡，互联网平台国际反垄断的统一规则还需要各国立法予以自我完善。

首先，《指南》存在着"缺乏量化指标"的显著问题，但如前述，《欧盟数字市场法（草案）》早已明确"守门人"的资格标准并予以量化。即使其量化指标不能完全契合中国现实国情，但可启发《指南》为其所列明的参考因素提供量化指标作出进一步努力。其次，数据作为无形资产如何被定性或量化将决定着数据产业集中度的判断，但是《指南》明显没有工具可以设定数据经营者集中的合理限度，《指南》的准确性和实际操作可能性会大打折扣。因为数据的爆炸式增长下数据市场体量难以评估，以至于量化标准无法从《欧盟数字市场法（草案）》和《第十修正案》身上找寻答案。但是，确保抽象但可操作的数据定性或量化标准仍是重要议题。

四、互联网平台国际反垄断规则的统一构建

综合前述分析，各国立法文件虽采取不同规制模式，但都在相关市场界定、垄断协议认定、滥用市场支配地位、经营者集中审查等内容中予以革新，以加强对互联网平台经济领域的反垄断监管。因而，互联网平台国际反垄断规则得以初步构建。但是，各国立法之间仍存在差距，应尽量确保各国对互联网平台垄断行为的统一规制。

（一）引入新方法并明确不认定相关市场界定的条款

在相关市场界定方面，首先，仅以传统 SSNIP 测试方法为基础和原则的国家，应引入其他国家列举过的 SSNDQ 质量下降测试、SSNIC 成本上涨测试方法等方法，允许反垄断执法机构在个案中具体结合适用，并公开论证其科学性。为体现科学性在适用定量分析方法时应回归消费者需求，针对如统一的上涨和下降幅度等标准应予以明确，并考虑纳入专家的经济分析意见。其次，可以引入相关市场认定的跳过规则，但需要明确需要举证的间接证据内容包括但不限于如下：行为发生前后的价格变化；行为发生后企业的生产、销售数量或利润率是否抬升至远超行业水平的程度；行为前后企业的数据、技术、知识产权占有量是否提升；行为前后，即使互联网平台采取转变会员制和超前点播等价格政策，互联网平台的日活跃用户数或月均用户数仍存在不合理暴涨等较为具体的参考因素。

（二）强化协同认定、完善对新兴协议的规制

在强化垄断协议的认定方面，第一，为确保各国立法可以有效解决"自动学习型算法合谋"中互联网平台企业"协同行为意思联络难举证"的问题，应积极归纳总结互联网平台经营者的"知悉"行为，例如，有更先进算法可利用的情况下，竞争者有意识地使用类似的旧的算法，或者竞争者采取行动使竞争者更容易观察它们的算法和/或数据库等。❶ 第二，可采取"事前规制预防+事中事后监管"模式。从事前规制的角度，如果经营者有较高的市场知名度，或者有明确证据证明算法相似或一致时，即使缺

---

❶ 梁彦红、王延川："数字市场背景下的算法合谋"，载《当代经济管理》2020 年第 9 期。

乏显著的限制竞争效果，反垄断执法机构可以鼓励、要求经营者提交算法信息和科学分析解释。反垄断执法机构在法定的程序和保密规则下也可以接入被调查企业的算法程序和数据库，以此，在事前预防层面提升算法透明度和可问责性。❶ 同理，从事中事后监管的角度，反垄断执法机构通过积极的市场调研可以实施"早发现，早解决"；在具体个案的竞争合理性分析后，施行强制公开算法，对可能的算法合谋行为实行积极问责和规制。❷

针对"最惠国待遇"和"轴辐协议"的问题，第一，可以明示规定"最惠国待遇"可能构成"纵向垄断协议"，并明确"交易相对人"概念，因为"相对交易关系"是否包含"代理关系"的问题，传统上是需要解释的问题。❸ 第二，对"最惠国待遇条款"带来的限制性效果需要进行合理分析，判断其是否构成横向垄断协议、纵向垄断协议或滥用市场支配地位行为，不应仅将其局限于纵向垄断协议和滥用市场支配地位行为类型。第三，在竞争合理分析时，应考虑到"最惠国待遇"的双刃剑效应，采取"列举＋兜底"的默示明确"存在合理商业动机且可以提升消费者福利"的抗辩理由，例如，减少"搭便车"现象以促进非价格竞争，以稳定推进投资回报，而提升总体消费者剩余；其他经证明可能便利消费者的动机等。❹ 第四，出于法律文本体系化思考，传统横向、

---

❶ 唐要家、尹钰锋："算法合谋的反垄断规制及工具创新研究"，载《产经评论》2020 年第 2 期。

❷ 陈兵："法治经济下规制算法运行面临的挑战与响应"，载《学术论坛》2020 年第 1 期。

❸ EU commission：*Commission Staff Working Document Valuation of the Vertical Block Exemption Regulation*，athttps：//ec. europa. eu/competition/consultations/2018＿vber/staff_working_document. pdf，2021 年 6 月 30 日访问。

❹ 孙晋、徐则林："平台经济中最惠待遇条款的反垄断法规制"，载《当代法学》2019 年第 5 期。

纵向垄断协议类型使得"轴辐协议"的轴心经营者无法被处罚的实践窘境,❶ 应成为推动中国、欧盟等反垄断一般法修订的动力。

(三) 制定符合国情的量化指标或认定条件

首先,在判断市场支配地位和经营者集中度时,如何量化参考因素是重要问题。一方面,各国应根据自身互联网平台经济领域的发展实况制定符合国情的量化指标。例如,针对"营业额"标准,《欧盟数字市场法(草案)》现给定的市值标准为 650 亿欧元,约等于 5188 亿元人民币。经观察我国互联网市场,2020 年三季度我国多家互联网上市企业中只有包括阿里、腾讯、美团、京东、拼多多在内的 5 家公司可以达到该标准。❷ 又例如,移动互联网前二十的巨头企业的月活跃用户数都是亿人以上,❸《欧盟数字市场法(草案)》给定的 4500 万月活跃用户的数字又太少。另一方面,《指南》应被允许对量化指标作出改变,制定者可以采取审时度势的态度,有周期地审视参考因素的量化指标是否符合现实情况。为此,制定者可以寻求相关行业和智库提供的报告和数据作为支撑。

其次,应普遍引入"动态分析"测试并予以细致指引。一方面,反垄断执法机构需要考察市场的发展成熟度和竞争约束程度,包括细分市场领域内现有平台数、平台整体活跃用户数和流量及分布情况等;另一方面,需要考虑互联网平台本身的情况,包括平台自身初始投资和后期融资的情况、知识产权、数据等无形资产的持有情况等。此外,如何预测"未来可能的市场份额",需要

---

❶ 侯利阳:"轴辐协议的违法性辨析",载《中外法学》2019 年第 6 期。
❷ CAICT 中国信通院:"2020 年三季度我国互联网上市企业运行情况",http://www.caict.ac.cn/kxyj/qwfb/qwsj/202010/P020201026543152524539.pdf,访问日期:2021 年 6 月 30 日。
❸ Trustdata 大数据:"2020 年上半年中国移动互联网行业发展分析报告",https://www.sohu.com/a/410792079_99947052,访问日期:2021 年 6 月 30 日。

比对现有相同领域内发展情况相似的互联网平台，向互联网平台收集资产负债表等材料并予以比对。另外，因动态分析测试方法需要专业的经济学分析论证，需要专业人员配置。因此，反垄断执法机构可以培养和引进专业人才，提升自身经济分析能力，也可以考虑与经济学分析机构建立长期的合作。《指南》可以考虑引入"专家辅助人制度"，强化经济分析过程，听取不同领域的专家代表对数据、算法等价值与潜在竞争效果的评估。[1]

最后，"数据资产等无形资产如何量化""数据如何定性为构成必需设施""构成必需设施时，何种交易条件算作合理致使互联网平台企业不得拒接交易"都需要一套明确的指标。例如，反垄断法执法机构裁量交易价格和条件的合理性时，需要综合考虑平台的建设成本以及预期利润等多项综合因素在内，可设立"列举＋兜底"条款。对于在互联网平台经济的特定细分领域，专家和专业人才往往对于"何种价格属于合理的价格，何种附加条件系为合理"更为了解，可考虑予以引入专家意见制度，反垄断执法机构应加强内部专业人才建设。

五、结语

网络平台经济下新的竞争态势是各国反垄断竞争政策话语权的竞争要义。电商平台的发展为我国网络平台经济提供了新的机遇，也为互联网平台经济反垄断规则之革新带来了新的挑战。各国制定互联网平台反垄断规则十分必要且及时，进而有利于在国际规则的统一后形成互联网平台国际反垄断规则，是数字时代竞争政策和竞争立法的国际体现。

---

[1] 陈兵："法治视阈下数字经济发展与规制系统创新"，载《上海大学学报》（社会科学版）2019 年第 4 期。

论国际移民与我国迁徙自由权的实现问题

张葆[*]

【摘要】 迁徙自由权是被世界上多数国家和国际条约确定和保护的公民的一项基本人权。随着经济全球化的发展，大量"国际移民"应运而生。笔者通过界定国际移民迁徙自由权的内涵，对比分析美国、日本、瑞典等国的国籍规定和移民政策，从而明确我国国籍立法在国际迁徙自由权的实现过程中的制约因素和不足。笔者建议完善国籍立法，建立统一管理机构，解决中央事权与地方事权的管理矛盾；对于迁居他国的中国公民，建议加强国际合作，完善领事保护制度。

【关键词】 迁徙自由权 国际移民 户籍制度

---

[*] 张葆，法学硕士，华东政法大学国际法学院学科秘书，助理研究员。

《世界人权宣言》第13条的规定和立法宗旨❶,充分授予了公民进行国内迁徙、跨越国境的国际迁徙的自由和返回其本国的自由。该宣言充分表明迁徙自由权是联合国确认和保护人类的一项基本人权。国际迁徙,在原始社会就已经被视为一种自然现象,而在国家产生之后,其成了一种受法律制约的社会现象。随着经济全球化的发展,各国公民出入境活动日益频繁,这就形成了大量的"国际移民"。

一、国际移民

(一)概念简析

不同的学者、国际组织对国际移民有不同的理解。归纳而言,主要有如下角度的阐述:(1)社会学角度。此类学者认为,国际移民是主体在自由意志支配下,进行的跨越边界的人口迁移现象,不受政府强制,也不包括一国内部人口迁徙和难民。这一界定揭示了国际移民的社会属性,但过于表面和形式化。❷(2)联合国则认为,所有在本人出生国之外的国家居留一年以上的人,均为国际移民,但排除外交人员和联合国维和部队中跨国驻扎的军事人员。❸(3)国际移民组织则认为:国际移民是指离开其国籍国或出生国,前往他国,并在他国进行短期或长期居留的人员。但其中,

---

❶ *Universal Declaration of Human Right* Article 13:Everyone has the right to freedom of movement and residence within the borders of each State. Everyone has the right to leave any country, including his own, and to return to his country. 《世界人权宣言》第13条规定,"人人在各国境内有权自由迁徙和居住","人人有权离去任何国家,连其本国在内,并有权归返其本国。"

❷ 周建新、罗家珩:"'回归移民'研究的脉络与趋势",载《云南师范大学学报》(哲学社会科学版)2018年第2期,第1—9页。

❸ 罗刚:"论我国移民、非法移民概念的界定",载《政法论坛》2012年第3期,第69—75页。

不包括短期商务考察者、旅游者或宗教朝拜者等。❶ 综合以上论述，笔者认为，所谓"国际移民"，是指一国公民按照其本国（国籍国）和迁入国的法律规定，或者国际条约、惯例的约定，离开原居住国，而在另一国进行长期居住的主体。

（二）国际移民迁徙自由权的具体内涵

1. 出境权

出境权是国际迁徙自由权最基本的内容和环节，没有出境权，国际迁徙自由权将无从实施。各国主要通过国内立法或缔结国际条约、协定的方式来保障出境权的实现。同时，享有出境权，并不等于一国公民可以随意进入其他国家。国际法赋予主权国家可基于公共利益或国家安全等原因对出境权作相关限制，诚如《公民权利和政治权利国际公约》第 13 条的规定❷，但这些限制因素不能与一国的国际责任或国际义务相违背。

综合各国立法和国际条约的相关规定，这种限制因素主要有以下方面：（1）民事、刑事案件。民事案件的当事人往往因未履行的债务问题而使自己的出境权受限；（2）基于某些具有强制性的公共义务，如出于保护国际社会的公共秩序，或本国公民的服兵役义务；（3）行政限制。从理论上讲，若申请者无法获得进入他国的批文或函件，他国政府亦不得拒绝签发护照或进行其他限

---

❶ 国际移民组织网站：http://www.iom.int/jahia/about‑migration/migration‑management‑foundations/terminology/migration‑typologies/cache/offonce，访问日期：2016 年 2 月 28 日。

❷ 《公民权利和政治权利国际公约》第 13 条规定："合法处在本公约缔约国领土内的外侨，只有按照依法做出的决定才可以被驱逐出境，并且，除非在国家安全的紧迫原因另有要求的情况下，应准予提出反对驱逐出境的理由和使他的案件得到合格当局或由合格当局特别指定的一人或数人的复审，并为此目的而请人作代表。"

制行为。❶ 然而事实上，一国往往基于国家利益和安全的考量，会在护照、外汇等方面限定要求。

2. 入境权和居留权

关于此项权利，《世界人权宣言》和《公民权利和政治权利国际公约》均未加以规定，似乎其并非国际迁徙自由权的权利内容，外国人并不当然享有进入另一国定居的权利，其实不然。入境权和居留权涉及一国的主权利益，允许外国人入境和居留一直是国家主权管辖范围内的事项，主权国家为保护国家利益可以限制外国人入境。因此，各国一般根据本国的实际情况制定适宜的法律，来管理外国人的入境和居留行为。实践中，各主权国家通常要求外国人需凭护照、签证等身份证明材料方可入境。

3. 驱逐出境抗辩权

《公民权利和政治权利国际公约》第 13 条明确赋予了被驱逐出境的公民享有抗辩权，并具体规定公民行使此项权利的程序性条件。依据《公民权利和政治权利国际公约》第 13 条的规定，我们可以明确以下两点：（1）权利主体。在一国领土内进行合法停留或居住的外国人，即其符合入境条件，并凭有效护照在该国定居，包括多国籍人和无国籍人。（2）驱逐依据。一国依法作出的决定。这就排除了一国行政机关或法院因歧视，或违反法定程序、滥用权力所作的决定。《公民权利和政治权利国际公约》第 26 条也明确规定，禁止任何关于驱逐出境的歧视。

4. 回国权

《世界人权宣言》和《公民权利和政治权利国际公约》均明确，国家不得任意剥夺其国民进入本国的权利，即回国权。公民

---

❶ 赵小鸣：《迁徙自由权研究》，法律出版社 2014 年版，第 39 页、第 40 页。

的回国权主要有以下表现方式：(1) 离开本国以后，返回本国的权利；(2) 在本国领土内停留的权利；(3) 在国外出生，第一次进入本国的权利；(4) 不被强制迁移出本国的权利；(5) 作为难民返回本国的权利。

二、国籍立法及移民政策浅析

国籍体现了自然人与一国的法律关系，是一国对其本国国民行使管辖权的法律依据之一，是连接国家与其国民的桥梁。国籍是个人与国际法发生关系的纽带。判断公民是否为国际移民，最基本的标准便是国籍标准，即鉴别该国民身份，是本国人，还是外国人或无国籍人。因此，在讨论国际迁徙自由问题上，与国籍有关的规定应是我们关注的重点之一。

（一）相关国家国籍立法以及移民政策浅析

1. 美国

美国是典型的移民输入型国家，其对移民多加限制和选择，移民管理政策呈现出两种不同的典型态势：针对入境人员、外国人的迁徙、一般人才、申请居留入籍者以及发展中国家的公民从严，而对于出境人员、本国人的流动、属于本国紧缺技术的人才、短期暂住者以及发达国家的人口从宽。❶ 如美国移民局设专门通道，对入境的美国公民可只验不审，而且在人口流动的高峰时期，美国公民甚至可以仅凭身份证明入境，但入境的外国人则不享有此项权利。

美国最早的移民法规是1882年的《美国移民法和国籍法》，

---

❶ 李其荣："发达国家技术移民政策及其影响——以美国和加拿大为例"，载《史学集刊》2007年第2期，第65—74页。

1990年这部法律得以修改,首次确立"移民配额制度"的法律地位。所谓"移民配额制度",指美国根据当时其境内各国的移民总数的比例状况来约束各国的入境定居人口数量,以达到限制人口流动的目的。国会参众两院通过的《美国移民和国籍法》修正案对美国的移民管理具有重大贡献,主要如下❶:(1)增加移民配额,移民配额由旧法规定的每年54万名变为67.5万名移民;(2)对优先类别项目进行调整。美国对本国的优先系列进行重新规划,对全球签证名额进行了重新分配,同时提高了技术职业移民的比例,以吸引更多的专门技术人才;(3)增加非移民签证种类❷。而且,美国设立专门的政治庇护工作室,对符合美国国家利益和价值观,满足其外交和全球政治需要的"他国持不同政见者""民主派"等人员允许其入籍,进行移民庇护。

美国对国籍和移民进行管理的机关主要是联邦中央政府,其国籍立法的主要目的在于对公民身份的鉴别,以明确其是否属于某些特殊人士。美国经过迪若萨判例和阿佛因判例后,承认双重国籍的地位,将其视为公民的合法权利,并积极加以保障。但双重国籍在实践中会造成诸多纠葛,因此对于双重国籍,美国政府持消极态度,并不鼓励这一现象。关于入籍方面,美国仅在形式上有所规定,即要求外国人在入籍宣誓阶段须宣布放弃其原有国籍,但美国并不会对此种放弃或公民的原有国籍进行审查。

2. 日本

日本是典型的移民输出型国家。关于移民,日本制定了一系

---

❶ Warren R. Leiden、David L. Neal, Highlights of the U. S. Immigration Act of 1990, Fordham International Law Journal, Vol. 14, Issue 1, pp. 329—339.

❷ 翁里:《国际移民法理论与实务》,法律出版社2001年版,第236页。

列的相关法律或法规，如《日本旅行护照法》《日本外国人登记法》《日本出入境管理及难民确认法案》等，但其并未制定综合的移民法律。

从古至今，日本对移民持一种严格控制的态度，主要有以下表现：（1）鼓励本国人口的对外迁徙，如为本国公民的对外迁徙提供一定数量的外汇资助。这主要是基于国内人口的增长压力所致。（2）对申请加入日本国籍的移民采取严格限制政策，只有5种亲属类的公民可以移民；（3）为防止非法移民增多，对在日本进行短期居留的外国人实行严格的登记手续。但1990年《日本出入国管理令》及随后的各种政策制度的颁布，使这种严格限制的政策得到了改善和放宽。❶ 如《日本出入境管理令》就明确规定，在日本长时间居住，且有生活保障的外国人，可以申请日本的永久居留签证。

为限制外国移民的大量涌入，日本对外国人的入籍进行了诸多限制，并设置了较为严格的永久居住的许可基准，主要体现在以下方面：首先，入籍申请人的主体要求。日本要求对申请入籍的外国人进行严格审查，要求其品行良好，未实施违反社会道德的行为，也未受过刑罚处罚；同时，其具备生活所需的技能或者拥有足够的资产，具有维持日常生活和独立承担社会责任的能力。而且，申请人还需能够有效保证其负有抚养或赡养义务的家庭成员的长期稳定的生活，且此种永久居留符合日本的国家利益需求。其次，时间要求。入籍申请人必须连续在日本居住10年以上。关于"连续"，日本进行了明确规定，即必须持有效的签证居留，且中间不应出现中断。如果中途短期离开居住地，后又取得再入境

---

❶ Michael A. Clemens, Hillel Rapoport, Reprint of: Migration and Development Research is Moving Far Beyond Remittances, World Development, Vol. 65, 2015.

许可，亦必须拥有有效的居住签证。若申请人在国外停留的时间超过再入境期限，或未获得再入境许可，从而在一段时间内无合法居住资格，此时就不应被认定为"连续"。❶

同时，在对外国人的管理上，日本专门设有入国管理局，并建立了完善的外国人信息共享机制。该机制主要包括三个阶段：（1）事前甄别阶段。主要采用全电子方式，对入境外国人进行面相和指纹等生理特征的采集，与信息数据库内数据项对比，以有效规避恐怖分子或通缉犯的进入。（2）事中管理阶段。为有效管理外国人，日本创设"IC在留卡"，对在日本的外国人进行"全方位跟踪"。IC在留卡的记载名目包括持卡人姓名、国籍、工作单位、护照信息、住址等，以便充分掌握其基本信息。且外国人在日本境内进行迁徙时，必须履行向入国管理局事先报告的义务。（3）事后阶段。日本要求在日的外籍人进行指纹采集和登记❷，以防止其犯罪后通过整容得以逃离日本。

3. 印度

2003年5月9日，印度总统批准了宪法修正案草案，标志着1955年确立的单一国籍制度终止，印度双重国籍政策实现了法律化。❸ 印度的双重国籍制度主要有以下特点：（1）适用国家有限。只适用于在东南亚和欧美等18个国家定居的印度公民，如英国、芬兰、意大利等，而居住在海湾国家的公民则不享有此项权利；（2）所享有的权利有限。具有双重国籍的印度公民只可享受部分

---

❶ 马振东、刘玲一："研究外国移民法规，搞好华侨华人亲属移民服务"，载《上海公安出入境管理理论文精选集》（内部刊物），2000年版，第117—120页。

❷ 陆晶："日本的外国人管理信息共享制度"，载《人民公安》2010年第5期，第10—11页。

❸ 贾海涛："印度的双重国籍计划：背景、内容、前景"，载《学术研究》第9期，第124—149页。

国民待遇，如拥有地产、进行投资等，其不享有选举权和被选举权；（3）适用主体有限。印度国籍具有较强的血统主义，其只承认 1947 年迁离印度的具有印度血统的海外印度人，包括第四代直系亲属。❶

双重国籍政策的实施是印度海外移民政策的转折点。随后，在 2005 年召开的第三届海外印裔代表大会上，时任印度总理辛格明确表示双重国籍政策的适用范围将包括所有的海外印度人，但前提是这些移民的现居国的立法也承认双重国籍。❷ 这一政策表明印度实行对等的国籍管理办法，以期有效规避冲突的产生。尽管印度的双重国籍政策已经走完了所有的法律程序，但由于印度人民党在 2014 年的大选中败北，已经几乎启动的双重国籍政策就此被终止。❸

4. 加拿大

加拿大对于双重国籍的态度经历了从否定到肯定的过程。1977 年以前加拿大对双重国籍持否定态度，其要求对所有拥有其他国家国籍的加拿大人进行身份核实，以明确其真正国籍，同时规定加拿大人一旦取得他国国籍便会自动丧失本国国籍。但 1977 年《加拿大国籍法》的生效却改变了这一传统做法，其明确规定允许多重国籍的存在。且当其本国公民即使取得他国国籍，只要该公民未明确放弃其本国国籍，其仍可拥有加拿大国籍。❹

---

❶ 刘铭盛、贾海涛："国际社会国籍法变化趋势与我国国籍政策调整设想"，载《广东行政学院学报》2005 年第 6 期，第 61—65 页。
❷ 任会会：《中国双重国籍问题研究》，外交学院 2010 年硕士学位论文，第 19 页。
❸ 贾海涛："印度'海外公民计划'及海外印度人政策的新变化"，载《南亚研究季刊》2020 年第 2 期，第 77—84 页。
❹ 翁里、张烨："依法解决国籍冲突途径新探"，载《浙江大学学报》（人文社会科学版）2004 年第 6 期，第 87—94 页。

加拿大在接纳移民方面一般采用计分审查标准，对入籍申请人进行客观的评估后确认其是否满足移民要求。此种制度只在吸引外籍技术人才、企业家、投资者等商业人才，推动加拿大的经济、社会的持续良好发展。根据加拿大移民法，移民可具体区分为以下三种：家庭亲属类、难民类和经济类移民，其中加拿大对于经济类移民较多的采用计分审查制。根据计分审查制的要求，加拿大对申请者的教育背景、专业技术、工作、资产等进行考查，评定其是否符合标准，如技术移民必须达到 70 分以上方可获得移民的资格。

此外，如墨西哥亦承认双重国籍，并通过立法授予双重国籍者与普通墨西哥人享有同等的权利，且对于在双重国籍法通过之前，为加入他国国籍而放弃墨西哥国籍的人，给予其 5 年的复籍考虑期。❶

(二) 我国国籍及移民政策分析

1. 国籍立法现状

我国奉行单一国籍，在取得国籍方面采取血统主义和出生地主义相结合的原则。（1）血统主义。《中华人民共和国国籍法》（以下简称《国籍法》）规定，中国公民（父母双方或一方）所生的子女，具有中国国籍，但排除定居国外的中国公民，子女在该外国出生时即具有该外国国籍的情形；（2）出生地主义。这主要针对在中国定居的，无国籍或国籍不明的父母所生的子女。除因出生而具有中国国籍的外，其他情形下取得中国国籍须经过自愿申请、相关部门审批的程序。关于双重国籍，我国一贯持否定态

---

❶ Gutierrez Paula: "Comment: Mexico's Dual Nationality Amendments: They Do Not Undermine U. S. Citizens' Allegiance and Loyalty or U. S. Political Sovereignty", Loyola L. A. International and Comparative Law Journal, vol. 19, Agu. 1997, pp. 999 – 1026.

度,《国籍法》第 3 条明确从法律角度明确了"一人一国籍"政策,并对公民事实上取得双重国籍的具体情况进行了约束规制。

2. 中国人口国际迁徙中的国籍认定问题

(1) 儿童的国籍认定问题。从我国目前的实践来看,我国对儿童国籍的认定在国际迁徙过程中易出现双重国籍现象。例如,一对中国夫妻在某一实行出生地主义的国家工作或学习,期间怀孕所生的子女即取得该国国籍。此时,这类儿童可能会存在国籍冲突的情形。

目前我国主要是依据《国籍法》第 4 条、第 5 条[1]对存在国籍冲突的儿童进行国籍认定。2008 年,公安部和外交部在《关于执行〈中华人民共和国国籍法〉第五条规定有关问题的通知》中,进一步明确《国籍法》第 5 条的内容,指出:如果儿童在外国出生时即取得外国国籍,并具有下列三种情形之一的,不具有中国国籍:(1) 父母双方为中国公民并已定居外国的;(2) 父母一方为外国人,另一方为中国公民,且定居外国的;(3) 父母双方均为中国公民,其中一方定居外国的。执行上述规定,似乎不会产生国籍冲突儿童。但实际上往往因我们对这一规定的执行标准,尤其是对"定居"的认定没有明确规定,易造成对国籍冲突儿童的国籍认定不清的情况。

(2) 成人国籍问题。《国籍法》第 9 条明确了定居国外的中国公民自动丧失中国国籍的情形。该条款将"定居国外"作为公民丧失国籍的前置性条件。20 世纪 90 年代,我国曾规定定居国外的

---

[1] 《国籍法》第 4 条规定:"父母双方或一方为中国公民,本人出生在中国,具有中国国籍。"第 5 条规定:"父母双方或一方为中国公民,本人出生在外国,具有中国国籍;但父母双方或一方为中国公民并定居在外国,本人出生时即具有外国国籍的,不具有中国国籍。"

中国公民必须注销户口。但随着近年来生活水平和国际交流的不断加深,我国出入境人员不断增多,许多短期出境的中国公民通过各种渠道取得了外国护照,具备了外国国籍。其中,有的能主动向我国公安部门要求变更其国籍,但也有隐瞒自己已加入外国国籍的情形,这就形成了事实上的双重国籍,《国籍法》第9条很难得到有效实施和遵守。同时,还有的公民以学习、工作等身份出国,并申请、取得该外国国籍,领取护照,形成了事实上的双重国籍。

(3)我国的国籍认定标准、认定机关存在矛盾。外交部和公安机关都承担着国籍认定的责任,公安机关出入境管理部门负责国内国籍的认定,而驻外使领馆则负责国外的国籍认定。但实际操作过程中两者的认定标准经常存在不一致的情形,致使重复审查国籍。以回国寄养的儿童和申请《外国人永久居留证》的儿童为例。这部分儿童的国籍大部分由驻国外使、领馆认定,回国申请寄养和申请《外国人永久居留证》时又由公安机关出入境管理部门办理,这样由于对国籍法理解的不一致,对同一儿童的国籍,这两个部门往往出现不一样的认定结果。

3. 外国人管理制度

(1)外国人永久居留证。与美国不同,中国非传统的移民国家,长住中国的外籍人无法直接获得中国国籍。为方便外国人在中国永久居留,我国制定了外国人永久居留证,即所谓的"中国绿卡"。获得此证件的外国人在中国享有长期居留权,是其合法的身份证明❶,外国人可凭此以及护照直接进行出入境活动,无须

---

❶ 《外国人在中国永久居留审批管理办法》第2条规定:"外国人在中国永久居留是指外国人在中国居留期限不受限制。"第3条规定:"《外国人永久居留证》是获得在中国永久居留资格的外国人在中国境内居留的合法身份证件,可以单独使用。"

签证。

与加拿大等国家的标准类似，在中国申请永久居留证的外国人也需符合相应的条件，如对国家有突出贡献或属于国家紧缺人才的；在中国进行投资，且连续3年状况稳定等。不难发现，我国的这些标准与国际惯例和各国实践类似，是符合国家利益和国际社会发展趋势的。

（2）坚持国民待遇原则。据国际法和国籍习惯，对待外国人须坚持国民待遇原则。目前以英美等国学者为代表的西方国家学者主张，国家给予外国人的国民待遇的标准应满足文明社会的国际最低标准。倘若一国的国民待遇标准低于此种国际标准，该国即涉嫌违背其国际义务。笔者认为，此种所谓的"国际标准"使外国人的"特权"待遇合法化，与国民待遇的立法宗旨相背离，实质是西方国家借以干涉他国内政的借口。因此，笔者认为，对外国人实行国民待遇应坚持国内标准。

国家为满足特定领域的需求，相较于本国公民，给予外国人更高水平的待遇，即超国民待遇，这主要起源于"条件符合论"。究其本质，这一学说易造成政策制定国对本国公民采取不平等的歧视性的政策，不利于社会稳定。我国改革开放初期，曾给予外国人一些"超国民待遇"，如过度放宽其国籍要求、给予税收优惠等。目前此种政策的幅度都有所降低，但仍存在。因此，尽管我国经济社会发展需要外国人才和资本，但仍应坚持国民待遇原则，要对超国民待遇现象进行有效管制，维护本国公民的合法权益和国家主权。

（3）签证制度。签证是一国赋予外国人自由出入该国国境的有效凭证，是国家主权的体现。外国公民必须事先通过国际外交部门取得签证，方可进行出入境活动，同时在存在互免签证协议的前提下，缔约国公民也可不用办理签证直接前往外国国家，如欧盟在各成员国之间实行互免签证制度，我国香港地区亦对部分国家公民的短期入境行为实行免签。

关于签证制度，国际通行的做法是双方对等原则。我国要求因私进入中国国境的外国人必须持有入境签证。但近年来为推动旅游业的发展和国家社会经济建设的需要，我国对外国人的入境管理采取了较为灵活、宽松的政策。如上海市政府2002年的《上市时鼓励外国跨国公司设立地区总部的暂行规定》对将总部迁入上海的跨国公司给予其特殊的优惠待遇。这些政策和规定在一定程度上灵活地弥补了我国国籍立法的不足，发挥着积极的作用。但观察这些政策，我们不难发现，某些规定实质上赋予了外国公民或法人以"超国民待遇"，无法体现签证制度的对等原则。如我国单方面对日本的72小时免签制度，使得我国的出入境管理部门对日本人无权拒签，而且这种行为"轻主权重服务"的倾向明显。而且，对入籍申请人的审核标准，目前我国国籍立法和相应的移民政策也没有专门的规定，处于法律空白状态，实践中也未出现类似情况。因此，针对这一现状，笔者认为，应综合考量外国移民对我国社会、经济和文化发展的贡献力度，借鉴加拿大对外国移民的计分审查制度，合理制定相应的入籍规定和移民政策，允许少量外籍有识之士加入我国国籍，真正保障当事人的合法迁徙自由的权利。

三、跨境迁徙自由权实现的完善措施

（一）完善我国国籍立法

1. 双重国籍制度构想

一国国籍代表着一国国民对该国的隶属和效忠关系。双重国

籍制度的施行，有助于移民树立民主认同感和归属感，吸引资金、人才和技术，如美国、澳大利亚即采取技术移民和资金移民的方式。

我国《国籍法》第3条确定了单一国籍制度，随着目前全球化趋势的不断增强和跨国迁徙人员的不断增加，笔者认为，我国应对此条款进行修订，确认双重国籍的合法地位，真正建立双重国籍制度，切实保障跨国迁徙自由的真正实现。

2. 制定专门实施细则，规范相关程序

我国《国籍法》第15条和第16条❶对公民入籍、退籍和恢复国籍等行为仅进行了较为原则的、笼统的规定，仅规定了相应的审批机关，对具体的操作流程和环节并未进行细化，因此实际上操作性和实施性不强。因此，笔者认为，应制定专门的实施细则，以明确规定公民入籍、退籍和恢复国籍等方面的手续，规范我国国籍的申请、审查和批准的具体程序。同时，目前《国籍法》并未设定具体的法律责任条款，使该法的实际威慑力和强制力有所降低。因此，在制定实施细则时，应增加法律责任条款，弥补立法盲点，形成完整的法律体系。

3. 借鉴计分审查制度，有限度地批准外国人入籍

我国国籍立法对外国人直接申请加入中国国籍的行为进行了限制，但这明显与我国与国际接轨，吸引外国人才和外资的社会发展需求不一致。因此，笔者主张，在我国的国籍立法中，借鉴加拿大、澳大利亚的计分审查制度，通过修正案的方式，合理制定明确的入籍标准和打分制度，允许少量外籍有识之士入籍我国，

---

❶ 《国籍法》第15条规定，受理国籍申请的机关，在国内为当地市、县公安局，在国外为中国外交代表机关和领事机关。第16条规定，加入、退出和恢复中国国籍的申请，由中华人民共和国公安部审批。经批准的，由公安部发给证书。

真正保障当事人的合法迁徙自由的权利。

(二) 建立符合中国国情的移民法律体系

我国移民制度尚未形成完整的法律体系，且存在轻理论重实践、轻法律重内部文件的现象，无法与国际通行的移民法律体系相接轨。我国约束国际迁徙中的各种法律关系的法律文件主要包括《中华人民共和国公民出境入境管理法》（以下简称《公民出入境法》）、《中华人民共和国外国人入境出境管理法》（以下简称《外国人出入境法》）、《外国人在中国永久居留审批管理办法》等，❶ 不过总体视之，其前瞻性和具体操作性不强❷。这些文件数量颇多，但在内容上却存在一定的缺陷，如立法主体多样化，致文件效力缺乏统一性。上述文件的制定机关包括全国人大常委会、国务院、外交部等，决定了这些文件分别属于法律、部门规章、行政法规，导致效力的不同层次，立法结构松散，削弱了国际迁徙法律制度的统一性和严肃性。❸ 因此，我国应构建以公民"迁徙自由权"为基础，以国家利益需求为导向，以公民权利保护为核心的移民法律体系。

(三) 统一管理机构，解决中央事权与地方分权的管理矛盾

目前，我国采取的是混合式的出入境管理体制。出境入境管理属于中央管辖的事项，中央政府授权各级公安机关行使出入境

---

❶ 汪建昌："国家移民局：大部制改革后的再思考"，载《湖北社会科学》2019年第9期，第31—37页。

❷ 翁里、毕伟："中国出入境管理体制的抉择"，载《浙江大学学报（人文社会科学版）》2006年第4期，第83—89页。

❸ 刘爱军：《生态文明与环境立法》，山东人民出版社2007年版，第41页。

管理权❶。我国现行出入境管理机构包括公安部出入境管理部门、出入境边防检察部门、地方外事部门及中国驻外使领馆等部门,对公民的出入境行为,包括入境、出境、国籍管理、边境检察、外汇等方面进行规制。这种管理模式使得我国在进行跨境迁徙时,需满足复杂、烦琐的程序,极易导致低下的管理效率和混乱的管理秩序,不利于应对当前复杂多变的国际迁徙活动。此外,不同部门的权限存在重叠现象。如公安机关治安部门对外来人口的临时身份登记与出入境管理部门对出入境人员的登记职能重叠,公安部门边防检查与政治安全与出入境管理部门对违法外国人和偷渡者的接纳、签发职能重叠等。这些重叠易导致各职能单位在实际管理中相互推诿责任,造成事实上的不作为,不利于公民国际迁徙自由权的实现。

笔者认为,为促进出入境管理工作的有序、高效、优质运行,须统一管理机构。就现阶段而言,应着重处理好各部门职权的集中与分散、专管与监管的关系,对公安部门、出入境管理部门等的职能进行有效整合与分工,将各方力量统筹规划、合理分配,建立健全的出入境管理部门、连接公安机关、边检部门和外交部门的信息网络,形成一个纵向贯通、横向衔接的信息网络库,从而发挥整体管理的优势。

---

❶ 李国福:《移民法出入境权研究》,中国经济出版社2006年版,第443页。